KB070550

대한제국의 해외공관

일본외무성 기록

나남
nanam

홍 인 근

고려대학교 정치학과 졸업
동아일보 동경 특파원 · 정치부장 · 편집국장
고려중앙학원 상무이사 · 상담역
현재 국제한국연구원 이사 겸 연구위원

주요 저서
《이봉창 평전: 불꽃 그리고 투혼》(2002)
《이봉창 의사 재판관련 자료집》(2004)

나남신서 1640
대한제국의 해외공관
일본외무성 기록

2012년 8월 15일 발행
2012년 8월 15일 1 쇄

지은이_ 洪仁根
발행자_ 趙相浩
발행처_ (주) 나남
주소_ 413-756 경기도 파주시 교하읍
출판도시 518-4
전화_ (031) 955-4601 (代)
FAX_ (031) 955-4555
등록_ 제 1-71호 (1979.5.12)
홈페이지_ http://www.nanam.net
전자우편_ post@nanam.net

ISBN 978-89-300-8640-0
ISBN 978-89-300-8001-9 (세트)
책값은 뒤표지에 있습니다.

이 책은 한국언론진흥재단 저술지원금으로 발행되었습니다.

나남신서 1640

대한제국의 해외공관

일본외무성 기록

홍인근

나남
nanam

책 앞에

필자는 국제한국연구원 연구원으로 있으면서 일본외무성 외교사료관에서 발굴된 《한국 외교기관 철폐일건》(韓國外交機關撤廢一件)이라는 자료를 접하고 이 자료가 한국 근대외교사, 특히 대한제국 시기 해외공관의 폐쇄과정을 규명하는 데 빼놓을 수 없는 중요한 내용을 담고 있음을 알게 되었다.

필자는 이 자료에서 일본이 우리나라의 외교권을 박탈하는 이른바 을사조약이 체결되기 1년여 전부터 해외공관을 없애려는 계획을 준비하고 있었다는 사실을 발견할 수 있었다.

이 자료는 국제한국연구원의 최서면 원장이 발굴하여 연구원의 연구과제로 제공한 것으로써, 필자가 이를 번역한 것이 이 책이다.

제 1, 2권으로 나뉘어 모두 728쪽의 문서를 담고 있는 이 자료는 주한일본공사가 대한제국 해외공관 폐쇄를 일본정부에 건의하는 장문의 비밀문서를 시작으로, 주청(駐淸)공사관을 비롯한 미국, 영국, 프랑스, 독일, 일본 등 9개국 주재 대한제국 공사관과 청의 지부(芝罘: 지금의 煙臺), 미국 뉴욕과 샌프란시스코, 영국 런던과 프랑스 파리, 독일 함부르크, 벨기에 브뤼셀 등지의 영사관 폐쇄와 관련된 일본 외무성의 훈령과 현지 일본공사관의 보고 및 건의문들로 구성되어 있다.

따라서 이 자료는 일본 측 시각에서만 바라보고 느낀 일방적이고 단편적인 내용일 수 있다. 때문에 대한제국 해외공관의 폐쇄 전말을 살피는 데에는 당시 우리나라의 여건과 시각에서 천착한 자료를 비롯한 여러 관련 자료들도 함께 검토되어야 할 것이다. 필자가 이 자료를 우리글로 옮긴 것은 이 방면 연구자와 석학들에게 이 자료의 존재를 널리 알리고 향후의 연구에 도움이 되기를 바라는 마음에 다름 아니다.

일본정부에 의한 대한제국 외교기관의 폐쇄 음모가 '을사조약'이 체결되기 1년 2개월 전부터 시작된 사실은 이 자료에서 처음 밝혀진 것이 아닌가 여겨진다. 주청공사관 폐쇄경위의 상세함과 주미공사관의 매각과정과 매각가격 등의 내용은 눈에 보이듯, 손에 잡히듯 자못 흥미롭기조차 하다. 주청, 주미공사관의 부지와 건물이 대한제국 정부의 소유가 아니라 고종황제의 개인재산이라는 사실도 이 자료는 밝혀주고 있다.

이 번역서 내용의 체계적 이해를 돕기 위해, 필자가 《국제고려학회 서울지회 논문집》(2007년 제9호)에 게재됐던 졸고 "일본의 대한제국 외교공관 폐쇄"를 다음에 옮겨 싣는다.

끝으로 이 글을 출판할 수 있도록 재정적 지원을 주신 언론진흥재단(이사장 李成俊)에 깊은 감사를 드린다. 《이봉창 평전: 항일애국투쟁의 불꽃 그리고 투혼》(2002)에 이어, 이 졸고의 출판을 흔쾌히 받아주신 나남출판 趙相浩 사장에게도 고마운 뜻을 드린다.

2012년 6월

洪仁根

나남신서 1640

대한제국의 해외공관

일본외무성 기록

차 례

• 책 앞에 5

• 서언: 일본의 대한제국 외교공관 폐쇄 9

제 1 부 ———— 65

제 2 부 ———— 251

일본의 대한제국 외교공관 폐쇄 *

1. 을사보호조약 체결 전부터 공관폐쇄 작업

1) 주한일본공사, 본국정부에 한국 해외공관 폐쇄 건의

일본이 구한말 대한제국의 해외공관 폐쇄공작을 벌이기 시작한 것은 1904년 9월 6일이었다. 대한제국의 외교권 박탈과 통감부 설치를 주요 골자로 하는 을사보호조약이 체결된 1905년 11월 17일보다 1년 2개월이나 앞선 것이었다.

이 무렵 한국에는 일본의 식민지 마수가 끊임없이 격랑처럼 밀려와 국권이 흔들리고 사회가 어지럽기 그지없던 때였다. 1904년 2월 10일 일본은 러시아에 선전포고하여 러일전쟁을 일으켰고, 2월 23일

* 이 논문은 국사관련 전문학술지인 《국제고려학회 서울지회 논문집》 2007년 제9호에 "일본의 대한제국 외교공관 폐쇄"라는 제목으로 실렸던 것이다. 역자는 국제한국연구원 연구위원으로서 연구원의 최서면 원장이 일본외무성 외교사료관에서 발굴한 "韓國外交機關撤廢一件"이라는 문서를 접하고 이 자료를 통해 대한제국의 해외 외교공관의 폐쇄과정을 살펴보면서 이 논문을 집필했으며 이후 이 자료를 번역하게 되었다. 이 자료들은 문서작성 연월별 순으로 '철'해져 있어, 특정사안을 체계적으로 살펴보는 데에는 이 논문이 약간의 길잡이 구실을 할 수 있을 것 같아 여기에 이를 다시 싣는다.

에는 일본군의 한국 내 군략요지를 마음대로 수용할 수 있도록 한 한일의정서를 조인했으며, 8월 22일에는 한국정부에 일본인 고문과 외국인 외교고문을 두어 한국의 재정권과 외교권을 일본이 마음대로 요리할 수 있도록 한 제1차 한일협약을 체결했다. 통감정치와 외교권 박탈로 우리나라를 일본의 속국화한 이른바 을사보호조약(한일협상조약, 제2차 한일협약)의 흉계도 이미 이때부터 진행되기 시작한 것이다.

이러한 상황에서 일본이 우리나라의 외국공관 폐쇄를 획책한 것은 쉽사리 예측될 수 있는 일이었다. 이 획책은 주한일본공사와 한국정부에 고용된 총세무사(總稅務司)[1]의 합작으로 이루어졌다. 특히 총세무사는 재정절감 측면에서 이를 강력히 주장했으며 공사는 이를 정치적 측면까지 고려, 일본정부에 건의하기에 이르렀고 일본정부는 이를 마다할 이유가 없었다.

1904년 9월 6일 당시 주한일본공사 하야시 곤스케(林權助)는 외상 고무라 쥬타로(小村壽太郎)에게 재외한국공관의 폐쇄와 이를 위한 전단계로서 외교관의 소환을 건의하는 장문의 기밀문서를 발송했다(기밀수 제2352호 1904. 9. 14. 林 주한공사→小村 외상 기밀 제83호 1904. 9. 6. '재외 한국외교관의 소환에 관한 건').

하야시는 이 전문에서 재외한국공관의 사신과 그 속료(屬僚)들에게 사가(賜暇)귀국을 허가하고 그들이 귀국한 뒤 재파견이나 후임파견을 중지하고 한국의 재외업무나 권리이익 등은 현지 일본공관이 인수하여 시행함으로써 한국공관을 폐쇄하는 방안을 제시했다.

그 전문(電文)의 요지는 다음과 같다.

---

1) 영어로는 Inspector General of Custom. 한국의 해관(海關: 세관)을 통괄하는 자리로서 1897년에 러시아인 알렉세이프가 담당했으나, 1900년 2월에는 영국인 브라운(M. Brown)이 맡아 1905년 11월 30일 일본인 재정고문이 부임하기 직전까지 세관업무뿐만 아니라 한국정부의 재정 전반을 관장 통제했다.

여러 조약국에 주차하는 한국사신 및 그 속료는 원래 한제(韓帝)의 허영정책에 의거하여 파견된 것으로 임국(任國)에서 봉행해야 할 사명이나 국제사무가 전무하여 오로지 무용장물일 뿐이며 국비로 그들의 급여를 지출하는 금액 또한 다대함으로 이 나라의 재정정리의 제1착수로서 점차 이들을 소환하려 함.

본건에 관해 지난번에 온 총세무사는 오로지 경비절감의 관점에서 본사(本使)에게 신속히 소환을 결행하여 현재 재외외교관 다수가 사가귀조(賜暇歸朝)를 요청하고 있음을 기회로 삼아 여비와 기타 필요경비를 지급하여 각 공관에 관원 1명만 남기고 금년 말까지 점차적으로 사가귀조를 허가, 귀국시킨 후 재파견이나 후임파견을 절지(絶止)하는 방침을 취하고 잔류관원 1명은 내년에 시기를 보아 각기 주재국의 제국 대표자(일본공관장)가 (한국의) 이권을 대표하도록 하는 절차를 완료한 다음 철수시키기를 희망하고 있음.

본사는 총세무사의 고안에 대체적으로 동의하면서도 이 개혁을 재정고문[2]의 부임을 기다려 모두 시행할 것을 희망하여 그 뜻을 총세무사에게 내밀히 전한바 총세무사는 계속 해관(세관) 재정의 관점에서 입론하여 지금 당장 착수할 필요가 있다고 주장하며 재외공관의 경비를 매 3개월마다 송금하고 있어 10월부터 연말까지의 송금시기가 바로 다가오기 때문에 조속히 본건을 결행할 것을 요청해와 본사의 생각을 바꾸어 본건을 총세무사의 발의대로 시행함이 오히려 제3국에 대한제국 정부의 입장이 바람직할 수도 있

2) 재정고문은 1904년 8월 22일에 체결된 제1차 한일협약(韓日協約)에 의거 일본정부가 추천하는 일본인 재정고문과 외국인 외교고문을 고용하도록 한 조문에 따른 것이다. 이 재정고문에는 당시 대장성 주세(主稅)국장이던 메가타 다네타로(目賀田種太郎)가 그해 10월에 부임하여 1907년 9월까지 한국의 재정과 금융, 화폐 분야를 장악했다.

으므로 재정고문의 부임전이라 하더라도 결행에 착수함이 가하다고 생각됨.

이에 따라 사가청원 중인 외교관에 대해서는 임시출발 예정일까지의 수당 외에 여비를 가산하여 송금조치하고 명령을 받는 즉시 사가귀조에 오르도록 함이 좋으리라 생각됨.

재외 한국외교관 가운데 주로(駐露) 공사는 최근 면관되었으며 日(일본), 英(영국), 美(미국) 3개국 주재공사는 잇따라 귀조할 것임으로 공사로 남는 것은 佛(프랑스), 獨(독일), 淸(청국) 3개국뿐임.

이곳 경성(京城) 주재 영국공사는 최근 주영한국공사의 파견을 한국정부에 요청하기에 앞서 본사에게 의견을 물어온 적이 있는바 본사는 이에 대해 사견으로서 한국공사를 (영국에) 파견케 하여 본국에서 교섭하는 것보다 사신(주한영국공사) 자신이 이곳 정부와 교섭하는 것이 더 효과적일 것이라는 의견을 제시하면서 주일한국공사의 후임도 앞으로 특별히 필요한 경우가 아니면 재파견을 요구할 생각이 없다는 뜻을 전하자, 영국공사도 본사의 의견에 찬동하여 한국정부에게 공사파견을 요구하지 않기로 했음.

미국공사도 본사에게 의견을 물어와 같은 뜻의 사견을 전했는바 이와 관련, 제국정부는 특별한 필요성이 인정되지 않는 한 주일공사의 후임파견을 한국정부에 될 수 있는 대로 요청하지 않음으로써 타국주재 한국공사의 결원에 좋은 본보기를 보여줄 것으로 사료됨.

이 건에 대해 귀 대신각하는 이의가 없을 것으로 알고 총세무사의 조치에 맡겨놓기로 하겠으며 혹시 이론이 계시면 훈시해 주시기 바람.

이와 같은 한국 재외공관원의 철수와 공관폐쇄 건의에서 하야시가 제시한 이유가 단순히 대한제국의 재정상의 문제점임을, 그것도 자신의 의견이 아닌 총세무사의 의견이라는 점에 주목할 필요가 있을 것 같다. 이것은 한반도의 식민지화 정책이 이미 외무성과 주한일본공사 사이에 새삼 필설로 재언할 필요가 없을 만큼 밀접하게 교감하여 진행하고 있음을 반어적으로 명백히 하고 있기 때문이다.

이 건의에 대해 외상 고무라는 문서상으로는 아무런 반응을 보이지 않는다. "그대로 시행하라"라든가 "이의가 있다"든가 그 어느 쪽의 회신도 발견되지 않고 있다. 그러나 하야시는 얼마 후 재외한국공관장을 비롯한 외교관의 사가귀국 작업에 착수하며 이로 미루어 일본정부가 이 건의를 승인한 것은 틀림없다.

2) 일본인 경찰고문이 재외공관 폐쇄반대 상소파의 궁중출입 막아

일본이 한국 재외공관원의 소환공작을 한국정부에 공식으로 제기한 것은 하야시가 기밀건의서를 자국외상에게 발송한지 5개월 후인 1905년 2월 21일이었다. 하야시는 이날 고종(高宗) 황제를 알현하고 의정서리(議政署理) 조병식(趙秉式)과 예식원장(禮式院長)이 동석한 자리에서(외부대신은 신병으로 결석) 한국의 외국파견 사신 송환건 등을 상세히 상주했다. 이에 대해 고종은 이의가 없다고 밝히면서도 다만 한일관계를 고려하여 주일공사는 계속 주재하도록 했으면 좋겠다는 의견을 제시했으며 하야시는 그럴 필요가 없다고 답주(答奏) 했다(전수 제157호 1905. 2. 23. 林 주한공사→小村 외상 제71호 1905. 2. 23).

그러나 일본이 한국의 재외공관원 소환을 본격화한 것은 이른바 을사보호조약이 체결된 뒤부터였다. 뿐만 아니라 선소환, 후폐쇄 방침도 선폐쇄, 후소환 방침으로 바뀌었다. 하야시는 1905년 12월 5일 의정부에서 내부(內部), 탁지부(度支部) 대신을 제외한 각 대신과 회의를 열고 외부(外部)의 폐지와 재외공관 폐쇄문제를 협의했다. 이 문제에 대해 각 대신은 크게 이의를 제기하지는 않았으나 이 조약에 반대하는 세력이 만만치 않은 정치적 상황을 설명하면서 극히 소극적인 자세를 보였다.

한편 고종황제는 전날인 12월 4일 밤 을사보호조약을 반대하는 상소문을 올린 상소파(上疏派) 6~7명을 불러 한국 재외공관 폐쇄의 불가피성을 설유했다. 그러나 이들은 뜻을 굽히지 않았고 고종이 몹시 분노하는 모습을 보였음에도 자신들의 주장을 거두지 않았다. 상소파는 정권을 탈취하려는 기미마저 보이며 끊임없이 반대활동을 벌였다.

한국정부는 궁내대신을 통해 겨우 궁중과의 교통을 하고 있었으나 그나마 4일 밤 궁내대신이 상소파와의 충돌 때문에 사표를 냄으로써 정부와 궁중 사이의 통로가 완전히 끊겨 상소파 문제는 아무런 해결방안을 찾을 수가 없었다. 하야시는 상소활동을 막기 위해 지방에서 상경하는 상소파를 경무(警務) 고문[3]이 단속, 설유하여 모두 지방으로 돌려보내도록 했으며 궁중에는 경무고문의 부하들을 투입하여 궁궐의 모든 출입문을 단속하도록 하고 궁내고문[4]을 궁중에 머물게 하여 한국정부와 궁중의 연락을 맡도록 함으로써 양자 간의 관계를 장악했다. 하야시는 이에 그치지 않고 일본공사관원을 일시적으로 궁중에 출장하도록 하고 일본군인을 한국군부대신의 허락도 없이 궁중을 자유롭게 출입하도록 하여 상소파의 고종황제 접근을 철저히 막는 방안까지 세웠다(전수 제136호 1905. 12. 5. 林 주한공사→桂 외상 제500호 1905. 12. 5).

하야시는 12월 10일 가쓰라(桂) 외상에게 며칠 안으로 한국정부가

3) 일본인 마루야마(丸山重俊)가 맡고 있었다.

4) 일본인 가토(加藤)가 맡고 있었다.

고종의 칙령으로 한국 재외공사관의 폐쇄훈령을 내리도록 할 것이므로 폐쇄비용의 송금수속 등을 위해 현지 일본공사들이 한국공사관에 폐쇄사실을 통보하도록 요청했다(전수 제1355호 1905. 12. 10. 林 주한공사→桂 외상 제509호).

3) 일본정부, 을사보호조약에 따른 한국재외공관 폐쇄를 각국에 통보

가쓰라 외상은 12월 11일 주영대사 하야시 다다스(林董)와 주청공사 우치다 야스야(內田康哉)에게 다음과 같이 훈령했다.

> 귀관은 주재국 정부에 서간을 보내 1905년 11월 17일 체결된 일한협약에 따라 재외한국공사관 및 영사관의 직권과 직무는 우리 외교 대표자 및 영사관에 이전되며 한국공사관 및 영사관은 폐쇄된다는 뜻을 통고할 것.

이 훈령은 또 오스트리아-헝가리, 벨기에, 덴마크, 프랑스, 독일, 이탈리아 및 미국주재 일본공사에게 이를 전전(轉電)하도록 지시했다(제3759, 3760호 1905. 12. 11. 桂 외상→林 주영대사, 內田 주청공사 제367, 423호 1905. 12. 11).

이어 가쓰라 외상은 주한공사 하야시에게 재외한국공관의 조속한 철수는 필요하나 한제(韓帝)의 칙령으로 철수시키는 것은 한국의 현 정세를 볼 때 가망성이 없으므로 오히려 일본 측에서 먼저 주재국에게 일한협약에 의거 재외한국공관을 폐쇄한다고 통보하는 것이 시의에 맞는다는 이토 히로부미(伊藤博文)의 의견도 있어 위와 같이 훈령했다고 통보했다. 외상은 이 통보에서 하야시에게 한제와 한국정부에 대해 이 같은 훈령내용을 전하고 이러한 조치를 일한협약상 당연한 결과임을 설명할 것과 공관폐쇄에 따른 비용지출 문제는 재정고문 메가다 다네타로(目賀田種太郎)과 협의하여 강구하라고 지시했다(전송 제3768호 1905. 12. 11. 桂 외상→林 주한공사 제283호).

가쓰라 외상은 주영대사 하야시와 주청공사 우치다에게 주재지 한국공사를 만나 일본정부가 주재국 정부에게 재외한국공관이 일한협약에 의거 폐쇄되었다고 통보한 사실을 알려주고 한국공관의 폐쇄를 협정하는 한편 연체된 공관경비 및 퇴거 때까지의 관원급여와 귀국여비 등을 조사보고 하도록 훈령했다. 이 훈령은 프랑스, 독일, 미국주재공사에게도 전전(轉傳)됐다.

외상은 이 훈령에서 한국정부가 귀국하는 공관원에 대해 아무런 징벌도 가하지 않는다는 것을 보장한다고 공관원들에게 강조하라고 지시하고 있는바 이로 미루어 재외한국공관원들이 귀국 후의 신변안전과 관련하여 적지 않게 동요하고 있었음을 짐작케 한다(전송 제3761, 3762호 1905. 12. 11. 桂 외상→任 주영대사, 內田 주청공사 제568, 424호).

외상은 이 같은 훈령내용과 경위를 주한공사 하야시에게도 상세하게 알려주고(전송 제3772호 1905. 12. 11. 제284호) 한국정부가 가급적 빨리 재외한국공사관의 폐쇄를 훈령하도록 조치하라고 지시했다(전송 제196호 1905. 12. 11. 桂 외상→林 주한공사 제311호).

한국정부는 1905년 12월 14일 외부대신 이완용(李完用) 명의로 독일, 프랑스, 미국, 청국, 일본주재 한국공사에게 한일협약에 따라 공사관의 폐쇄를 명하며 보유 중인 기록과 관유재산은 주재지 일본공사〔동경(東京)은 외무성〕에게 인계하고 봉급과 귀국여비 등은 주재지 일본공사를 경유하여 신청하라고 지시했다. 특히 주미 임시서리공사[5] 김윤정(金潤晶)에게는 공관경비의 부족액과 본인이 받아

---

5) 이 자료에는 '주미대리공사'라고 했음.

야 할 봉급수당을 신청하라고 지시했으며, 뉴욕, 런던, 지부[6] 주재각 명예총영사에게도 기록 및 관유재산을 주재지 일본영사에게 인계하고 지급경비가 필요한 경우 일본영사를 경유하여 신청하라고 통보했다. 주런던 명예총영사 모건(Morgan)에게는 그가 보관하고 있는 한국공사관의 서류와 재산을 일본대사에게 인계하라고 통고했다(전수 제1375호 1905. 12. 15. 林 주한공사→桂 외상 제514호 1905. 12. 14).

일본외무성은 이와 같은 사실을 주영대사 하야시에게 전하고 이를 독일, 프랑스, 오스트리아, 이탈리아, 벨기에, 덴마크 등 6개국 주재공사에게 전훈케 하였다(전송 제3804호 1905. 12. 15. 桂 외상→林 주영대사 제570호).

한국외부는 재외명예영사가 뉴욕, 런던, 지부 외에 파리, 샌프란시스코, 브뤼셀, 함부르크에도 있음을 뒤늦게 발견하고, 이들이 가지고 있는 각종 기록을, 파리 명예영사는 그곳 일본공사관에, 샌프란시스코 명예영사는 그곳 일본영사에, 브뤼셀 명예영사는 그곳 일본공사관에, 함부르크 명예영사는 베를린 일본공사관에 위탁해 달라고 요청했다(전수 제1386호 1905. 12. 16. 桂 외상→林 주한공사 제519호 1905. 12. 16).

2. 주청공사관의 폐쇄

1) 주청공사의 소환

한국의 재외공관 폐쇄방침이 정해진 후 첫 번째로 소환된 공관장은 청국주재공사 민영철(閔泳喆)이었다. 그러나 민의 소환은 '사가귀국'

6) 중국 산동(山東)반도에 있는 지금의 연태(煙臺).

이 아니라 어떤 사건에 따른 문책성 소환이었다.

주청일본공사 우치다는 1904년 11월 1일 일본외상 고무라에게 한국정부가 민을 소환하도록 조치해 줄 것을 상신하고 11월 8일에는 이를 재촉하기까지 했다(수 기밀 제6003호 1904. 11. 15. 內田 주청공사→小村 외상 기밀 제119호 1904. 11. 1. '북경주차 한국공사를 소환해야 하는 데에 관한 건' 전수 제4414호 1904. 11. 8. 제469호).

우치다는 이 상신문에서 민이 한국 황태자비의 훙거(薨去)사실을 북경(北京)의 각국 공사에게 알렸으며 러시아공사관에서는 반기를 게양했는바 민의 이와 같은 처신은 러한관계에 매우 좋지 않은 결과를 가져왔으므로 한국정부는 민을 엄히 질책하여 앞으로 이와 같은 일이 일어나지 않도록 훈계하고 조속히 소환하도록 조치해 달라고 요청했다.

우치다는 한국공사관 참서관[7] 김필희(金弼熙)가 한국공사 민의 명령에 따라 자신을 방문했을 때 '극히 내밀하게' 밝힌 바에 의하면 민은 만주에서의 노일전쟁의 상황에 따라 친러 또는 친일의 자세로 변한다 하므로 앞으로 시국의 변전에 의거 노국공사에게 접근하여 그에게 이용될 우려가 있으며 이는 일·한 관계에 좋지 않은 사태를 야기할 우려가 있기 때문에 민의 본국소환은 주한공사 하야시의 소환계획과도 부합되고 민 자신도 귀국을 간절히 희망하고 있어 민의 귀국조치가 바람직한 것으로 사료된다고 건의했다.

우치다는 민을 소환한 후 점차 한국공사관을 폐쇄하는 것이 일본의 정책상으로나 한국의 재정상으로나 이익이 될 것이라고 덧붙였다. 우치다가 김필희에게서 내밀하게 들었다는 내용은 다음과 같다.

민 공사는 최초 일본이 연전연승한다는 보도에 접하자 바로 일본

7) 이 자료에는 '서기관'이라고 기술하고 있음.

적십자사원이 되기를 희망하여 우치다 공사에게 가입수속을 의뢰할 정도로 크게 일본에게 호의를 표하다가 그 후 만주에서의 일본군 전황에 진전이 없는 듯하자 노국승리를 상정하여 이번에는 노국 적십자사원이 되기 위해 서기관 김을 노국공사에게 보내 가입절차를 알아봄. 이에 대해 노국공사는 노경(露京) 적십자사에 문의하여 그 내용을 민 공사에게 알려주었으나 민 공사는 다시 마음이 바뀌어 노국 적십자사 가입을 주저했으며 이에 따라 노국공사는 민 공사를 좋지 않게 생각하고 있으며 결국 민 공사는 노일 어느 쪽 편도 들지 못한 채 몹시 번민하고 있다고 함.

한편 민은 얼마 뒤인 11월 18일 본국정부로부터 힐문의 전보를 받았다. 그는 다음 날 우치다를 찾아가 이 같은 전보를 받았다고 밝히고 자신의 처신은 외교상 부당한 것으로 커다란 실착이었으므로 사표를 낼 수밖에 없다고 자신의 심경을 털어놓았다(수전 제4615호 1904. 11. 19. 內田 주청공사→小村 외상 제476호).

한국정부는 민을 소환하기로 하고 11월 25일 민에게 즉시 귀국하라고 훈령했다. 소환명령을 받은 민은 1905년 봄까지 귀국을 연기할 생각으로 우치다를 찾아가 도움을 청했다. 민의 도움요청을 받은 우치다는 처음에는 이 요청을 거절하고 주재기간의 연장이 민에게 득책이 되지 않는다고 설득했다.

그러나 민은 귀국준비도 안 되어있고 인천(仁川)행 선편도 여의치 않을 뿐 아니라 상해(上海)에 장남이 체재 중이어서 상해를 경유하여 경성에 가려면 2개월은 걸리므로 사용(私用) 때문에 즉각 귀국하라는 칙명을 어기게 되지 않도록 잘 부탁한다고 우치다에게 호소했다. 우치다는 이 부탁을 들어 민의 귀국연기를 일본외무성을 통해 주한공사 하야시에게 요청했다(수전 제4738호 1904. 11. 28. 內田 주청공사→

小村 외상 제 484호 1904. 11. 27). 그러나 하야시는 조속히 귀국하는 것이 민 자신에게 이익이 될 것이며 귀국 후 처벌받는 일은 없을 것이나 상해를 거쳐 귀국하는 것은 여러 가지 의심만 키울 것이므로, 선편이 없어 상해를 경유하는 것은 도리 없지만 어쨌든 선편이 되는 대로 바로 귀국하는 것이 좋겠다고 회신했다(전수 제 1816호 1904. 11. 28. 林 주한공사→小村 외상 제 743호).

어쨌든 민은 그해를 넘기고 1905년 1월 6일 '즉시 귀국명령'을 받은 지 42일 만에 귀국길에 올라 북경을 떠나 천진(天津)으로 향했다(전수 제 120호 1905. 1. 6. 松井 주청 임시대리공사→小村 외상 제 6호 1905. 1. 5). 민은 1월 10일 천진에 도착했다. 그는 1월 15일 지부로 가 8일간 머문 뒤 1월 23일 일본선박 日東丸 편으로 인천을 향해 떠났다(전수 제 430호 1905. 1. 23. 水野 지부영사→小村 외상 제 58호).

2) 공사 소환 후의 공사관

민 공사의 귀국 후 주청한국공사관은 개점휴업 상태였다. 그러나 공관건물의 관리비와 잔류공관원의 급여 등 공관유지비는 계속 필요했다. 그럼에도 한국정부는 1904년 10월 이래 이 경비를 한 푼도 송금하지 않아 많은 어려움을 겪고 있었다.

민의 귀국 후 임시서리공사를 맡은 참서관 박태영(朴台榮)은 일본 임시대리공사 마쓰이 게이지로(松井慶四郎)를 찾아가 저간의 사정을 설명하고 특히 연말에 지불해야 할 경비가 절박한 실정이라고 호소, 조속히 지불해야 할 체불금과 앞으로 2~3개월분의 소요경비를 지급으로 송금해주도록 부탁했다(제 407호 1905. 1. 21. 재청 松井 임시대리공사→小村 외상 제 34호). 박은 곧 다시 마쓰이를 찾아가 겨울철에 땔감조차 마련하기 힘들다면서 1천 불 정도를 꿔달라고 요청했다.

그러나 마쓰이는 공금의 대여는 규정상 곤란하다고 거절하고 대신 한국정부에서 조속히 송금하도록 조치해 달라고 일본정부에 강력히 요청했다(제 470호 1905. 1. 25. 松井→小村 외상 제 37호).

일본외무성은 주한공사 하야시에게 주청한국공사관 소요경비를 보내 모든 체불금을 정리하라고 지시했으며(전송 제 65호 1905. 1. 26. 小村 외상→林 주한공사 제 17호) 이어 주청한국공사관을 차제에 폐쇄하기로 결정하고 한국정부가 이 공사관에 대해 송금하는 즉시 (주청한국공사관을) 폐쇄하는 절차를 밟도록 조치하고 그 밖의 한국공사관의 폐쇄도 차제에 결행할 아주 좋은 기회라고 판단되므로 적절히 조치할 것을 훈령했다(전송 제 69호 1905. 1. 28. 小村 외상→林 주한공사 제 19호).

이에 대해 하야시는 이 기회를 이용하여 재북경 한국공사관을 폐쇄하는 순서로서 대리공사인 서기관 1명을 남기고 그 밖의 모든 직원이 사가귀국을 신청하면 총세무사와 협의하여 미불봉급 및 귀국여비를 송금하고 대리공사에게는 2월 말까지의 봉급을 송금할 것이므로 조속히 사가귀국원을 내도록 해달라고 상신했다(전수 제 77호 1905. 1. 26. 林 주한공사→小村 외상 제 37호).

그러나 정작 한국정부가 송금한 액수는 1천 냥에 불과해 이 금액은 고용인의 미불봉급을 지불하기에도 모자라 한국공사관은 매우 어려운 처지에 놓이게 되었다(제 1076호 1905. 3. 6. 內田 주청공사→小村 외상 제 72호). 이에 따라 우치다는 일본정부의 주청한국공사관 폐쇄방침과 관련하여 다음과 같은 요지의 기밀전문을 외상에게 보냈다.

> 주청한국공사관의 공사 이하 관원들이 여러 차례 봉급을 받지 못했을 뿐만 아니라 그 밖의 공관 유지비용도 모자라, 예컨대 고용인의 용인(傭人)료 조차 지불하지 못할 만큼 모양새가 부끄러울

정도이며, 일한협약 체결 후 한국은 사실상 일본의 보호국이 됨에 따라 한국공사관의 이 같은 모양새는 일본의 체면위신에도 관계가 있으므로 차제에 한국공사관의 폐쇄는 한국의 재정형편과 일본의 대한정책상 아주 시의적절한 방침이라고 생각됨.

우치다는 또한 이 전문을 통해 한국정부의 어려운 재정형편을 고려해 차제에 주청한국공사관의 부지와 건물을 일본정부가 매입하는 것이 좋겠다는 의견을 내놓았다. 우치다는 한국공사관의 위치가 각국 공사관 구역 가운데에서도 가장 좋은 곳을 차지하고 있어 앞으로 북경에서의 일본의 발전을 위해 이 부지를 매입하는 것이 바람직하다고 건의했다(기밀수 제654호 1905. 1. 20. 內田 주청공사→小村 외상 제40호). 그러나 일본외무성은 주청한국공사관 매입건의에 대해 아무런 반응도 보이지 않았다.

한국정부는 3월 24일 주청 한국공사관원 가운데 임시서리공사 박을 제외한 참서관(金弼熙), 서기생(朴準弼, 金均禎)의 미불봉급과 귀국수당으로 3천 원을 송금했다. 주한일본공사 하야시는 이 송금과 관련, 우치다에게 (1) 3인의 봉급 부족분은 상당한 증명을 받고 지불하고 여비는 출발일자가 확정된 후 지급할 것, (2) 송금액이 부족할 경우 귀국 후 청구토록 권고하고 부득이한 때에는 공사관(일본)에서 입체해 주되 개인의 차금은 일체 해주지 않을 것, (3) 이 건에 대한 시말(始末)을 본관에게 보고해 줄 것과 남아 있게 될 임시서리공사에게는 이번에는 일절 급여를 주지 말고 전보로 귀국허가를 청구하도록 조치해달라고 요청했다.

하야시는 또 한국공사관 건물은 임시서리공사가 살기에는 너무 크고 또 비용이 많이 부담됨으로 따로 집을 빌리거나 하숙하도록 하고 공사관 건물, 부지의 매매 임대에 관해서는 우치다가 적절한 방안을 강구하도록 요청했다(전수 제245호 1905. 3. 24. 林 주한공사→小村 외상 제105호).

한편 고종황제는 1905년 3월 24일 밤 외부대신에게서 주청공사관 관원 3명을 모두 소환하겠다는 보고를 받고 북경 외교계의 소식을 수집하기 위해 영어를 잘하는 서기관을 유임시키라고 지시했다. 이에 따라 외부대신은 임시서리공사 박 외에 1명을 더 유임시키라고 주청공사관에 전문으로 훈령했다. 그러나 외부대신은 이와 별도로 서면으로 '1명 유임 전훈'에 구애되지 말고 3명 모두 귀국하라고 훈령했고, 일본공사 하야시도 3명 모두 귀국시키도록 우치다에게 요청하면서 만일 1명이 유임할 경우 그에게 급여를 지급하지 말라고 덧붙였다(전수 제249호 1905. 3. 26. 林 주한공사→小村 외상 제108호). 이들 3명은 1905년 4월 5일 북경을 출발, 귀국길에 올라 당고(塘沽)에서 1박한 후 6일 일본선박 편으로 인천을 통해 귀국했다.

3명이 귀국한 뒤 일본정부는 임시서리공사 박도 소환하여 재청한국공사관을 폐쇄키로 하고 우치다를 통해 박에게 귀국허가를 신청하라고 권했다. 그러나 박은 "하루 속히 귀국하고 싶지만 신하의 도리로서 그럴 수는 없다"고 거부했다. 박은 "현재 나 혼자 근무하고 있는 한국공사관에서 나마저 귀국을 신청하는 것은 공사관의 폐쇄를 주청하는 것과 같은 것이므로 신하의 몸으로서 어찌 이를 신청할 수 있느냐"고 거부한 것이다.

난처해진 우치다는 이 같은 사정을 외상에게 보고하면서도 朴을 더 몰아세울 경우 노국공사관과 어떤 관계를 맺을 수도 있으므로 이곳 한국공사관의 폐쇄문제는 주한일본공사 하야시 쪽에서 처리하는 것이 좋겠다고 건의했다(제4138호 1905. 9. 1. 內田 주청공사→木村 외상 제227호).

한편 박은 생계조차 몹시 어려움을 겪으며 북경에 체류하고 있었다. 그러한 가운데 1905년 10월 본국에 귀국했던 주청노국공사가 귀임함에 따라 일본공사관은 한국공사관과 노국공사관의 교류가 예전처럼 복귀되는지 예의 주시했다. 우치다는 박의 동정을 면밀하게 살펴보면서 한국공사관의 폐쇄가 당장 실현하기 어렵다면 박을 더 이상 곤경 속에 방치하는 것이 일본에 득이 안 된다고 판단, 상부의 승인을 얻어 박에게 생계에 지장이 없을 만큼의 돈을 송금하기로 하고 당장 필요한 금액은 일본공사관에서 입체해 주었다(제 4784호 1905. 10. 28. 內田 주청공사→木村 외상 제 276호; 전송 제 3266호 1905. 10. 30. 木村 외상→內田 주청공사 제 377호).

그로부터 1개월 반이 지난 1905년 12월 14일 우치다는 청국 외무부총리(외무부장관)에게 그해 11월 17일 체결된 한일협약에 따라 재외한국공사관 및 영사관은 모두 폐쇄되며 폐쇄된 기관이 갖고 있던 권한 및 직무는 일본공사관과 영사관에 이속된다고 (문서로) 통고했다. 이어 우치다는 이 통고사실을 북경주재 각국 외교기관에 통보하고 이와 함께 한국 임시서리공사 박에게도 이 통고내용을 통보했다(제 5367호 1905. 12. 14. 內田 주청공사→桂 임시외상 제 316호; 수제 305호 1906. 1. 6. 內田 주청공사→桂 임시외상 공 제 77호 1905. 12. 25).

우치다의 통보를 받은 한국 임시서리공사 박은 순순히 귀국의사를 밝힌 듯하다. 다만 그는 집안사정을 들어 1906년 해빙기까지 귀국을 늦추기를 희망했다. 우치다는 결빙기에 가족을 데리고 여행하는 것이 어렵겠다고 판단, 당분간 공사관에 머무는 것에 동의했다. 박은 한국공사관이 보관 중이던 각종 문서서류는 12월 15일에 일본공사관으로 넘겼다(제 5370호 1905. 12. 15. 內田 주청공사→桂 임시외상 제 317호 1905. 12. 14).

3) 공사관 소유권의 혼선

한국 임시서리공사 박은 한국공사관의 목록은 인계하면서도 공사관 건물 및 가구와 천진영사관 부지는 모두 한국 궁내부 소관재산이므로 일본공사관으로 이관하는 데는 궁내부의 훈령이 필요하다며 이관을 보류했다(제 5408호 1905. 12. 18. 內田 주청공사→桂 임시외상 제 320호). 우치다에게서 (외상을 통해) 이 사실을 통보받은 주한공사 하야시는 즉각 궁내부에 알아봤다. 궁내부는 이 재산의 매입 때에는 궁내부가 관여했으나 현재는 정부소관으로 이관되어있기 때문에 임시서리공사 박은 일본관헌에게 이관하도록 되어 있다고 답변했다(전수 제 1409호 1905. 12. 21. 林 주한공사→桂 외상 제 530호).

우치다는 이에 따라 박에게 공사관 건물, 비품 등의 인계를 다시 요청했다. 그러나 박은 1905년 12월 말경 궁내부가 보낸 암호전문을 우치다에게 보이며 공사관과 그 비품은 궁내부가 한성(漢城) 전기회사(미국인이 서울에 세운 개인회사—역주)에 갚아야 할 부채 대신으로 이 회사 사장 콜브란(Colbran)에게 인도되었으므로 공사관과 그 비품은 궁내부와 한국정부의 소유가 아니기 때문에 인계할 수 없다고 거부했다(기밀수 제 143호 1906. 1. 18. 內田 주청공사→小村 외상 기밀 제 1호 '北京 한국공사관 가옥, 가구 처분에 관한 건' 1906. 1. 5).

이와 같은 사실을 외무성을 통해 전해 받은 주한공사 박은 이를 확인하기 위해 한국 외부고문인 스티븐슨을 만났다. 스티븐슨은 주미 및 주청한국공사관과 천진의 영사관 부지는 미국인 콜브란과 그의 동업자인 보스트위크(Bostwick)의 소유라고 확인했다. 하야시는 이를 고종황제에게도 확인했는데 고종은 주한미국공사 알렌(Allen)이 임기를 마치고 귀국하면서 보스트위크 등이 운영하는 전기철도회사(한성전기회사)의 손익을 계산한 결과 궁중에서 지불해야 할 채무가 있다고 함에 따라 이 3개 부동산을 이들에게 인도했으며 이 일은 이미 타계한 민영환(閔泳煥)이 주관했다고 밝혔다.

박은 이들 공관건물과 부지들이 원래는 궁내부의 소유였으나 지금은 한국정부의 소유라고 강조했던 지난 연말의 궁내부 답변과 모순되고 있어 이 관계를 계속 규명하려 했다(제 50호 1906. 1. 6. 林 주한공사→小村 외상 제 10호). 그러나 박은 주한일본공사관이 1906년 1월 31일 문을 닫고 그 업무가 조선통감부로 이관됨에 따라 이를 중단할 수밖에 없었다.

이들 공관 등의 소유권 문제는 조선통감부가 설치된 후 가장 먼저 처리해야 할 업무 중의 하나였다. 조선통감부는 1905년 11월 17일 체결된 제 2차 한일협약(을사보호조약)에 따라 일본이 한국의 외교권을 장악, 한국을 일본의 반식민지로 운영하기 위해 한국에 설치한 것으로서 이 해 12월 20일 통감부 설치를 공포하고 다음 날 이토 히로부미(伊藤博文)를 초대통감에 임명했으며 1906년 2월 1일 통감부 업무가 시작되었다. 통감부가 한국정부의 공관소유권 문제에 관여하게 된 것은 천진영사관 부지를 그대로 방치할 경우 복잡한 사정이 발생할 우려가 있으므로 이 부지의 해결을 위해 부지지권(地券) 등을 보내달라는 천진 일본총영사 이슈인 히코기치(伊集院彦吉)의 요청에서 비롯되었다(기밀수 제 264호 1906. 2. 1. 內田 주청공사→加藤 외상 기밀 제 7호 '주天津 한국영사관 부지에 관한 건' 1906. 1. 22; 北機 제 1호 1906. 1. 20. 伊集院 天津총영사→內田 주청공사).

통감부 총무장관 츠루하라 사다기치(鶴原定吉)는 궁내부 대신에게 이 부지지권에 관해 문의했다. 이에 대한 궁내부 대신의 답변은 전 주한일본공사 하야시가 고종황제에게서 들은 해명과 같은 것이었다. 1905년 5, 6월경 주한미국공사 알렌과 민영환이 협의하여 황제의 칙허를 얻어 궁내부가 미국인이 경영하는 한성전기회사에 지불해야 할 채무상환을 위해 천진영사관 부지뿐만 아니라 주미, 주청공사관 건물과 부지는 물론 집기까지 모두 건네주기로 결정함에 따라 이에 대한 권리증이 이 회사 총무 콜브란에게 교부되었다는 것이었다. 그러나 츠루하라는 이 같은 해명을 고종황제의 책략이라고 의심했다(기밀수 제422호 1906. 2. 19. 鶴原 장관→珍田 외무차관 기밀 제376호 1906. 2. 15; 1906. 2. 15. 鶴原 장관→伊集院 天津총영사 서한).

주청일본공사 우치다도 "그 재산은 궁내부에서 한국정부로 이관되어 한국정부의 소관이므로 일본공사관이 인수 보관하라"는 전 주한일본공사 하야시의 전문과 완전히 상치된다고 이의를 제기했다(기밀수 제575호 1906. 3. 14. 內田 주청공사→西園寺 임시외상 기밀 제24호 1906. 3. 5. '北京 한국공사관 토지, 가옥, 가구 처분에 관한 건').

일본외무성 차관 진다 스테미(珍田捨己)도 한제(韓帝)와 궁내부대신의 답변을 일종의 사략(詐略)이라고 판단했다. 그는 1904년 2월 19일 이학균(李學均)과 한성전기회사의 콜브란·보스트위크와의 사이에 체결한 전기산업에 관한 계약서를 사략의 근거로 제시했다. 이 계약서 제3조는 "콜브란·보스트위크의 한제 또는 한국정부에 대한 모든 청구권과, 한제 또는 한국정부의 콜브란·보스트위크에 대한 모든 청구권은 본 계약의 조인에 의해 모두 소멸되며 모든 계산도 이와 함께 완결된 것으로 한다"고 규정하고 있다. 따라서 한제와 한성전기회사 사이의 금전적 관계는 이 계약의 체결과 함께 소멸되었으므로 주미, 주청공사관의 건물, 부지, 집기와 천진영사관 부지를 부채 대신 한성전기회사에 넘겼다는 황제와 궁내부 대신의 해명은 사략임을 입증하고도 남는다고 반박했다(기밀송 제34호 1906. 3. 15. 珍田 외무차관→ 鶴原 장관).

일본외무성은 이를 근거로 주청, 주미공사에게 현지 한국공사관의 건물 부지 집기 및 천진영사관 부지를 인수 보관하라고 훈령했다

(전송 제582호 1906. 3. 15. 西園寺 임시외상→內田 공사 기밀 제49호; 기밀송 제10호 1906. 3. 19. 西園寺 임시외상→日置 주미대리공사). 우치다는 이 훈령에 따라 3월 26일 주청한국공사관 건물 및 가구와 그 밖의 물품들을 점검 후 수령했다(수 제4698호 1906. 4. 5. 內田 공사→西園寺 임시외상 공 제33호 1906. 3. 26. '전 한국공사관 가옥 등 인수에 관한 건').

이들 공관에 대한 소유권 문제는 그 후에도 명확히 밝혀지지 않아 일본정부의 시책이 여러 번 뒤바뀌었다. 조선통감부는 "한성전기회사 콜브란에게 양도했다"는 한국정부의 주장이 사실과 다르다고 의심하면서도 이를 부인할 수 있는 증거를 찾지 못해 할 수없이 이 재산의 인수를 포기하고 한국정부에 대해 정당한 수취인을 파견하거나 지명할 경우 그들에게 재산을 양도하겠다고 통고했다(기밀수 제1006호 1906. 5. 21. 鶴原 장관→珍田 외무차관 통발 제363호 1906. 5. 17).

이에 대해 일본외무성은 한국황실이 콜브란에게 이 재산을 양도하면서 얼마의 가격으로 계산하고 어떤 조건을 달았는지에 관해 한국황실과, 경우에 따라 미국총영사와 콜브란 등에게 알아보고 보고하라고 지시했으나(전송 제1290호 1906. 5. 28. 차관→鶴原 차관 제54호) 곧 주미대사, 주청대리공사, 천진총영사 사무대리에게 한국공관 재산은 한국황실에서 콜브란에게 양도한 것으로 인정되므로 이 재산을 인수받았음을 증명하는 자에게 양도하라고 훈령했다(제48호, 54호, 58호 1906. 6. 4. 西園寺 외상→阿部 주청대리공사 '재청주한국공사관 재산인수에 관한 건', 西園寺 외상→奧田 천진총영사 사무대리 '재천진 구 한국영사관 재산인수에 관한 건', 외상→靑木 주미대사 '재미 구 한국공사관 재산인도에 관한 건').

그러나 조선통감부는 별도의 요청이 있을 때까지 현상 그대로 일본관헌이 이들 재산을 보관하고 소용비용은 한국정부에서 부담하도록 하겠다고 외무성에 보고했다(수 제2166호 1906. 7. 16. 鶴原 장관→林 외상 제45호).

조선통감부는 이 재산이 콜브란에게 양도되었다는 한국정부의 해명에 대해 계속 의문을 제기, 기회가 있을 때마다 확인했다. 조선통감 이토 히로부미(伊藤博文)는 1906년 9월 9일 고종황제를 알현했을 때 이 문제를 거론했다. 다음은 고종황제와 이토 간의 문답요지.

> 이토: 북경과 미국에 있는 귀국 공사관 건물은 공사철수 후 우리 관헌이 보관 중에 있으나 이 건물이 콜브란·보스트위크에 차금판제 조로 넘어갔다는 얘기를 본국정부에게서 듣고 적지 않은 의혹을 품게 됐음. 왜냐하면 콜브란·보스트위크에 대한 채무는 이미 결산이 끝난 것으로 알고 있는데도 지금도 궁중에 채무가 있다는 것은 이해할 수 없으며 또한 지금까지 이 회사로부터 우리 관헌에게 건물소유권에 대해 단 한 마디도 언급한 적이 없어 이 건물이 이 회사의 소유임을 인정할 이유를 발견할 수 없다는 말씀을 드리는 바임.

> 고종: 그 의혹은 지극히 당연하다 하겠으나 사실은 그렇지가 않음. 작년 6, 7월경 미국공사에게서 콜브란·보스트위크에 대한 채무판제 독촉을 받아 몹시 급하게 되었는데 민영환(閔泳煥)이 크게 분개하여 우리나라 재외공사라는 것들이 자리만 차지할 뿐 국가 위급 시에 외교상 필요한 기능은 전혀 하지 않은 채 속수방관만 하고 있으니 이러한 외교관을 외국에 주재시키는 것은 무용한 것이므로 공사관 건물을 채무판제에 충당하고 공사는 철수시키는 것이 좋겠으며 외교관 파견이 필요할 경우 차가(借家)하여 쓰면 된다고 주장하면서 증서를 만들어 짐에게 계자(啓字: 임금의 재가를 받은 문서에 찍는 도장)를 요청했는데 그 증서가 소유권

을 이 회사에 넘긴다는 문서임을 확실히 기억하고 있음. 이것으로 12~13만 圓의 채무를 메웠음. 이 회사는 계자가 날인된 문서를 소지하고 있으나 이에 필요한 지권은 상해에 있는 민영익(閔泳翊)이 보관하고 있어 이를 받아내기 위해서는 민영익에게 교섭해야 할 것임.

그러나 민은 이 지권을 짐에게 직접 넘겨주는 것 외에는 비록 위임장을 갖고 있는 사람에게라도 결코 넘겨주지 않았기 때문에 이 회사가 직접 인수교섭을 벌였음에도 불구하고 거절당해 콜브란이 크게 당혹해 했는데 이 회사가 일본관헌에게 가옥인도를 요구하지 못하는 것은 지금까지 민과의 교섭이 잘 안 풀렸기 때문일 뿐 다른 이유는 없음. 콜브란 회사에 대한 채무가 어떤 계산법에 근거하는지 짐은 잘 모르나 아직도 궁중은 미불채무가 있다고 하며 이 회사는 끊임없이 청구해 오고 있는데 이 회사 창설 이래 궁중에 교부된 채무액수는 거액에 달해 지금까지 70만 圓으로 늘어났음. (기밀수 제1981호 1906. 10. 2. 鶴原 장관→珍田 외무차관 통발 제1685호 1906. 9. 28)

그러나 고종황제의 답변과는 달리 콜브란 회사 측이 북경 한국공사관 건물 등이 자신들과는 아무런 관련이 없다고 공식확인함으로써 이들 재산에 대한 새로운 국면이 전개되었다. 그 경위는 다음과 같다.

1906년 9월 초 북경에 곧 개설예정이었던 인도차이나은행 북경지점 지배인 카세나브(Casenave)는 전 한국공사관 건물을 지점으로 사용하고자 주청일본공사관에 이 건물의 매각 또는 임대를 요청했다. 일본공사관은 그 건물이 콜브란 회사의 소유이므로 그 회사와 직접 교섭하라고 회신했으며 카세나브는 주경성 프랑스 총영사관에 콜브란 회사와 이 건물의 매각 또는 임대교섭을 의뢰했다.

프랑스 총영사관은 9월 29일 콜브란·보스트위크에 이 건물의 매각 또는 임대의향을 타진하는 서신을 보냈다. 그러나 이 회사는 10월 1일자 회신을 통해 콜브란·보스트위크는 재청한국공사관 건물과는 하등의 관계가 없으며 따라서 이 건물의 임대 등에 관해 아무런 조언도 할 수 없다고 답변했다. 프랑스 총영사관은 통감부와 미국 총영사관에서 입수한 정보도 콜브란 회사의 회신과 같은 내용이었다고 카세나브에게 알렸다.

주청일본공사 하야시는 이상과 같은 내용을 카세나브에게서 듣고 채무판제를 위해 한국공사관 재산을 콜브란 회사에 넘겼다는 한국황실의 해명을 "얄팍한 꼼수로서 명백히 날조된 것"으로 판단하고 통감부에게 콜브란 회사의 서면답변을 새로운 증거로 삼아 한국황실과 엄중하게 담판지어야 할 것이라고 건의했다〔제 3150 (암 345) 호 1906. 10. 9. 林 주청공사→林 외상 제 263호 1906. 10. 8〕.

이러한 건의에 따라 통감 이토는 10월 22일 비서관 후루야 시게츠나(古谷重綱)를 주경성 프랑스총영사 벨랑(Belin)에게 보내 콜브란·보스트위크가 재북경 한국공사관의 부동산 임대와 관련, 벨랑에게 보낸 서면 회신사본의 열람을 요청했다. 벨랑은 이 요청을 쾌락, 자신이 콜브란·보스트위크에게 재북경 한국공사관 건물의 매각 또는 임대를 요청한 서신과 이 회사가 보낸 전 재북경 한국공사관 건물이 콜브란·보스트위크와는 무관하다는 내용의 회신사본을 후루야에게 주었다.

이토 통감은 10월 30일 다시 고종황제를 알현, 이 왕복서신을 근거로 하여 공사관 재산을 인수했다는 콜브란 회사가 인수사실을 부인하고 이 재산과 아무런 관계가 없음을 확인했다고 말했다. 황제는 재외 구 공관건물을 이 회사에 인도하는 서류에 계자를 날인 교부한 것은 사실이나 당사자가 이를 부인함에 이르러서야 무어라고 변소(辯疏)함이 무익할 것이며 지금은 무어라 설명할 여지가 없다고 답변했다.

이토는 이 건물 등이 콜브란·보스트위크와 관계가 없으므로 이 공관을 지금과 같이 그냥 놔두어 관리비 등 적지 않은 비용을 들게 할 것이 아니라 이를 매각하여 그 돈을 한국정부에서 수납하는 것이 득책이라고 주청했다. 황제는 이에 동의하고 이에 대해 칙허(勅許)를 내리겠다고 답변했다.

한편 이토는 11월 4일 후루야를 콜브란에게 보내 재외한국공관 재산처분에 대해 관여하지 않겠다는 언질을 받는 교섭을 벌였다. 이 교섭에서 콜브란은 후일 이 재산의 처분에 관해 용훼할 아무런 권리도 구실도 없으며 북경, 워싱턴, 천진에 있는 한국 구 공관 및 부지 등을 현지 일본대사 또는 공사가 매각 또는 임대하는 등 여하한 조치를 취하든 이에 관여할 권리도 의사도 없다고 밝혔다.

콜브란은 이 자리에서 고종황제와의 거래내용을 다음과 밝히기도 했다.

> 얼마 전 한제(韓帝) 폐하께서 나에게 거액을 대여해 달라는 말씀이 있기에 이것은 영업이므로 적절한 담보물의 제공이 있으면 이에 응하겠다고 말씀드리자 주북경 및 워싱턴의 구 한국공사관 건물을 담보로 하겠다고 해 괴이하게 생각했다. 공사관 건물은 황실의 소유가 아니라 한국정부에 속하는 재산일 터인데 그렇다면 이를 담보로 하여 대여할 수는 없다고 말하자 이것들은 전적으로 황제폐하의 사유재산이라고 확답함에 따라 가권(家券)을 주시면 폐하가 말씀하신 액수의 돈을 조달하겠다고 했다. 그러자 폐하는 가권은 수일 내에 교부할 테니 우선 지불해야 할 사소한 금액이 급하다며 이를 먼저 대여해 달라고 요구했다. 이에 대해 머지않아 가권을 송부해 준다는 약속만 있으면 사소한 액수는 무담보로

조달해 드리고 가권을 받은 후에 요구하신 금액을 대여하겠다고 말하고 소액을 대여했다.

그러나 그 후 오늘에 이르기까지 가권은 아직 내 손에 들어오지 않았으며 따라서 거금의 대여도 아직까지 이루어지지 않았다. 폐하가 대여를 요청한 것은 1년 전 쯤이며 금액은 3만 圓에 달하는 것으로 기억하며 문제의 가권은 상해에 있는 민 모가 보관하고 있는 것으로 추측되나 확인되지는 않았다(기밀수 제2337호 1906. 11. 12. 鶴原 장관→珍田 외무차관 기밀통발 제18호 1906. 11. 7).

한편 주상해 일본총영사 나가다키 히사요시(永瀧久吉)는 민영익이 주미, 주청공사관 건물과 천진영사관 부지 등의 지권을 보관하고 있는지 여부를 확인했다. 그는 먼저 한국인 서상집(徐相集)을 시켜 우회적으로 민의 지권보관 여부를 알아보았는데 서는 민이 지권을 보관하고 있지 않음은 물론 지권에 관해 아는 바조차 없다고 보고했다. 그러나 나가다키는 12월 7일 민에게 공문을 보내 지권보관 여부를 묻고 지권이 있으면 인도하라고 요구하면서 이 지권은 곧 실효될 것이라고 통고했다. 이에 대해 민은 8일부의 회신을 통해 지권을 보관하고 있지 않다고 밝혔다(기밀 수 제2603호 1906. 12. 17. 永瀧 상해총영사→林 외상 기밀 제73호 1906. 12. 10. '재외한국공관 지권 회수에 관한 회답의 건').

주청일본공사 하야시는 주북경 한국공사관 건물이 콜브란 회사와 무관하다는 통보에 따라 이 건물의 매각을 서둘렀다. 그는 우선 이 건물의 가격을 통감부에 조율하여 적어도 10만 량(兩)으로 잡고 원매자를 찾아 나섰다.

마침 이 건물 매입을 원했던 인도차이나은행 北京지점 카세나브 지배인도 10만 량에 매입할 뜻을 밝혀 매매는 쉽게 성사되었다. 林은

12월 29일 주청한국공사관의 부지, 건물 및 가구 일체를 10만 량에 인도차이나은행에 매각한다는 계약을 이 은행 북경지점 카세나브 지배인과 체결했다. 이 매각대금은 엔화로 15만 8,415엔 84센으로 환전되어 한국정부에 입금되었다(송 제8호 1907. 1. 21. 林 외상→長谷川 통감대리 '재청 구 한국공사관 건물, 부지 등 매각대금 송부의 건').

이로써 북경의 비취 강(翡翠江) 서쪽 기슭의 공사관 구역 명당자리에 있던 재청 대한제국공사관 건물은 본래의 모습을 완전히 지우고 은행 건물로 탈바꿈되었다.

4) 천진영사관 부지의 증발

천진영사관 부지는 매우 복잡하게 얽혀 있었고 이 얽힘을 풀려고 무진 애쓴 천진 일본총영사의 노력에도 불구하고 끝내 그 소유권은 회복하지 못한 듯하다. 이 부지는 1903년 3월 16일 당시 주청한국공사 박제순(朴齊純)이 매입하여 천진에서 신태흥양행(新泰興洋行)이라는 회사를 경영하는 귀화 영국인 박도일(朴道一)에게 관리를 맡겨놓고 있었다. 이 부지는 노국(露國)조계 제10구(Block No. 10) 전체로 넓이는 약 515평이며 소유자는 주청한국공사관, 매입가격은 1만 479량 8전이었다.

1906년 1월 朴道一은 임시서리공사 박의 부탁으로 천진 일본총영사 이슈인을 만나 이 부지에 관해 설명했다. 박은 이 부지의 지권 등 관련서류는 모두 경성의 박제순에게 보냈다고 밝혔다. 노국조계 규칙은 토지 소유자는 지권을 교부받은 날로부터 3년 내에 건물을 지어야 하며 이 기한을 어길 경우 원가 또는 시가로 노국조계에게 되팔도록 규정하고 있다. 박은 이 부지를 매입한 날이 1903년 3월 16일이므로 1906년 3월 15일이면 3년이 되는데 한국정부의 대리자라는 프랑스인 마르텔(Martel)이 1905년에 이 부지에 건물을 짓겠다고 노국영사관 측과 약속했으나 실제 건축에는 착수하지 않았다고 이슈인에게 말했다(기밀수 제264호 1906. 2. 1. 內田 주청공사→加藤 외상 기밀 제7호 1906. 1. 22. '재천진 한국영사관 부지에 관한 건'; 北機 제1호 伊集院 천진총영사→內田 주청공사 '한국영사관 부지에 관한 건 회답').

1907년 7월 천진 일본총영사 가토 모토시로(加藤本四郎)는 새로 부임한 노국영사에게 이 부지에 관한 모든 문서의 사본을 요청하여 받았다. 이 서류에 따르면 이 부지는 노국조계 '설정위원회'가 마르텔에게 매도한 것으로 그 지권은 마르텔이 갖고 있으며 지권등기는 이 '설정위원회' 등기부에 등재되어 있었다. 이상과 같은 내용을 검토한 총영사 가토는 이 부지가 마르텔 명의로 돼 있으면서도 실제로 그 지대를 한국정부가 지불한 것이라면 마르텔에게 한국정부의 소유권을 인정하는 문서에 기명날인하도록 해야 한다고 건의했다(半公信 1907. 7. 29. 加藤 천진총영사→鍋島桂太郎 통감부 외무총장 '천진 노국거류지 내에 있는 한국영사관 부지에 관한 건').

그러나 그로부터 2년 반 동안 이 부지소유권 회복에는 아무런 진전도 조치도 없었다.

1909년에 들어 천진총영사 오바타 유기치(小幡酉吉)는 노국조계 공무국(公務局)으로부터 이 부지가 마르텔 명의로 노국조계 토지대장에 등재되어 있으며 이 등재를 취소시킬 수 있는 반증이 제시되지 않는 한 이 부지에 대한 한국정부의 소유권은 인정받기가 어렵다는 통보를 받았다. 이런 상황에서 마르텔은 이 부지를 이곳 대풍(大豐)양행 경영자 론돈(Rondon)에게 매각했으며 대풍양행은 이를 임차지로 내놓고 입찰공고를 냈다(기밀수 제809호 1909. 3. 19. 小幡 천진총영사→小村 외상 기밀 제8호 1909. 3. 10. '天津 露國조계 내에 있는 한국영사관 부지에 관한 건').

통감부는 이 부지의 최초 명의인인 마르텔에 대해 조사했다. 마르텔은 1904년 한국황제의 칙명에 의해 자신이 이 부지를 매입했으나 그 대금은 한국정부가 아닌 대풍양행 주인 론돈이 지불했다고 밝혔다. 마르텔은 1905년 한국황제로부터 이 부지를 임의 처분해도 좋다는 위임장을 받았으며 이 위임장은 론돈에게 이 부지를 넘기는 계약 등본과 함께 천진의 노국영사관에 보관되어 있다고 말했다. 통감부는 이 위임장과 마르텔・론돈 간의 계약서 사본을 입수해 보내달라고 요청했다(기밀수 제1078호 1909. 4. 13. 石塚 통감부 총무장관 사무취급→石井 외무차관 기밀통 제545호 1909. 4. 9).

천진 일본총영사 오바타는 8월 26일 노국영사관을 방문하여 한국황제의 위임장과 마르텔・론돈 간에 체결된 계약서 등본의 발급을 요청했다. 이에 대해 노국영사는 두 사람이 출두하여 등기수속을 청구하고 바로 등기절차를 밟았기 때문에 계약서는 받지 않아 없으며 황제 위임장은 영사관이 보관하고 있으나 당사자의 승인이 있으면 언제든지 열람하고 사본을 발급하는 데 어려움이 없다고 덧붙였다(기밀수 제2670호 1909. 9. 10. 小幡 천진총영사→小村 외상 기밀 제33호 1909. 8. 31. '천진 노국조계 내 한국재외공관 부지에 관한 건').

천진영사관 부지에 관한 일본외무성 사료관 문서는 위의 문서를 마지막으로 그 이상 발견된 것이 없다. 지금까지 살펴본 문서에 의거하는 한 이 부지가 한국정부 소유로 환원된 것 같지는 않다. 마르텔의 소유권 주장과 이를 뒷받침하는 노국영사관의 답변, 그리고 이를 뒤집을 수 있는 반증자료 제시에 실패한 한국정부와 통감부의 자세 등으로 미루어 볼 때 문제의 부지를 되찾았을 가능성은 없어 보인다.

이들 문서에 나타난 여러 사실 가운데 합리적이고 신빙성이 있는 것으로 여겨지는 것만을 추려 살펴보면 이 부지에 관한 일련의 상황은 대략 다음과 같은 것이 아니었을까 여겨진다.

이 부지는 한국영사관 건립용으로 매입한 것임에 틀림없는 것 같다. 그 부지에 '大韓國 領事館 地界'라는 표석(標石)으로 경계선을 표시한 것(半公信 1907. 7. 29. 加藤 천진총영사→鍋島桂太郎 통감부 외무총장 '천진 노국거류지 내에 있는 한국영사관에 관한 건')과 마르텔이 한국정부의 대리자로서 매입한 것으로 미루어 이것은 사실인 것 같다.

매입자는 당시 주청한국공사 박제순과 마르텔 등 2명이 거명되고 있으나 마르텔이 매입한 것이 여러 정황으로 미루어 옳은 것 같다. 부지의 소유권자에 대해서는 주청한국공사관과 마르텔 양설이 있으나 마르텔의 주장과 노국영사관의 해명으로 미루어 마르텔이 소유자임이 확실한 것 같으며 더구나 한국정부와 통감부가 한국정부의 소유임을 입증할 수 있는 증거를 제시하지 못함으로써 마르텔의 소유가 더욱 굳어졌다 할 수 있겠다.

이 부지의 매입대금 지불인에 대해서도 양설이 있다. 한국영사관 부지를 매입한 것이기 때문에 당연히 한국정부 또는 황실이 지불했을 것으로 여겨지나 마르텔은 대풍양행 주인 '론돈'이라고 주장했고 이에 대해 한국정부는 전혀 반박하지 못한 점과 마르텔이 이 부지를 론돈에게 이양한 사실로 미루어 볼 때 마르텔의 주장이 확실한 것 같다.

이상과 같은 사실들을 살펴보면 한국정부가 대금을 지불하지 않고도 영사관 부지를 매입한 것이 된다. 그렇다면 그 이유는 무엇일까 하는 의문이 떠오른다. 이에 대해서는 다음과 같은 가설이 있을 수 있다.

마르텔은 한국황실에게서 어떤 이권을 받기로 하고 그 대가로 이 부지를 황제에게 헌납하기 위해 이를 한국영사관 부지명목으로 매입했다. 그러나 이 이권이 확실하게 자신의 수중에 들어올 때까지는 소유권을 자신이 가지고 있다가 이권과 부지소유권을 맞교환하려고 했다. 그런데 결과적으로 마르텔은 이 이권을 차지하지 못했고 따라서 이 부지를 양도하지 않았다. 통감부는 이 부지가 명목상 한국영사관 부지임을 이유로 마르텔에게 한국정부에게 이양하라고 압력을 가했고 마르텔은 이에 맞서기 위해 한국 궁내부를 통해 한제(韓帝)의 위임장을 받아냈다. 론돈이 부지대금을 지불한 것은 마르텔이 한국황실에게서 이권을 받을 경우 이를 나눠 갖기 위해서였을 것이다.

이상과 같은 가설이 성립된다면 천진의 한국영사관 부지는 애초부터 한국황실 소유가 아니었으며 1905년 12월부터 1909년 8월 31일까지 4년 8개월 동안 벌였던 이 부지의 소유권 공방은 실체가 없는 허구를 둘러싸고 허둥댄 한편의 소극(笑劇)이었다 할 것이다.

5) 지부영사관의 폐쇄

주지부 일본영사 오바타는 1905년 12월 12일부 주청공사 우치다의 훈령에 따라 이곳 한국영사관의 업무인수에 착수했다. 오바타는 13일 이곳 한국 명예영사인 프랑스영사 게랑(A. Guerin)에게 11월 17일 체결된 일한협정에 의거 자신이 이곳 한국 영사업무를 관장하라는 본국정부의 훈령에 따라 이곳 청국관헌 및 각국 영사에게 이 사실을 통지하려는 바, 이에 앞서 명예영사인 프랑스영사에게 알려 이러한 통지에 대해 이의가 없는지를 묻는다는 서한을 보냈다.

이에 대해 게랑은 14일 이의가 없다는 답신을 보냈고 이에 따라 오바타는 이곳 도대(道台: 지방장관)와 각국 영사 및 세관장에게 한국 명예영사가 관장하는 한국 영사업무를 12월 21일부로 일본영사가 관장한다고 통지하여 도대를 비롯한 각국영사에게서 이를 받아들인다는 회보를 받았다.

한편 한국정부는 14일부로 외부대신 명의로 한국 영사업무에 관한 공문, 서류 및 관인을 일본영사에게 인계하고 업무집행에 따른 지출비용 등도 일본영사에게 청구하라고 계랑에게 훈령했다.

이에 대해 계랑은 공문, 서류와 관인은 이미 주북경 한국 임시서리공사 박태영(朴台榮)에게 송부했으며 업무경비는 특별히 지출한 것이 없어 청구할 것이 없다고 회신했다(수 제64호 1906. 1. 4. 小幡 지부영사→桂 외상 공신 제163호 1905. 12. 21. '재청제국영사의 한국영사 사무관장의 건').

3. 주미공사관의 폐쇄

1) 곤궁 속의 공사관

1904년 9월 일본정부가 한국의 재외공관 폐쇄방침을 세운지 6개월이 지난 1905년 3월에 들어 주미한국공사관은 심한 재정적 곤경에 처했다. 1904년 12월 이래 본국정부가 공관원의 봉급 및 여러 비용의 송금을 끊었기 때문이었다. 따라서 이때부터 외교공관으로서의 활동과 기능은 정지상태에 놓여 있었으며 관원들은 단순한 생계상의 문제해결에도 급급한 실정이었다. 일본정부가 획책한 한국의 재외공관 폐쇄는 소요비용의 송금 중단으로 '절반의 성공'을 기할 수 있었다.

공사 민철훈(閔哲勳)의 사가귀국 후 임시서리공사를 맡고 있던 신태무(申泰茂)는 견디다 못해 주미일본공사 다카하라 고고로(高平小五郎)를 찾아가 어려운 재정사정을 설명하고 도움을 청했다. 다카하라는 일본외무성에 대해 “우리나라에서 재정고문을 영입해 간 것 등을 감안하여 적절한 대책을 마련하는 것이 좋겠다”고 보고했다(수 제1365호 1905. 3. 24. 高平 주미공사→小村 외상 제58호 1905. 3. 23). 그러나 한국정부의 송금은 실현되지 않았다.

신태무는 6월 2일 다시 다카하라를 방문, 지난 9개월 동안 본국정부에게서 봉급, 공관운영비 등을 전혀 지급받지 못했으며 지금까지는 그럭저럭 지냈으나 이제는 기아상태에서 허덕일 사정에 있다면서 도움을 청했다. 다카하라는 이 요청을 받고 일본외무성에 대해 한국정부가 적절한 조치를 취하도록 작용해 달라고 건의했다. 다카하라는 이 건의에서 워싱턴의 미국인들 가운데는 한국에 관한 사항은 일본이 모두 통괄해야 한다고 생각하는 사람이 적지 않으며 한국공사관원과 관련된 사항에 대해 때때로 본관에게 자문하는 일도 있고 일본에서 재정고문을 파견한 관계도 있으므로 최근 런던에서 있었던 사건(주영 임시서리공사 李漢雄의 자결사건) 같은 것이 재연되지 않도록 어떤 조치가 있어야 할 것이라고 그 이유를 설명했다(제2752호 1905. 3. 高平 주미공사→小村 외상 제112호). 주한일본공사 하야시는 이 같은 주미한국공사관의 사정을 놓고 한국정부 총세무사와 협의, 총세무사는 한국공사관에 2천 불을 송금했다(전수 제548호 1905. 6. 10. 林 주한공사→小村 외상 제211호).

한편 신태무는 한국정부로부터 귀국명령을 받았다. 그러나 申은 여비와 6개월분의 급여 등을 받지 못해 1천 불을 추가송금해 주지 않으면 귀국할 수 없다고 다카하라에게 통보했다. 다카하라는 신의 통보를 본국정부에 전했고(수 제3212호 1905. 6. 30. 高平 주미공사→小村 외상 제172호 1905. 6. 29) 이에 따라 한국정부는 7월 11일 1천 불을 보냈으며(전수 제689호 1905. 7. 11. 林 주한공사→桂 외상 제264호) 다카하라는 이를 신에게 전해주었다(수 제11738호 1905. 8.

21. 高平 주미공사→桂 외상 공 제73호 1905. 7. 20. '申泰茂 씨 귀국 여비 교부에 관한 건').

그러나 신이 귀국한 후 워싱턴에 남아있던 공관원들은 봉급과 기타 경비의 송금이 밀리면서 또다시 생계의 곤란을 겪게 됐다. 신의 후임으로 임시서리공사직을 맡은 김윤정(金潤晶)은 이러한 사정을 다카하라에게 호소하였고 다카하라는 이들이 받아야 할 금액을 조사, 6천 50여 불에 달하는 돈을 송금해주도록 요청했다(수 제4573호 1905. 10. 6. 高平 주미공사→桂 외상 제242호). 그러나 감감 무응답이었다.

이러한 한국공사관의 곤궁소식은 미국 국무장관의 귀에까지 들어갔다. 다카하라는 1905년 10월 23일 노일전쟁에 대한 강화조약에 관해 미국정부와 협의하기 위해 미국 국무장관을 만났다. 이 자리에서 장관은 한국 임시서리공사가 대단히 곤란한 지경에 처해 있다면서 자기에게 도움을 청해 왔다고 밝혔다. 장관은 이 임시서리공사가 일본이 한국의 외교사무를 감리하게 되면 자신의 관직은 없어지게 되며 따라서 처자와 함께 살길을 잃게 될 것이라고 호소했다고 덧붙였다. 장관은 들리는 말에 따르면 한국황제는 그 성품이 일의 매듭을 제대로 짓지 않아 재외사신에게 수당발송을 게을리하는 일이 드물지 않았으며 고(故) 헤이(John M. Hay)가 장관으로 있을 때에도 이 같은 일이 있어 헤이가 자신의 개인주머니를 풀어 도와준 적이 있다면서 자신은 미국에 근무하는 외국 대표자들이 이와 같은 궁지에 처한 것을 유쾌하게 생각하지 않는다고 말했다. 장관은 이어 다카하라가 이의제기를 하지 않는다면 주한미국공사에게 한국정부가 속히 송금하도록 요청하라고 훈령하겠다고 덧붙였다.

이에 대해 다카하라는 지금까지의 상황을 설명하고 곧 조치가 있을 것이라고 말했다. 다카하라는 이상과 같은 대화내용을 보고하면서 한국외교관을 철수시킬 때 그 앞뒤절차를 잘 챙기는 것이 좋겠다고 품의했다〔수 제4731(암 제269)호 1905. 10. 24. 高平 주미공사→小村 외상 제263호 1905. 10. 23〕. 한국정부는 11월 27일 2천 불을 주미한국공사관에 송금했다(전수 제1322호 1905. 12. 4. 林 주한공사→桂 외상 제496호).

한편 다카하라는 한국 임시서리공사 김윤정이 처와 세 자녀 등 가족과 함께 계속 미국체류를 희망함에 따라 그의 미주 거주방안을 찾기 시작했다. 다카하라는 김이 청일전쟁 후 일본교관에게 지도받은 사관생도였고 러시아세력이 한국에서 커지자 미국으로 탈주하여 헤이(John M. Hey)의 주선으로 한국공사관 서기생이 되었으며 일본의 도움으로 임시서리공사에 승진한 점과 특히 김이 일본 측의 지시에 따라 자신의 거취를 정하고 일본외상의 훈령을 한국황제의 명령에 전혀 구애됨이 없이 시행함으로써 황제로부터 5번이나 견책받은 사실 등을 들어 김이 일본공사관에서 봉급을 받을 수 있게 해달라고 외무성에 요청했다. 워싱턴이 곤란할 경우에는 한국인이 많이 거주하는 하와이주재 일본영사관 직원으로 채용하여 적절한 봉급을 받게 해달라고 건의했다〔수 제5180(암292)호 1905. 11. 29. 高平 주미공사→桂 외상 제322호 1905. 11. 28〕.

그러나 김은 공사관원 및 가족과 함께 1906년 1월 29일 워싱턴을 떠나 귀국길에 올랐다(수 제2379호 1906. 2. 14. 日置 임시대리공사→加藤 외상 공 제4호 '재미한국공사관 철퇴 전말보고의 건' 1906. 1. 8).

2) 공사관의 소유권 논란

주영일본대사 하야시 다다스는 외무성 훈령에 따라 주미일본공사관 임시대리공사 히오키(日置益)에게 다음과 같은 전문을 타전했다.

귀관은 주재국 정부에 서간을 보내 1905년 11월 17일 체결한 일한협약에 따라 재외한국공사관 및 영사관의 직권과 직무는 우리 외교 대표자 및 영사관에 이전되며 이에 따라 한국공사관 및 영사관은 폐쇄된다는 뜻을 통고할 것(송 제3771 1905. 12. 11. 桂 외상→林 주한공사 제282호).

이 훈령에 의거 히오키는 1905년 12월 16일 미국국무성에 대해 훈령의 내용을 담은 서한을 발송하는 한편 한국 임시서리공사 김윤정을 만나 같은 내용을 통고하고 공관폐쇄 시기와 폐쇄에 따른 모든 비용의 조사서 제출에 관해 협의했다.

미국 국무장관은 이 통보에 대해 양해한다는 문서를 즉각 보내왔으나 김은 철수비용 조사서는 바로 제출할 수 있으나 공사관 폐쇄는 본국정부로부터 아직 한일협약 성립에 관한 통보가 없고 공관퇴거에 대해서도 훈령을 받은바가 없어 곤란하다며 거부했다〔수 제5355(암146)호 1905. 12. 13. 日置 임시대리공사→桂 외상 제330호 1905. 12. 12〕. 그러나 金은 공사관 폐쇄 소요비용으로 1905년 12월까지 밀린 관원들의 봉급, 수당 및 귀국여비 등 모두 6,484불 74선의 계산서를 히오키에게 제시했다. 히오키는 이 금액을 타당한 것으로 인정하여 본국정부를 통해 송금을 요청했다〔수 제5437(암)호 1905. 12. 20. 日置 임시대리공사→桂 외상 제331호 1905. 12. 19〕.

주한일본공사 하야시는 주미 일본 임시대리공사 히오키가 요청한 한국공사관 폐쇄비용을 1905년 12월 30일 송금했으며(전수 제1454호 1905. 12. 31. 林 주한공사→桂 외상 제545호 1905. 12. 30) 본국정부로부터의 훈령이 없다는 이유로 공사관 폐쇄를 거부했던 임시서리공사 김은 12월 14일부 외부대신 이완용 명의의 한일협약에 의거 주미공사관을 폐쇄한다는 훈령에 따라 이날 한국공사관이 보관하던 기록, 문서와 관유재산 일체를 일본공사관에 인계했다〔전수 제5532(암65)호 1905. 12. 31. 日置 대리공사→桂 외상 제339호 1905. 12. 30〕.

이와 같이 주미한국공사관의 폐쇄와 관원들의 귀국준비가 진행되는 가운데 일본외상은 1906년 2월 20일 히오키에게 주미한국공사관의 건물, 대지, 집기 등이 이미 전술한 바와 같이 주청공사관 건물과 천진영사관 부지와 함께 한국정부가 지불해야 할 채무판제의 일환으로 미국인이 경영하는 한성전기회사 총무 콜브란에게 넘어갔다고 통보했다(기밀송 제4호 1906. 2. 21. 加藤 외상→日置 주미대리공사 '주미한국공사관 부지, 건물 집기에 관한 건'). 그러나 얼마 후 일본외상은 일단 공사관 건물을 한국정부 소유로 간주하여 대지, 건물, 집기 등을 인수하여 관리하라고 지시했다(기밀송 제10호 1906. 3. 19. 西園寺 외상→日置 주미대리공사 '주미 전 한국공사관 부지, 건물, 집기에 관한 건').

이에 따라 일본공사관은 월 10불의 급료로 한국공사관 경비인을 고용하여 관리했다. 그러나 이 건물은 오랫동안 수리하지 않고 그대로 사용해 이미 많이 낡아 있었고 그대로 방치할 경우 크게 손상될 형편에 놓여 있었다. 히오키는 이 건물을 매각하거나 수리하여 임대하는 방안을 검토했으나 별 진전이 없었다(수 제3926호 1906. 3. 20. 日置 주미대리공사→加藤 외상 공 제16호 1906. 2. 1. '한국공사관 폐쇄에 관한 건'). 공사관 처분에 진전이 없었던 것은 일본외무성과 통감부가 공사관 소유권 문제를 제대로 해결하지 못하고 시간을 지체함에 따라 히오키의 방안에 확답을 줄 수가 없었기 때문이었다.

3) 매각가격에 대한 이견

일본외상은 1906년 11월 20일 주미일본대사 아오키 슈조(青木周藏)에게 주미한국공사관의 소유권은 통감부의 조사결과 한국 궁내부와 콜브란·보스트위크 회사 사이에 아무런 관계가 없음이 밝혀졌다고 통고했다. 외상은 이 통고와 함께 아오키가 이 공사관의 대지, 건물 등을 매각 또는 임대할 경우 매각대금의 평가와 임대계약 등에 대해 명확한 방법으로 처리하라고 훈령했다(기밀송 제26호 1906. 11. 20. 林 외상 → 青木 주미대사 '구 한국재외공관에 관한 건'). 이어 통감부는 공사관 매입 희망자를 지급으로 찾아 희망자의 이름과 희망가격 등을 알려달라고 요청했다(기밀송 제5호 1907 3. 26. 林 외상 → 青木 주미대사 '주미 전 한국공사관 처분에 관한 건').

아오키는 공사관 매입 희망자를 수소문했으며 워싱턴의 무어 앤드 힐(Moor & Hill)회사를 대신한 테일러(J. Augustus Taylor)가 1만 불에 매입하겠다고 제의했다고 보고했는바, 1만 불은 아오키가 접수한 구입희망 건 가운데 가장 좋은 액수였다(수 제2001호 1907. 5. 28. 青木 주미대사 → 林 외상 제41호).

그러나 한국정부는 당초 이 건물을 2만 5천 불에 매입했으며 여기에 5천 불을 투입하여 수리한 사실을 들어 1만 불에 매각하는 것은 지나친 헐값이라고 불만을 나타냈다〔수 제2257(암)호 1907. 6. 10. 鶴原 통감부 총무장관 → 林 외상 제42호〕. 이에 대해 아오키는 이 건물을 처음 매입한 때는 16년 전으로 그동안 건물이 낡았고 그 소재지도 매입 당시에는 위치가 좋은 곳이었으나 지금은 완전히 워싱턴의 변두리로서 중류 이하 사람들의 거주지로 전락했으며 워싱턴 부동산업체의 대리인 테일러가 제시한 1만 불은 최고의 가격이라고 주장했다. 아오키는 근년 들어 이곳의 지가가 심하게 하락해 부동산관련 전문가의 감정에 따르면 1만 불 이상은 도저히 기대하기 어려운 데다 시일이 경과할수록 유지관리비가 더 들고 건물도 황폐해져 가격은 더욱 하락할 것이므로 1만 불에라도 매각하는 것이 최상의 득책이라고 건의했다(기밀수 제1738호 1907. 7. 8. 靑木 주미대사→林 외상 기밀공 제16호 1907. 6. 5. '재當地 전 한국공사관 건물에 관한 건').

통감부는 한국 궁내부와 여러 번 협의하여 아오키의 건의를 받아들여 가능한 한 조속히 매각하라고 아오키에게 통보했다(수 제4668호 1908. 3. 17. 石塚 통감부 총무장관 대리→珍田 외무차관 통발 제1491호 1908. 3. 13).

그러나 이 건물의 매각은 쉽게 이루어지지 않았다. 아오키의 후임대사 다카하라는 이 건물 판매가격에 대한 재량권과 매각에 필요한 서류를 요청했다. 한국정부는 다카하라에게 매각금액의 재량권을 부여하고 일본대사에게 공사관 재산을 위임하는 궁내부 대신의 위임장 원본과 영문 위임장을 보냈다(기밀수 제587호 1909. 2. 27. 石塚 통감부 총무장관 대리→石井 외무차관 기밀통발 제234호 1909. 2. 23).

4) 공사관의 매각

워싱턴 특별행정구(D.C.; District of Columbia)의 법규는 제3자 명의의 부동산 매각을 까다롭게 규제하고 있다. 1907년 5월 당시 주미일본대사 아오키는 한국공사관 건물의 매각절차에 관해 알아봤다. 한국공사관 건물은 한국 고종황제 이희(李熙) 명의로 워싱턴 D.C. 등기소에 등기된 황제 개인 사유재산이므로 이 공사관을 아오키가 처분하기 위해서는 먼저 황제로부터 아오키에게 양도되어야 했다. 워싱턴 D.C. 법에 따른 양도절차는 황제가 미국영사 앞에서 2명의 증인 입회하에 이 재산을 양도한다는 서류에 서명하고 양도를 승인해야 하며 이를 미국영사가 공증하도록 되어 있다(제2001호 1907. 5. 28. 青木 주미대사→林 외상 제41호). 따라서 한국정부가 보낸 궁내부 대신 명의의 위임장은 원소유자인 황제 개인명의의 위임과 이에 대한 미국영사의 공증을 요구하는 워싱턴 D.C. 법규에 의해 그 효력을 가질 수가 없었다.

한국정부는 이러한 워싱턴 D.C. 법규에 따라 양도증서를 만들어 1910년 7월 4일 주미일본대사 우치다 야스야(内田康哉)에게 보냈다(기밀수 제2016호 1910. 7. 8. 有吉 통감부 총무장관→石井 외무차관 기밀통발 제1373호 1910. 7. 4; 기밀송 제22호 1910. 7. 11. 小村 외상→内田 주미대사). 이 증서는 1910년 6월 29일 전 한국황제 이희가 미국 서울총영사관 부총영사 굴드(Ozro C. Gould) 임석 아래 궁내부 차관인 고미야 미호마쓰(小宮三保松)와 승재부 총관(承宰府總管) 조민희(趙民熙) 등 2명의 보증인 입회하에 작성하여 서명날인하고 보증인이 부서했으며 이를 굴드가 확인, 서명 공증한 것이었다.

이 증서는 전 한국황제인 한국 태황폐하 이희가 1891년 11월 28일 미국인 브라운(Sevellon A. Brown)에게서 매입한 주미한국공사관 건물과 토지를 주미일본대사에게 부동산과 5불을 받고 양도한다는 내용을 담고 있다.

이 증서의 주요골자는 다음과 같다.

> 일본대사가 이희에게 부동산과 5불을 지불한 바 이희는 주미일본대사에게 토지활용권과 지역권, 부속물 등과 함께 다음의 토지와 부동산을 준다.
>
> 이는 컬럼비아 특별행정구인 워싱턴 시 킬버른(Kilbourne) 옴스티드(Olmstead) '지번 74'와 241번 광장의 일부 토지로 컬럼비

아특별행정구 조사국 기록인 '리버 JHK' 310쪽에 등재되어 있으며 아이오와 서클(Iowa Circle)과 13번가에 인접한 곳으로 주소는 '노스웨스트(Northwest) 13번가 1500'이다. 이곳은 과거 미국 워싱턴주재 한국대사관으로 사용되었다.

주미일본공사 우치다는 1910년 9월 초 전부터 이 건물의 매입을 약속했던 미국인 풀턴(Fulton)과 정식으로 매매절차를 끝내고 매각대금으로 1만 불을 받았다. 그러나 이 매매는 부동산 중개업자의 중개로 이루어졌기 때문에 매매가의 3%를 중개수수료로 지불하는 관행에 따라 3백 불을 중개인에게 지불, 실질적인 매각가는 9천 7백 불이었다. 공사관 건물에 있던 가재도구 등은 별도로 경매에 붙여 196불22선의 수입을 올렸다. 이밖에 공사관 건물 관리비 가운데 남은 36불을 합쳐 모두 9,932불 22선을 엔화로 바꿔 1만 9,984엔 34센(외환시세 1백 엔에 49불 70선)이 일본외무성으로 송금되어(비수 제 3068호 1910. 11. 4. 內田 주미대사→小村 외상 기밀 제 14호 1920. 1. 12. '구 한국공사관 부지, 건물 및 가재 등 매각의 건') 조선총독부에 인계되었다(기밀송 제 95호 1910. 11. 11. 石井 외무차관→山縣 통감 '구 주미한국공사관 부지, 건물 및 가재도구 등 매각에 관한 건').

조선총독부는 이 돈의 처리를 위해 우치다에게 매도가격이 명시된 매도증서 1통을 보내달라고 요청했으나(朝秘發 제 140호 1910. 12. 17. 有吉 조선총독부 총무부장관→石井 외무차관 '주미 구 한국공사관 부지, 건물 매각의 건') 우치다는 매도증서가 워싱턴 특별행정구역의 부동산 대장에 등재되어 있으나 이 증서에는 '가급적 매도가격의 기입을 피하는' 이곳의 관례에 따라 우치다-풀턴 간의 매매증서에도 "을(풀턴)이 갑(우치다)에게 지불한 10불의 금액과 기타 유가의 약속을 감안, 갑은 을에게 토지 등을 양도한다"고 기재하고 있을 뿐 매각

대금을 정확하게 명시하지 않고 있어 이 매도증서로 매각대금을 처리하는 데에는 도움이 안 될 것이라고 회신했다(비수 제630호 1911. 2. 27. 內田 주미대사→小村 외상 기밀공 제3호 1911. 2. 2. '구 한국공사관 부지, 건물 매도증서 사본 등 송부의 건').

한편 고종황제가 주미한국공사관 건물과 부지 등을 일본대사에게 양도한 양도증서에는 5불에 양도한다고 적고 있고 일본대사가 풀턴에게 매도한 양도증서에는 10불을 받고 매각한 것으로 되어있다. 고종황제가 이 건물을 매입한 증서에도 매입가격이 5불로 기재되어있다.

그러나 고종황제가 1891년 11월 28일 이 건물을 매입한 실제가격은 2만5천 불이었으며 고종황제가 일본대사에게 양도할 때 매각대금으로 5불을 기재했으나 실제로는 한 푼의 돈도 주고받지 않았으며 일본대사 우치다가 풀턴에게 주미한국공사관 건물을 매각한 매매증서에는 매매대금으로 10불이 기재되어 있으나 실제 매도가격은 1만불이었다.

이것은 앞서 기술한 바와 같이 워싱턴 D.C.의 부동산 대장에 등재된 매매증서에는 '가급적 매도가격의 기입을 피하는' 이곳의 관례에 따라 형식적인 가격을 기입하기 때문에 실제가격에 대해 혼란을 일으킬 수도 있다.

1955년 2월 모 대학교수가 언론에 밝힌 주장은 바로 이러한 혼란의 좋은 예라 하겠다. 이 교수는 고종황제가 재미일본대사 우치다에게 한국공사관을 5불에 매도하는 양도증서 사본과 우치다가 풀턴에게 10불에 매각했다는 양도증서 사본을 공개하면서 "일제가 한국공관을 강제로 인수해서 재빨리 헐값에 처분한 것은 이 건물이 바로 조국을 구하기 위하여 필사적 대미외교를 펼친 한국외교관들의 마지막 보루로 간주되었기 때문"이라고 주장했다고 신문들은 보도했다.

이와 같은 주장은 지금까지 살펴본 주미한국공사관의 폐쇄전말에 비추어볼 때 단순히 문서상의 내용만을 근거로 추정한 잘못된 주장에 불과함을 알 수 있다.

5) 미국지역 영사관의 폐쇄

미국의 한국영사관은 뉴욕과 샌프란시스코 2개 지역에 있었다. 주미한국공사관의 폐쇄와 함께 이들 영사관도 자연 폐쇄될 수밖에 없었다. 그러나 이들 영사관의 영사들은 영사관 폐쇄조치가 거론되기 시작할 당시 이미 모두 공석이었고 미국인이 명예영사직을 맡고 있었기 때문에 한・일 간의 마찰은 없었다.

뉴욕영사관에는 미국인 스티븐스(Stevens)가 명예영사로 있었으며 1905년 12월 16일 영사관의 모든 기록과 재산을 뉴욕 일본총영사 우치다 사다즈치(內田定槌)에게 인계했다(수 제5532호 1905. 12. 31. 日置 대리공사→桂 외상 제339호 1905. 12. 30).

샌프란시스코 명예영사인 미국인 보스트위크(F. F. Wostwick)는 1905년 12월 22일 샌프란시스코 일본영사 우에노 기사부로(上野季三郎)에게 한국영사관의 사무를 인계했다. 보스트위크가 인계한 것은 한국인 김(W. C. Kim)이 샌프란시스코로 수입한 인삼에 대한 관세와 기타 조사에 관해 뉴욕 한국총영사와 보스트위크 간에 오갔던 서류 2통과 '大朝鮮國 駐箚美國紐約 總領事印'이라 조각된 고무도장 1개와 약간의 금전 등이었다(수 제860호 1906. 1. 17. 上野 샌프란시스코 영사→桂 임시외상 공신 제135호 1905. 12. 23. '이곳 한국 명예영사관 사무인계에 관한 건'). 영사관 건물은 모두 임대해 사용한 때문인지 영사관 건물에 관한 기록은 없다.

4. 주영공사관의 폐쇄

1) 이한응 임시서리공사의 자결

이한응(李漢雄)은 영어에 능통한 몇 안 되는 한국정부 관리의 한 사람으로서 1901년 3월 영국·벨기에 양국 주차공사관 3등 참서관에 임명되어 영국에 부임했다. 1903년 당상관인 통정대부로 승진했으며 1904년 주영공사 민영돈(閔泳敦)이 사가귀국하자 임시서리공사에 임명되었다.

그는 1905년 5월 12일 런던에서 목을 매 자결했다. 이 공사의 자결사실은 영국외무성이 주한영국공사에게 즉각 통보함으로써 한국에 알려졌다. 주한영국공사는 이 사실을 주한일본공사에게 알렸고 일본공사가 이를 한국정부에 전했다. 일본공사는 이 사건을 계기로 주영한국공사관을 당분간 폐쇄하도록 한국정부에 권고했으나 궁정에 대해서는 황제가 이 사건에 대해 어떤 의심을 품을지도 모른다고 우려, 아무런 의견도 제시하지 않았다(전수 제429호 1905. 5. 13. 荻原 주한 임시대리공사→小村 외상 제180호).

이 공사가 자결하기 하루 전인 5월 11일 영국외무성은 주한영국공사에게 이 공사가 과거부터 우울증을 앓아왔으며 자칫 발광할 경우 자살할 우려가 있으므로 즉시 귀국조치하도록 한국정부와 교섭하라고 훈령했었다(전수 제424호 1905. 5. 12. 荻原 주한 임시대리공사→小村 외상 지급 제178호 1905. 5. 11).

이 공사가 과거부터 우울증을 앓아왔다는 영국외무성의 판단이 무엇을 근거로 하는지는 밝혀진 것이 없다. 어쩌면 이러한 판단은 피상적인 관찰에서 비롯된 것일 수도 있다. 이 공사가 자결하기 얼마 전부터, 1904년 2월 23일의 한일의정서 조인(일본군이 우리나라

군사요지의 수용권 획득)과 8월 22일의 제1차 한일협약 조인(우리나라 재정과 외교에 일본인과 외국인 고문을 둠으로써 이 두 분야에 대한 사실상의 권한행사) 등으로 일본은 한국에 대해 식민지 마수를 시시각각 뻗치고 있었다.

평소 성격이 강직하고 정의감과 국가관이 투철했던 이 공사는 국가의 권위와 외교적 지위가 크게 위축된 추락한 조국의 모습을 이국에서 바라보며, 일본에 대한 분노와 조국의 앞날에 대한 좌절감이 한데 뒤엉키며 빚어진 통분을 주체하지 못했을 것이며 이로 인한 행동거지가 제3자에게는 우울증으로 비춰졌을지도 모를 일이다.

이한응 임시서리공사는 근대 우리 외교사에서 외교관이 지녀야 할 모든 덕목을 갖추었던 표상으로서 기억되고 기려져야 할 인물이었다.

2) 공사관의 폐쇄

주한일본공사관은 주영 한국 임시서리공사 이한응의 자결에 따라 당분간 주영한국공사관을 폐쇄하가로 하고 이 공사관의 재산과 서류 등을 영국인인 런던 한국 명예총영사 모건(Frichard Morgan)에게 보관하도록 위임했다(전수 제434호 1905. 5. 15. 荻原 주한 임시대리공사→小村 외상 제181호). 그리고 5개월 후 주한일본공사관은 주영한국공사관을 영구폐쇄하고 한국공사관의 모든 업무를 일본공사관에 이관하도록 하자고 외무성에 건의했다. 주한 임시대리공사 하기와라 슈이치(荻原守一)는 이와 같은 건의안에 관해 주한영국공사 및 한국 총세무사와 사전에 협의하여 합의를 보았다. 하기와라는 런던 명예총영사 모건이 한국공사관 업무처리를 귀찮아하고 있을 뿐 아니라 한제(韓帝)의 밀지를 갖고 왔다는 자, 또는 자신이 주영공사관 참서관에 임명되었다는 자 등이 찾아오는 등 몹시 난처한 일이 있었고, 이러한 것들이 바람직하지 않은 일을 일으킬 수 있다는 이유를 들어 영국에서의 한국의 이익은 일본 대표자(공사)가 보호하기로 하고 주영한국공사관의 폐쇄를 건의한 것이다.

그는 또 공관폐쇄와 이익보호 등은 절차상 한국정부의 참여가 필요하지만 일·영 양국의 특수관계에 비추어 한국의 참여 없이 양국 간의 합의만으로도 가능할 것이라고 덧붙였다(기밀수 제2790호 1905. 11. 1. 荻原 주한 임시대리공사→小村 외상 기밀 제223호 1905 10. 27. '주영한국공사관 폐쇄의 건').

한편 주영일본공사 하야시 다다스는 제2차 한일협약(을사보호조약) 조인과 관련하여 어떠한 조치를 취해야 할 것인지 외상에게 훈령을 요청했다. 하야시는 현지 한국공사관 임대료 미납과 관련, 건물 소유주가 일본공사관에 대해 원망의 생각을 갖고 있다고 보고했다〔수 제5173(암88)호 1905. 11. 29. 林 주영공사→桂 외상 제360호 1905. 11. 28〕.

이에 대해 외상은 제2차 한일협약은 이미 효력을 발생했으며 일본의 외교 대표자와 영사는 외국에서의 한국신민 및 이익을 보호할 임무가 있으며 그 보호방법은 한국과 외국이 맺은 조약을 바탕으로 하고 일본신민의 보호방법에 준하여 적절한 재량으로 시행하라고 훈령했다. 외상은 또 한국정부가 곧 외부(外部), 아문(衙門) 및 각국주재 한국공관의 폐쇄칙령을 내릴 것이라고 통보했다(전송 제3630호 1905. 11. 29. 桂 외상→林 주영공사 제351호).

주영일본대사(12월 1일부로 공사에서 승격) 하야시는 12월 13일 한국 명예총영사 모건을 만나 한국공사관의 폐쇄가 순조롭게 진행되는지를 물었다. 그러나 모건은 자신은 한국정부가 임명했기 때문에 폐쇄문제도 한국정부의 훈령이 있어야 시행하는 것으로서 아직까지 한국정부로부터 폐쇄훈령을 받지 못해 아무런 진행도 없다고 답변했다(암수 제5359호 1905. 12. 14. 林 주영대사→桂 외상 제366호 1905. 12. 13).

이러한 상황에 따라 주한일본공사관은 한국정부에 대해 재외공관 폐쇄훈령을 조속히 내리도록 재촉했다. 한국정부는 1905년 12월 14일 외부대신 이완용 명의로 독일, 프랑스, 미국, 청국, 일본의 각국 주재공사에게 한일협약의 결과에 따라 모든 공관의 폐쇄를 명하고 모든 기록과 관유재산을 일본공사(동경은 일본외무성)에게 이관하고 봉급 및 여비 등은 일본공사를 통해 신청하라고 훈령했다(전수 제1375호 1905. 12. 15. 林 주한공사→桂 외상 제514호 1905. 12. 14).

이에 따라 한국 명예총영사 모건은 주영한국공사관 및 영사관 폐쇄비용으로 400파운드를 일본공사관에 청구했다. 이 비용은 공사관 건물 임대연체료와 파손수리비를 비롯하여 피고용인의 급료, 상수도료, 가스, 전기료 등을 포함했다. 모건은 이와 별도로 이한웅 임시서리공사의 자결 직후부터 대리근무한 자신의 8개월 급여도 청구했다. 모건은 한국공사관의 서류와 가구 등을 일본공사관에 인계했다(암수 제5451호 1905. 12. 21. 林 주영대사→桂 외상 제370호 1905. 12. 20).

5. 주불공사관의 폐쇄

주불일본공사 모토노 이치로(本野一郎)는 1905년 12월 11일 본국 외무성으로부터 받은 훈령에 따라 이곳 한국공사 민영찬(閔泳讚)과 12월 22일 만나 한국공사관과 영사관의 폐쇄를 통고했다. 민은 이에 대해 자신도 본국정부로부터 같은 내용의 전문훈령을 받아 이론은 없으나 귀국 후의 일신상의 안전을 위해 전문훈령이 아닌 서면훈령을 받았으면 한다는 뜻을 밝혔다. 모토노는 전문훈령이면 충분하다며 서면훈령의 불필요선을 강조했으나 민은 이에 응하지 않았다(암수 제5478호 1905. 12. 23. 本野 주불공사→桂 외상 제222호 1905. 12. 22).

그러나 민은 며칠 뒤 공사관 폐쇄비용으로 3만 985원 54전을 모토노에게 청구했다. 이 내역은 1901년의 출장비 및 경상비 부족분 1천 5백 원, 1905년 7월부터 12월까지의 급여 및 경상비 1만 1천 8백 원, 지난 11월 미국을 방문한 공사 및 비서관의 출장여비 1,100원 46전, 공사 및 공관원의 한국 귀국여비와 귀국 때까지의 공관임대료 7,583원 32전, 1904년의 공관임대료 및 경상비 부족분 9,001원 76전 등이다(수암 제5522호 1905. 12. 30. 本野 주불공사→桂 외상 제223호 1905. 12. 29).

주한일본공사 하야시는 모토노에게 6만 프랑을 보내면서 이 돈은 한국정부가 주불한국공사관 폐쇄비용으로 보내는 것으로 민 공사 등이 가능한 빠른 시일 내에 공사관을 폐쇄하고 귀국하도록 하고 폐쇄비용의 정산은 귀국 후에 하라고 통보했다(수암 제206호 1906. 1. 17. 林 주한공사→加藤 외상 제42호). 그러나 민은 모토노를 통해 청구한 3만 985원 54전(당시의 프랑화 환율은 1원에 2프랑 61상팀으로, 모두 6만 4,172프랑 26상팀)을 모두 받지 못하면 귀국길에 오르기 어렵다며 6만 프랑은 부족하다고 수령을 거부하면서 공사 및 서기관 2명의 1개월분 급여로 1천여 원을 추가로 청구했다(암수 제302호 1906. 1. 25. 本野 주불공사→加藤 외상 제9호 1906. 1. 24).

이에 대해 주한일본공사 하야시는 6만 프랑에는 공사관 폐쇄비용은 물론 공관원 귀국여비도 포함되어 있으며 이 금액은 이에 충분하다고 생각되지만 일단 귀국하여 정산한 뒤 추가로 지급해야 할 것이 있으면 지급하겠다고 밝히고 특히 민의 미국여행 비용은 본인의 자의에 따른 여행이므로 한국정부는 이를 지급할 수 없다고 밝혔다고 모토노에게 통보했다. 하야시는 민 등이 귀국비용의 추가지급을 요구하며 철수명령을 연기할 경우 귀국의사가 없는 것으로 간주하여 한국정부로 하여금 면관조치하도록 할 수도 있다고 강경태도를 보였다(수암 제336호 1906. 1. 29. 林 주한공사→加藤 외상 제59호).

이러한 강경태도 때문인지 1906년 2월 10일 공사관 서류와 도장 및 전신암호서 등을 일본공사관에 이관했고(기밀수 제653호 1906. 3. 17. 本野 주불공사→加藤 외상 기밀 제10호 1906. 2. 19. '주불한국공사관 폐쇄에 관한 건') 2월 12일 모토노가 민에게 6만 프랑을 넘기면서 공사관 건물 및 가구임대료 7천 7백 프랑을 제하고 5만 2천 3백 프랑을 건넸는데도 민은 순순히 받았다〔수 제493(암33)호 1906. 2. 16. 本野 주불공사→加藤 외상 제23호 1906. 2. 15〕. 민은 1906년 3월 17일 파리를 출발, 귀국길에 올랐다(전문 제815호 1906. 3. 19. 田付 주불 임시대리공사→西園寺 외상 제41호 1906. 3. 18).

6. 기타 유럽지역공사관의 폐쇄

1) 주독공사관의 폐쇄

주독일본공사 이노우에 가쓰노스케(井上勝之助)는 1905년 12월 13일 주독한국공사 민철훈(閔哲勳)을 만나 한국공사관의 폐쇄와 업무인계를 논의했다. 그러나 민은 한일협약에 관해 신문을 통해 읽은 적은 있으나 본국정부로부터는 아무런 통지도 받은바 없으며 본국의 황제나 정부로부터 하등의 훈령이 없는 한 공관을 폐쇄하고 귀국할 수는 없다고 이노우에의 요청을 거부했다〔수 제5366(암)호 1905.

12. 14. 井上 주독공사→桂 외상 제511호 1905. 12. 13〕.

그러나 민은 12월 14일 타전된 외부대신 이완용 명의의 공사관 폐쇄와 귀국훈령에 따라 이노우에에게 공사관 폐쇄에 동의했다. 그는 이노우에에게 1906년 1월 17일 공사관원(禹麒源, 韓光河, 趙鏞夏) 3명과 함께 독일선박 편으로 귀국하겠다고 통보하면서 공사관 운영경비와 봉급 및 여비 등 모두 2만5,960원 56선을 청구했다(수 제5435호 1905. 12. 20. 井上 주독공사→桂외상 제515호 1905. 12. 19).

민은 귀국여비 등을 받은 후 건강이 안 좋다는 이유로 계속 베를린에 머물다 1906년 2월 28일 베를린을 떠나 3월 15일 네플 출범의 독일선박 편으로 귀국했다(수 제634호 1906. 3. 2. 井上 주독대사→加藤 외상 제38호 1906. 3. 1).

독일 중앙정부는 주 독일공사관으로부터 한일협약에 따라 독일에서의 한국외교 및 영사업무가 일본정부 대표자(공사)에게 이양됐다는 사실을 통보받고 이를 쉽게 납득했으나, 이와 달리 지방 주정부 또는 주 의회는 한국 영사업무를 일본영사관이 장악하는데 대해 이의를 제기했다.

브레멘주재 일본 명예영사 마르크스 네슬러(M. Nossler)는 1906년 3월 30일자로 브레멘 원로원에 대해 한국 영사업무를 일본영사관에서 집행한다고 통보했다. 그러나 원로원 당국자는 이와 같이 정치적으로 중요한 의미를 갖는 사안에 대해서는 독일 중앙정부 대재상으로부터의 지령을 기다리지 않을 수 없다면서, 일본 명예영사의 통보를 거부했다. 이와 같은 상황을 보고받은 주독일본대사(1906년 1월 7일 대사관으로 승격) 이노우에는 이러한 주 원로원의 자세는 독일외무성이 지방 주정부나 의회당국에게 아무런 통보를 하지 않았기 때문이라고 판단하고 본국정부가 독일외무대신(Von Tschirschky)에게 공문을 보내 베를린, 브레멘 및 뮌헨주재 일본영사가 한국 영사업무의 대표자임을 지방의 관련관청이 인정하도록 조치해줄 것을 요청해 달라고 건의했다(수 제12335호 1906. 6. 26. 井上 주독대사→西園寺 외상 공 제86호 1906. 5. 18. '독일에서의 한국의 이익에 관한 건').

2) 주덴마크 공사관의 폐쇄

주덴마크 일본공사 미쓰바시 노부가다(三橋信方)는 일본정부의 훈령에 따라 1905년 12월 12일 덴마크 정부에 대해 문서로 한일협약에 따라 한국공사관과 영사관은 폐쇄되며 그들의 권한과 기능은 일본외교 및 영사 대표자에게 이관됐다고 통보했다. 이에 대해 덴마크 정부는 12월 18일 이를 양해한다는 문서를 일본공사관에 보냈다(기밀수 제375호 1906. 1. 14. 三橋 주덴마크 공사→桂 외상 기밀丁 제33호 1905. 12. 31. '재외한국공사관 및 영사관 폐쇄에 관한 덴마크 정부에의 통지의 건'). 이 외에 주덴마크 한국공사관 폐쇄와 관련된 문서는 발견된 것이 없다.

3) 주벨기에 공사관의 폐쇄

주벨기에 일본공사 가토 쓰네다다(加藤恒忠)는 일본정부의 훈령에 따라 1905년 12월 11일 벨기에 정부에게 한일협약에의 결과로 재외한국공사관 및 영사관이 폐쇄됨을 통보했으며 얼마 후 벨기에 정부가 이를 양해한다는 회신을 받았다. 가토는 한국공사관과 영사관의 업무를 인수하라는 본국외무성의 훈령에 따라 12월 20일 한국공사관을 방문했다. 그러나 벨기에 공사를 겸임하던 주불공사 민영찬이 미국여행 중이어서 인수작업은 이루지지 못했다. 다만 주브뤼셀 명예총영사 르 혼은 12월 20일 가토를 만난 자리에서 자신은 한국정부로부터 영사관업무를 일본영사관에 인계하라는 훈령을 받았다고 밝히고 그러나 보관서류는 자신에 대한 명예총영사 발령장과 위임장 외에 단 1건의 공문도 접한 것이 없다면서 인계요청에 응하지 않았다(기밀수 제379호 1905. 12. 30. 加藤 주벨기에 공사→桂 외상 機 제17호 1906. 2. 14. '재외한국공사관 및 영사관 폐쇄통지의 건'). 민이 미국여행에서 돌아온 후의 경과에 관한 문서는 발견된 것이 없다.

4) 주오스트리아 공사관의 폐쇄

주오스트리아 일본공사 마키노 노부아키(牧野伸顯)는 한국공사관의 폐쇄철수의 훈령을 받고 한국공사관의 기록과 관유재산을 인수보관하기 위해 주독한국공사관(주독공사가 오스트리아 공사를 겸임하고 있어)에 이에 관해 문의했다. 이 문의에 대해 주독한국공사관은 주오스트리아 공사관에 보관하는 기록서류 등이 없다고 회신했다(기밀수 제336호 1906. 2. 12. 牧野 주오스트리아 공사→桂 외상 기밀 제62호 1905. 12. 21. '재외한국공사관 폐쇄에 따른 기록 등의 제국공사관 이전에 관한 건').

7. 주일공사관의 폐쇄

1) 황제의 희망

주한일본공사 하야시 곤스케(林權助)는 1905년 2월 22일 의정서리(議政署理) 조병식(趙秉植)과 예식원장(禮式院長)이 참석한 가운데(외부대신 李夏榮은 칭병으로 결석) 한국황제를 알현하고 재외 한국사신의 소환에 관해 상주했다. 하야시는 이 자리에서 특히 사신들의 무능과 재정상의 문제점을 들어 외교기관의 폐쇄철수를 주청했는데

황제는 이에 대해 대체적으로 이의가 없다고 밝히면서도 한일 간의 관계상 동경에는 공사를 그대로 주재시키기를 희망한다고 말했다.

이에 대해 하야시는 그렇게 할 필요는 없다고 답주하면서도 일단 공사를 소환한 뒤 적절한 시기를 봐 황제의 대리자격을 갖춘 사절을 임시 또는 정규로 동경에 파견하는 방안을 갖고 있다고 밝히고 3월 초 한국정부의 관련대신들과 회의를 열어 프랑스, 독일, 일본의 3국 주재 한국공사들을 어용귀국 시키도록 하겠다고 상주해 황제의 허락을 받았다(전수 제157호 1905. 2. 23. 林 주한공사→小村 외상 제71호).

그러나 일본외상 小村은 한국황제가 한국공사의 일본주차를 강력하게 희망한다면 당분간 현상대로 주재하도록 해도 지장은 없을 것이라고 주한공사 하야시에게 회신했다(전송 제135호 1905. 2. 24. 小村 외상→林 주한공사 제38호).

2) 일본외상의 구두통고

그러나 이와 같은 일본외무성의 방침은 한일협약 조인 후 바뀌어 1905년 12월 23일 일본외상 가쓰라 다로(桂太郎)는 주일한국공사 조민희(趙民熙)를 외상관저로 초치하여 주일한국공사관의 폐쇄를 통고했다. 가쓰라는 조에게 한일협약의 당연한 결과로서 외국에 주재하는 한국의 공사관 및 영사관은 모두 폐쇄해야 하므로 주일한국공사관도 이 날짜로 폐쇄한다고 구두로 통고했다.

가쓰라 외상의 구두통고는 다음과 같다.

> 11월 17일 체결된 일한협약에 따라 일본국 정부는 앞으로 한국의 외국에 대한 관계 및 사무를 감리지휘하기 위해 일본국의 외교대표자 및 영사가 외국에서의 한국의 신민과 이익을 보호하게 되

었으며 이의 당연한 결과로서 지금까지 외국에 주재하던 한국의 공사관 및 영사관을 폐쇄하게 되었으므로 제국정부는 이를 각국에 통보함과 아울러 주동경 한국공사에게 통달하는 것임.

이러한 취지를 명치 38년(1905년) 12월 13일 가쓰라 대신이 한국공사에게 구달(口達)하는 바임(전송 제3786호 1905. 12. 13. 桂 외상→林 주한공사 제286호).

조 공사는 12월 21일 일본을 떠나 귀국했다(전송 제1164호 1905. 12. 23. 桂 외상→林 주한공사 제329호).

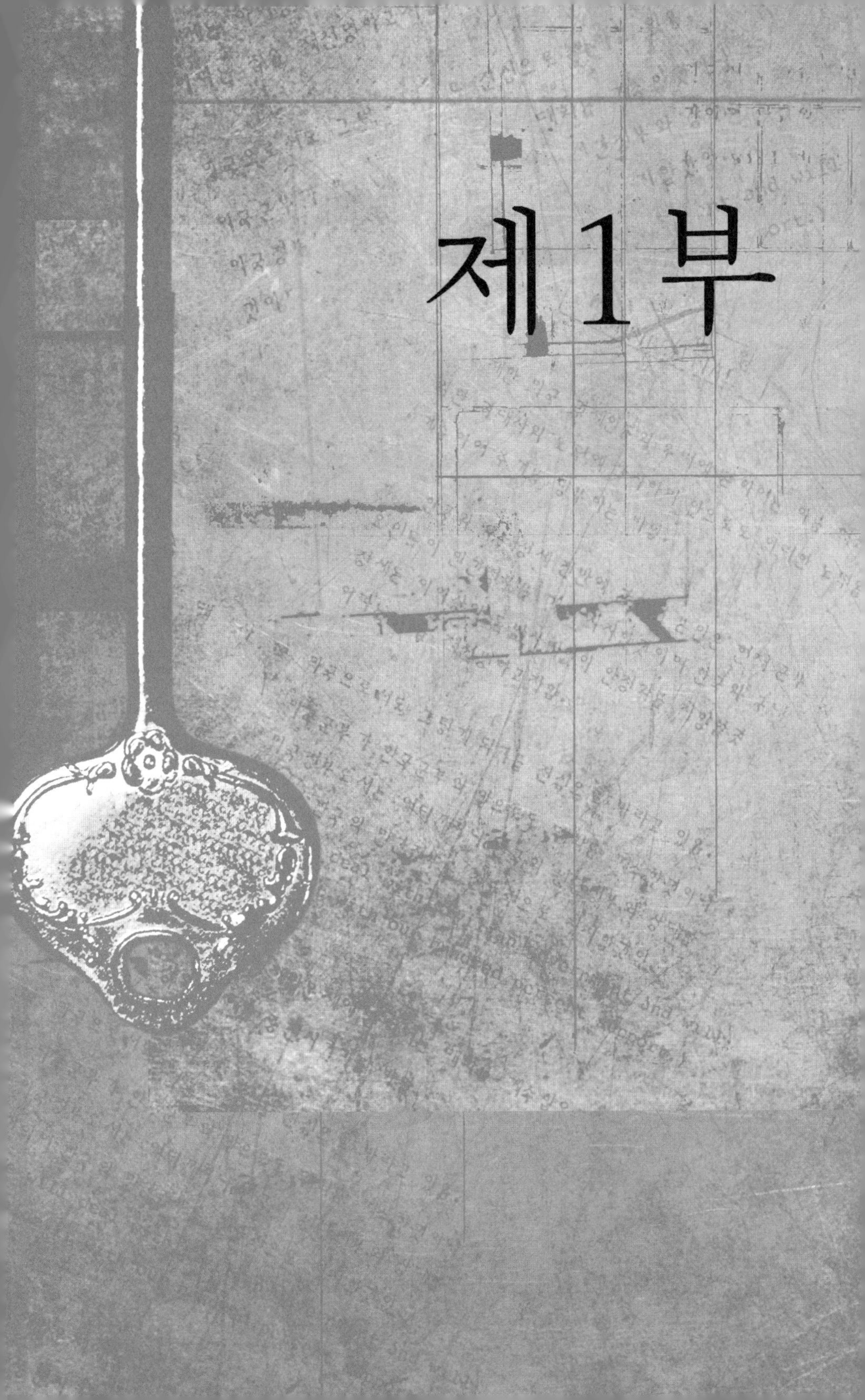

제1부

기밀 제83호

재외 한국외교관 소환에 관한 건

여러 조약국에 주차(駐箚)하고 있는 한국사신 및 그 속료(屬僚)는 원래 한제(韓帝)의 허영(虛榮)정책에 따라 파견된 것으로 임국(任國)에서 시행해야 할 사명이나 국제사무가 전혀 없는 단지 무용의 장물(長物)일 뿐이며, 또한 한국정부의 국비가 그들의 급여로 지출되는 금액 또한 매우 커 나라 재정정리의 제일 착수로서 점차 그들을 소환할 계획으로 있는바 이의 실행은 아주 원활한 방법으로 결행해야 할 것이라고 사료됨.

본건에 관해 지난번에 온 총세무사(總稅務司)는 오로지 경비절감이라는 점에서 입론(立論)하여 본사(本使)에게 조속한 소환결행을 주장하고 현재 외국주재 외교관들의 다수가 사가(賜暇)귀국을 요청하고 있어 이를 기회로 삼아 여비와 그 밖의 것을 지급하여 각 공관에 관원 한 명만을 남겨두고 금년 말까지 점차적으로 사가귀국을 허가하고 귀국 후에는 재파견이나 후임자 파견을 절지(絶止)하는 방침을 취하고, 잔류관원 1명에 대해서는 내년에 시기를 감안하여 각기 주재국의 (일본)제국 대표자에게 그 이권을 대표하도록 절차를 밟은 뒤 철수하도록 하는 방법을 취하기를 바란다고 말했음.

본사는 총세무사의 고안(考案)에 대체적으로 동의하지만 그러나 이와 같은 개혁은 어디까지나 재정고문의 부임을 기다려 착수하기를 희망하여 일찍이 총세무사에게 그 뜻을 내밀하게 밝힌바, 총세무사는 계속하여 해관(海關)재정의 관점에서 오늘이라도 곧 착수할 필요가 있다면서 재외공관의 경비는 매 3개월마다 송금하는 것이 관례로 10월 이후 연말까지의 경비 송금기일이 곧 오기 때문에 될 수 있는 대로 조속히 본건을 결행하기를 바란다고 말함에 따라, 생각을 바꾸어 고량(考量)한 끝에 본건에 대한 결정을 총세무사의 발의대로 하는 것이 오히려 제3국에 대한 제국정부의 입장에 대해서도 바람직하므로 우리 재정고문이 부임하기 전이라도 기회가 있으면 결행에 착수함이 가하다고 사료됨.

현재 사가청원 중인 외교관에 대해서는 이번에 임시 출발예정일까지의 수당 외에 여비를 가산하여 송금조치하고 아울러 명령을 받은 때에는 조속히 사가귀국길에 오르도록 명령해야 할 것으로 사료됨.

외국주재 외교관 가운데 주로(駐露)공사는 최근 면직되었고 일, 영, 미(日, 英, 美) 3국 주재 공사는 앞서거니 뒤서거니 귀국해 공사로서 남아있는 것은 불, 독, 청(佛, 獨, 淸) 3개국뿐임.

그리고 이곳 주재 영국공사는 전에 주영한국공사의 파견을 한국정부에 요청하기 전에 본사에게 그 의견을 물어 온 적이 있어 본사는 이에 대해 사견으로서 한국공사를 파견시켜 본국에서 교섭하는 것보다 한국정부에 대해 사신 자신이 직접 교섭하는 것이 효과적일 것이라고 말하는 한편, 주일한국공사의 후임도 앞으로 특별한 필요가 있지 않은 한 재파견을 요구하지 않을 작정이라는 말을 덧붙이자 영국공사는 본사의 의견에 찬동하여 한국정부에 대해 공사파견을 요구하지 않기로 했으며 또한 미국공사도 마찬가지로 본사에게 의견을 물어와 본사는 똑같은 사견을 말해주었음.

이러한 사정과 관련, 제국정부는 특별히 필요가 인정되지 않는 한 趙공사의 후임파견 건은 한국정부에 대해 될 수 있는 대로 요구하지 않음으로써 타국주재 한국공사의 결원에 좋은 사례가 될 것으로 사료되는바 될 수 있는 한 그대로 놓아두시기 바람.

앞에서 밝힌 총세무사의 재외외교관의 귀국촉구 건은 귀 대신각하께서 이의가 없으신 것으로 알고 총세무사의 조치에 맡겨 놓기로 하겠으나 그간에 혹시 어떤 이론이 있으시면 전보로 훈시해주시기 바라며 이와 같이 상신함. 경구.

明治 37년 9월 6일
재한 특명전권공사 林權助 (인)
외무대신 남작 小村壽太郎 귀하

전수 제4414호

Date, 北京, 11월 8일 오전 11시 30분
Receive, 北京, 11월 8일 오후 2시 48분
小村 외무대신 ◁ 재청 內田 공사

제469호
이곳 한국공사는 한국 황태자비 전하의 훙거(薨去) 사실을 이곳 각국 공사를 비롯하여 노국(露國) 공사에게도 통지함에 따라 노국공사관에서는 반기(半旗)의 예(禮)를 올렸는바, 이러한 한국공사의 조처는 현재의 노한(露韓) 관계에 비추어 매우 좋지 않은 것으로서 한국정부가 이 공사를 엄히 질책하여 앞으로 이러한 일을 하지 않도록 훈계해야 하며, 또한 이 공사에 대해서는 11월 1일부 기밀 제119호로 상신한 바와 같이 이 전문이 입수되는 대로 조속히 이 공사를 소환하도록 조치해야 할 것임.

전수 제1784호

明治 37년 11월 11일 오후 3시 50분 발
明治 37년 11월 11일 오후 6시 5분 착
小村 외무대신 ◁ 재한 林 공사

제730호
귀전 제429호 閔泳喆에 관한 內田 공사의 상신문이 입수되면 그 대요를 전보로 보내주기 바람.

전송 제1094호

明治 37년 11월 8일 오후 5시 50분 발
재한공사 ◁ 小村 대신

제326호
재청공사의 전문은 다음과 같음.

(이 공사가 보낸 전문 제469호 전문)

수 제6003호

明治 37년 11월 15일 접수

기밀 제119호

북경주차 한국공사를 소환해야 하는 데에 관한 건

이곳 주차 한국공사 閔泳喆의 부임에 즈음하여 내려주신 훈시에 따라 그때 이래 특히 친밀하게 교제해 왔을 뿐만 아니라 공무상으로도 여러 번 이 공사의 상담을 받아 주었을 정도며 지난번에는 또 우리 적십자 사원이 되어 점차 동정(同情)을 우리나라와 함께 하는 듯했던바, 지난 10월 29일 이 공사관 서기관 金弼熙가 閔 공사의 명에 따라 본 공사를 방문했을 때 이 서기관이 극히 내밀하게 본 공사에게 말하며 이것이 타인에게 특히 閔 공사에게 누설되지 않도록 해달라면서 말한 바에 따르면, 이 공사는 최초 일본의 연전연승보를 접하자마자 바로 일본 적십자사원이 될 것을 희망하여 마침내 본 공사에게 입사수속을 의뢰할 정도로 크게 일본에게 호의를 표했으나 그 후 우리 만주군의 전황에 진척이 없다고 이 공사는 생각하고 이번에는 노국의 눈치가 어떤지를 염려하여 만일 노국이 승리할 경우에 대해 고심한 끝에 일본 적십자사원이 되듯이 노국 적십자사원이 되어야겠다고 생각하여 이 서기관에게 노국공사를 방문하여 그 절차에 관해 알아보라고 명령해 이 서기관은 일단 충고했으나, 적십자사에 돈을 기부하는 것은 자선행위로서 전적으로 한 개인에 관한 문제라면서 꼭 노국공사를 방문하라고 다시 명령함에 따라 부득이 노국공사를 찾아가 그 절차를 묻자 노국공사는 일단 노경(露京) 적십자사에 문의해야겠다며 전보를 보냈고 그 결과를 바로 노국공사관 서기관을 閔 공사에게 보내 자세하게 알려주었으나 閔 공사는 그 후 또 다시 그 마음을 바꾸어 마침내 노국적십자사 가맹신청을 주저했고 노국공사도 閔 공사에 대해 매우 언짢게 생각하는 듯해 필경 그는 일(日), 로(露) 모두와 좋은 관계를 가지려 한 결과 지금은 대단히 번민하고 있다고 함.

또 일로전쟁 개전 후 바로 노국공사가 閔 공사를 만찬에 초대한데 대해 金이 내밀하게 본사(本使)의 의견을 물은 일이 있어 그때 본사는 한로관계는 일로관계와 마찬가지로 단절하여 적대관계가 되어야 하므로 결코 그 초대에 응해서는 안 된다고 충고했는바, 지난

29일 金의 내밀한 이야기에 의하면 그 당시 초대를 사절한 것은 사실이나 그때 閔 공사는 초대를 거절하는 것은 한 조각 서찰로 충분하다는 金의 의견을 듣지 않고 그 사람에게 꼭 노국공사를 찾아가 병으로 부득이 출석할 수가 없다고 진사(陳謝)하도록 했다는 것임.

원래 한국인의 말은 쉽사리 믿기 어려운 것으로 金이 본사에게 말한 것도 모두 사실인지 아닌지 보증할 수 없지만 閔 공사의 경력에 비추어 볼 때 이 정도의 일은 오히려 흔히 있을 법한 일로 사료되며 그 후 시국의 변전에 따라 또 다시 노국공사에게 접근하거나 혹은 노국공사에게 이용당하기도 하여 이것이 번져 일·한 관계에 좋지 않은 사태를 야기하지 않을 것이라고 예상하기는 어려움.

또한 金의 내밀한 이야기에 의하면 한국정부가 요즘 관원의 봉급 등을 일절 보내지 않아 관원들은 모두 몹시 곤궁해하고 있음에도 불구하고 閔 공사는 이에 대해 아무런 고려도 하지 않고 있어 관원들과의 사이도 결코 좋지 않다는 것으로 이곳의 한국정부는 아무런 요무(要務)도 없는 이른바 무용의 장물에 지나지 않는 것으로서 현재 제국정부가 예의 한국재정의 개량을 기획하고 있는 때라고 알고 있고, 또한 閔 공사도 열심히 귀국을 희망하고 있으므로 미리 한국정부로 하여금 閔 공사를 소환하도록 하는 것이, 그리고 덧붙여 지난번 금년 4월 25일부 기밀 제30호로 알려드린 바와 같은 사정에 의해 도저히 그 직분을 다할 수가 없으므로 閔 공사를 소환한 후에 점차 이 공사관도 철회시키는 것이 제국의 정책상으로나 다른 한쪽인 한국의 재정상으로 보더라도 이익이 된다고 사료됨.

따라서 각하가 본사의 소견에 동의하신다면 이 전문의 뜻을 한국주차 林 공사에게도 전보(轉報)하여 한국정부에 제의하도록 조치해 주시기를 제의함. 경구.

明治 37년 11월 1일
재청 특명전권공사 内田康哉
외무대신 남작 小村壽太郎 귀하

전송 제1119호

明治 37년 11월 16일 오후 6시 20분 발
재한 林 대사 ◁ 小村 대신

제330호
귀전 730호에 관해 内田 공사는 대요 다음과 같이 상신했음.

한국공사관 서기관 金弼熙의 내밀한 말에 의하면 閔 공사는 지난번에 노국 적십자사에 입사를 희망하여 그 절차를 노국공사에게 문의한 적이 있으며 또한 日露 개전 후 바로 노국공사로부터 만찬 초대를 받은 데 대해 内田 공사가 노·한 양국도 이미 적대관계에 있으므로 그러한 초대에 응하지 말라고 충고했던바, 閔 공사는 끝내 서기관을 노국공사에게 보내 병 때문에 부득이 참석할 수가 없다고 진사했다고 함.

원래 한국인의 말은 쉽사리 믿기 어려운 것이지만 閔 공사의 성격으로 미루어 볼 때 이러한 일은 오히려 있을 법한 일로 요컨대 전국의 추이를 관망하고 노국에 대해서도 좋은 감정을 버리지 못한 데 대해 속으로 고심한 것 등으로 미루어 앞으로 시국의 변전에 따라서는 다시 노국공사에게 접근하여 그에게 이용당할 위험이 있으며 또한 한국정부가 관원의 봉급 등을 일절 송금하지 않아 모두 심한 곤란에 빠져있고 閔 자신도 귀국을 열망하고 있으므로 이 공사를 소환하고 점차 이 공사관을 철회시키는 것이 좋을 듯함.

內田 공사의 상신내용은 대략 이상과 같은 것으로 이에 더해 황태자비 홍거의 통지 건도 있으니 그렇다면 먼저 조속히 이 공사를 소환하고 마지막에 공사관 철폐의 기회를 잡도록 조처하기를 희망함.

전수 제4615호

北京 발 37년 11월 19일 오후
東京 착 37년 11월 19일 오후
小村 외무대신 ◁ 內田 공사

제476호

11월 10일 기밀 제119호에 관해 11월 18일 한국공사는 본국정부로부터 힐문의 전보를 받았다면서 11월 19일 본관(本官)을 찾아와 이는 전적으로 외교에 대한 생소함에서 비롯된 커다란 실책을 저지른 것으로 지금으로서는 조속히 사표를 제출하는 것 외에는 할 방법이 없으나 그러나 자신에게는 결코 노국과 친하고자 하는 저의가 털끝만큼도 없었다는 것을 본관도 인정해주기를 간절히 바란다고 말했음. 이 사람의 열망도 있으므로 이러한 사정을 林 공사에게 전전(轉電)해 주시기 바람.

발전 제4159호

東京 발 37년 11월 20일 오전 10시 35분
재한 林 공사 ◁ 小村 대신

제430호

(재청공사 제 476호 전문)

전수 第18호

明治 37년 11월 24일 오후 0시 30분 발
明治 37년 11월 24일 오후 1시 37분 착
小村 외무대신 ◁ 재한 林 공사

第737호
민영철(閔泳喆)은 외무대신의 전문(電問)에 대해 국장(國葬)의 통첩을 노국공사에게 보낸 것을 대단히 송구스럽게 생각한다고 반전(返電)했으며 이 사람은 곧 소환될 단계에 있음.

전수 第4738호

전신 北京 발 37년 11월 27일 오후 11시 15분
본성 착 37년 11월 28일 오전 7시 30분
小村 외무대신 ◁ 재청 內田 공사

第484호
이곳 한국공사는 11월 25일 즉각 귀국하라는 전명(電命)을 받고 몹시 근심하여 재삼 선후책에 관해 본관에게 협의해 왔음.

그는 이 전명은 전적으로 자신이 노국공사에게 황태자비의 훙거를 통지한 것에 관해 본관이 보낸 보고에 기인한 것이라고 말하면서 차제에 본관의 조력으로 내년 봄까지 이곳에 주재할 수 있기를 간절하게 바라, 본관이 더 이상의 주재는 오히려 그에게 득책이 되지 않는다고 타이르자 그렇다면 이곳을 떠나기 위한 준비와 현재 仁川으로 가는 선편이 여의치 않은 데다 上海에 체재 중인 장남과의 면담도 꼭 해야 하므로 上海를 경유하여 약 2개월 내에 京城에 도착했으면 한다

면서 사용(私用) 때문에 칙명을 어긴다는 의심을 받을 수 있다면서 본관에게 주선해 달라고 간절히 부탁해 왔음.

가능한 한 그 바람이 받아들여지도록 노력해달라고 林 공사에게 전훈(電訓)해주시고 그 결과를 반전(返電)해주시는 한편 본관이 이해하기로는 이번의 소환이 전적으로 본관의 보고에 기인하는 것이므로 그가 귀국 후 어떠한 처벌도 받는 일이 없게 해달라고 아울러 전보해주시기 바람.

전송 제4218호

1904년 11월 28일 오전 10시 10분 발
Hayashi, Seoul.

No.433
재청 內田 공사가 보낸 전보 제484호 전문(全文)을 특전(特電)함.

Komura.

전수 제1816호

明治 37년 11월 28일 오후 2시 37분 발
明治 37년 11월 28일 오후 5시 00분 착
小村 외무대신 ◁ 재한 林 공사

제743호
귀전 제433호와 관련 閔泳喆은 조속히 귀국하는 것이 자신에게 이익이 되며 귀국 후 처벌을 받는 일 등은 없음.

上海를 거쳐 오는 것은 여러 가지 의혹을 키울 우려가 있으며 선편이 없어 上海를 경유하는 것은 어쩔 수 없으나 선편이 있으면 바로 귀국함이 좋음. 이를 본관의 전언(傳言)으로서 內田 공사에게 전달해주시기 바람.

전송 제4224호

1904년 11월 29일 오전 11시 발송
재청 內田 공사 ◁ 小村 대신

제616호
귀전 제484호에 관해 林 공사로부터 다음과 같이 내전(來電).
※ 이 전문은 바로 앞의 제743호와 똑같은 문장이므로 생략함.

전수 제1826호

明治 37년 12월 2일 오후 7시 47분 발송
明治 37년 12월 2일 오후 9시 27분 도착
小村 외무대신 ◁ 재한 林 공사

제749호
영국주재 한국대리공사가 한국정부로 하여금 정임(正任) 공사를 파견하도록 영국정부가 한정(韓廷)에게 요청해줄 것을 재차 영국외무성에 내담(來談)해 왔다고 이곳 영국공사에게 외무성이 또 다시 통지해옴에 따라 이 공사는 본국에의 회답마련을 위해 본관에게 은밀히 물어왔기에 본관은 종래 한국의 외교는 모두가 京城에서 결정되는 상황이므로 특별히 외국에 공사를 파견해 둘 필요가 있다고 판단되지 않으며 재정정리라는 점에서 오히려 점차 공사를 철수시켜야 할 것이라는 의견이라고 답하고 영국외무성에 대해 본사(本使)의 의견에 따라 한국정부에의 공사파견 요청을 미루어야 할 것이라고 회답해도 지장이 없을 것이라고 답변했음.

이상과 같은 상황이므로 각하께서 필요하다고 판단되시면 주영공사에게 통지하시기 바람.

제4291호

37년 12월 3일 오후 11시 35분 발
재영 林 공사 ◁ 小村 대신

제524호
在韓 공사 내전 제749호.

※ 이 전문은 앞의 전문 가운데 맨 뒤의 문장인 "이상과 같은 상황이…"이라는 대목을 제외하고 똑같은 문장이어서 생략함.

제120호

北京 발 38년 1월 5일 오후 6시 35분
東京 착 38년 1월 6일 오전 3시 16분
小村 외무대신 ◁ 재청 松井 임시대리공사

제6호
이곳 한국공사는 전에 본관으로부터 內田 공사에게 내신(內信)으로 보고한 바와 같은 사정으로 아직 이곳을 출발하지 못했으나 오는 6일에는 어쨌든 天津으로 내려가 며칠 체재한 후 선편사정에 따라 芝

罘로 가 한국으로 돌아갈 예정이지만 그러나 이 공사의 말은 몹시 애매해 형편에 따라서는 上海경유 귀국이 될 수도 있다고 함.

이 공사관 서기관 金이 말한 바에 따르면 이 공사가 귀국을 연기하는 표면적인 이유는 공사관의 경비가 수개월 체불되어 귀국여비도 없다는 것과 직접 仁川으로 가는 선편이 없다는 두 가지이지만 실제로는 노국당(露國黨)이라고 지목되어 귀국 후 어떤 처분을 받지 않을까, 또 이 사람이 한국에 있을 때 이미 주구(誅求)했던 돈을 되돌려주라는 명령이 있지 않을까 하는 우려에 다름 아니라고 함.

전송 제5호

明治 38년 1월 6일 오후 2시 45분 발
재한 林 공사 ◁ 小村 외무대신

제1호
재청 松井 대리공사로부터 다음과 같은 전보 있음.

※ 이 전문은 앞의 전문과 똑같은 문장이어서 생략함.

제2049호

天津 발 38년 1월 10일 오후 1시 03분
東京 착 38년 1월 10일 오후 6시 56분
小村 외무대신 ◁ 伊集院 총영사

한국공사가 귀국을 위해 천진에 왔기에 방문한 바 이 사람은 여전히 上海에 갈 생각을 품고 있어 본관이 그것은 결단코 불가하다고 설명하자 이 사람도 이를 단념하겠다고 명언함.

이 사람은 또 귀국 후 책벌이 있을까 걱정하고 있어 쓸데없는 걱정이라고 말하자 그렇다면 일본에 가 1개월 동안 시찰한 다음 귀국하는 것은 어떻겠느냐고 해 한국 측에 곤란함이 없다면 괜찮다고 말하자 그런 걱정은 없다는 것임.

차제에 그에게 일본을 경유하도록 하는 것은 우리에게 불리하지 않다고 판단되어 본관은 각하에게 그 뜻을 전보 치겠다고 말하자 일본에 도착한 후 각하를 면회할 수 있도록 조치해달라는 의뢰가 있었기에 이것도 적절히 포함하여 주시기 바람.

北京 외교단, 특히 독일공사는 열심히 內田 공사가 전임된다고 소문을 퍼뜨리고 있으며 이것 때문인지 오늘 이곳 〈차이나 타임스〉에 上海발 보도라면서 內田 공사는 한국으로 전임하고 런던의 林 자작(子爵)이 이 나라로 전임된다는 기사를 실었음.

어쨌든 內田 공사의 조속한 귀임이 필요함.

전통 제191호

38년 1월 11일 후 7시 발
재천진 伊集院 총영사 ◁ 대신

제1호
閔泳喆이 귀국해도 절대로 처벌받는 일이 없다는 것은 이미 林 공사로부터 전보가 있었으며 이 사람의 일본방문은 그 필요성이 조금도 인정되지 않을 뿐만 아니라 조금이라도 빨리 귀국하는 것이 이 사람의 이익이 된다는 것을 권고해야 할 것임.

전수 제306호

芝罘 1905년 1월 15일 오후 3시 30분 발송
東京 1905년 1월 15일 오후 6시 35분 접수
小村 외무대신 ◁ 재芝罘 水野 영사

제49호

한국공사 閔은 오늘 秦皇島에서 도착한바 본관은 지난번부터 앓고 있는 병 때문에 堺서기생으로 하여금 (1) 일본에 가는 것은 필요도, 이익도 없다, (2) 귀국해도 신병에는 아무런 위험이 없다, (3) 또한 이러한 일이 없도록 조치할 것이라고 萩原 서기관으로부터 재北京 공사에게 내신(來信)이 있었다는 취지 등을 자세히 설명했으나 閔 공사는 처음에는 상해를 경유하여 일본에 가는 것을 생각했다가 마침내 이를 단념하고 이곳에서 선편을 기다리기로 하여 곧 올 日東丸 편으로 仁川에 돌아갈 생각임.

林 공사에게도 전보했음(재청공사에게 전보했음).

제407호

北京 발 38년 1월 21일 오후 3시 26분
東京 착 38년 1월 21일 오후 7시 40분
小村 외무대신 ◁ 재청 松井 임시대리공사

제34호

이곳 한국공사관의 경비를 작년 10월 이래 전혀 보내주지 않아 마침내 淸國의 연말에 가까워져 여러 지불해야 할 일이 절박함에도 한 푼의 여유도 없고 본국정부에 전보를 칠 수도 없을 정도로 크게 곤란함에 처해 있어 지급 전보환으로 밀린 돈과 앞으로의 2, 3개월분을 모아 송금해주도록 재한공사가 한국정부에 요청해달라고 한국대리공사에게서 내밀하게 본관에게 부탁해 왔는바, 이에 대해 林 공사에게 적절히 전훈(電訓) 해주시기 바람.

제 430호

芝罘 발 38년 1월 23일 오후 1시 05분
東京 착 38년 1월 23일 오후 3시 23분
小村 외무대신 ◁ 水野 영사

제 58호
閔 공사 日東丸 편으로 1월 23일 仁川을 향해 출발함. 재청공사에게 전보 보냈음.

제 470호

電信 北京 발 38년 1월 25일 오후 2시 30분
東京 착 38년 1월 25일 오후 6시 35분
小村 외무대신 ◁ 재청 松井 임시대리공사

제 37호
왕(往) 전 제 34호와 관련, 한국공사관은 대단히 곤궁해 땔감조차 구입하기 어려울 정도이므로 우선 1천 달러 정도라도 빌려달라고 현직에서 해임된 한국대리공사가 우리 공사관에 신청했으나 보관하고 있는 관금(官金)을 빌려주는 것은 규정이 허용하지 않고 있다고 알려주자 다시 본국정부가 지급 전보환으로 송금하도록 제국정부에 상신해달라고 요청했음.

이 공사관은 신용이 없어 다른 데 융통할 길이 없으므로 지급 송금하도록 한국정부에 이야기할 것을 林 공사에게 전훈하기 바라며 아무쪼록 회답해주시기 바람.

〈경상 전보료 5천 불, 임시 전보료 1만 불 전송해주시기 바람〉

전송 제65호

明治 38년 1월 26일 오전 11시 15분
재한 林 공사 ◁ 小村 대신

제17호
재청 松井 대리공사 내전(來電) 제37호 특전
(단, 말미의 전보료 운운의 대목은 제외함).

전송 제69호

明治 38년 1월 26일 오후 6시 40분 발
재한 林 공사 ◁ 대신

제19호
우리 측 전신 제17호와 관련, 재청한국공사관은 차제에 이를 철퇴시키는 것이 적당하다고 판단되므로 한국정부에서 이 공사관에 송금해 모든 계산을 마친 뒤 바로 철퇴수속을 밟도록 조치할 것. 또한 다른 한국공사관의 철폐도 차제에 이를 결행하기에 매우 좋은 기회가 될 것으로 판단되는바 이에 대해서도 함께 추진할 것.

전수 第77호

明治 38년 1월 26일 오후 7시 56분 발
明治 38년 1월 26일 오후 8시 53분 착
小村 외무대신 ◁ 재한 林 전권공사

第37호

귀전 제17호와 관련하여 이 시기를 이용하여 재북경 한국공사관을 철퇴함에 있어 그 순서로서 대리공사인 서기관 1명을 제외한 그 나머지 직원은 모두 전보로 사가귀국을 상신하도록 하고 그런 다음 본관은 총세무사와 협의하여 미지급 봉급과 귀국여비를 전송할 것임.

또한 대리공사에게는 2월 말까지만 봉급을 송금할 것인바 이 역시 조속히 사가귀국원을 제출하도록 할 것임.

전수 第157호

明治 38년 2월 23일 오후 2시 42분
明治 38년 2월 23일 오후 5시 50분
小村 외무대신 ◁ 재한 林 공사

第71호

본관은 어제 의정서리(議政署理) 趙秉式과 예식원장(禮式院長)이 배석한 가운데(외무대신은 병으로 결석) 알현하여 견외(遣外) 한국사신 소환건 및 교통기관을 우리에게 의탁하는 건에 관해 상세히 상주했음.

견외사신에 관해서는 폐하께서 대체적으로 이의가 없었으나 일한관계상 東京에는 그대로 공사를 주재시키고 싶다는 희망을 말씀한바 본관은 이에 대해 필요 없다고 답주(答奏)했음.

東京에는 공사 소환 후 적당한 시기에 폐하의 대리자격을 가진 사절을 임시 또는 상주 파견함으로써 시의(時宜)를 얻게 될 것으로 판단되며 따라서 내달 초 관계대신과 회의하여 불, 독, 일 3국 공사에 대해 어용(御用) 귀국을 명하여 대리공사만을 남겨놓고 귀국하도록 조처함이 가함.

또한 교통기관에 관해 폐하는 교통기관의 관리를 우리에게 위탁하는 것에 동의하면서도 통신원은 그대로 존치할 것을 희망함에 따라 이미 제출한 우리 제안에 다소 수정을 가해 이것 역시 당국자와 회의한 후 각하의 의견을 요청하겠음.

전송 제135호

明治 38년 2월 24일 오후 2시 20분
재한 林 공사 ◁ 小村 외무대신

제38호
귀전 제71호와 관련, 우리나라에 주차하는 한국공사에 대해 황제가 강력하게 희망한다면 당분간 현상태로 주재시켜도 무방하다고 생각함. 이에 대해 검토할 것.

제1076호

北京 발 明治 38년 3월 6일 오후 1시 10분
東京 착 明治 38년 3월 6일 오후 3시 40분
小村 외무대신 ◁ 内田 공사

제72호
왕전 제37호와 관련, 한국정부는 1월 중 1천 량(千兩) 만을 이곳 한국공사관에 보냈을 뿐 그 후 송금이 없었기 때문에 이 공사관 고용인에게 급료를 줄 수도 없어 대단히 곤란해 하고 있으므로 전신환으로 지급 송금하라고 한국정부에 다시 한 번 권고하도록 조치해주시기 바람.

전송 第743호

1905년 7월 3일 오전 11시 15분
재한 林 공사 ◁ 小村 대신

第51호
內田 공사 내전

(第72호 전문) 北京주재 한국공사관 경비의 건

기밀수 第654호

기밀 第40호

재北京 한국공사관 철거의 건

이곳 주재 한국공사관원들이 본국정부에서 자주 경비를 보내주지 않아 늘 적지 않은 곤란에 처해 있음은 이미 보고한 대로이거니와 전에 松井 서기관의 임시대리공사 재임 시에도 한국대리공사로부터 간절한 의뢰가 있어 그 정상을 묵과하기 어려워 마침내 관비(館費) 송부건을 한국조정에 권고하도록 품의하기에 이르렀던 것인바, 본사(本使)가 귀임한 후에도 한국대리공사 서기관이 이 건으로 내방하여 본국정부가 공관의 여러 경비와 관원의 봉급 등을 오랜 동안 보내주지 않아 몹시 곤란에 처해 있다는 사정을 호소했음.

이 사람은 전임공사와 같은 자산이 없으며 어쨌든 본국정부로부터 송금이 없어 현재 대단히 곤궁한 처지에 빠져 고용인의 급료조차 수개월 지불을 못하고 있다고 자세히 진술한 다음 본국정부에 대해 송금을 권고해달라고 본사가 林 주한공사에게 요청해주도록 간절하게 의뢰했음.

한국은 현재의 재정으로는 도저히 오랜 동안 해외에 공관을 유지하며 그에 상응한 체면을 지키기가 어려울 뿐만 아니라 이곳 한국공사관의 현황을 보더라도 공사 이하 관원들이 자주 봉급을 받지 못했고 또한 그 밖의 관비, 예컨대 앞에서 기술한 바와 같이 고용인의 급료조차 지불할 수 없을 만큼 체면 없는 상황에 처해 있는바 일한의정서 체결 이래 한국의 우리나라에 대한 관계는 일변하여 우리의 보호국과 다름없게 되어 자연히 우리나라는 이 나라를 감시 유도할 지위에 서 있게 됐음.

오늘날 한국공사관이 이와 같이 체면 없는 상황에 놓인 것은 나아가 우리나라의 체면위신에도 적지 않은 의미가 있다고 사료되는바 차제에 단연코 이 공사관 철거를 추진하는 것이 현재는 한국의 재정정리를 위해, 장래에는 우리나라의 대한(對韓) 정책상 가장 시의를 얻은 조치라고 생각함.

또한 앞서 말한 서기관의 내밀한 이야기에 따르면 천진의 러시아 거류지 안에 있는 한국영사관 부지는 일찍이 朴 공사가 한제(韓帝)의 내지(內旨)를 받들어 차입한 2천 평가량의 땅으로서 앞으로 이 부지에 천진의 한국영사관을 설치할 가망이 없음에도 불구하고 한국은 매년 러시아와 청 양국에 상당한 지대를 지불하고 있는 것으로 생각되는바 이것들도 재정상 대단한 곤경에 처한 한국정부에게는 진작부터 불필요한 경비의 한 항목으로서 조만간 어떻게든 처분을 요하는 것으로 사료되는바 참고하시도록 보고함.

혹시 만에 하나 본사의 의견과 같이 한국공사관을 北京에서 철거하게 되면 자연히 이 공사관이 현재 점하고 있는 부지도 불필요하게 될 것이며, 이 공사관은 각국 공사관 구역 가운데에서도 대단히 좋은 위치를 점하고 있어 앞으로 이곳에서의 우리 세력발전을 위해 이 부지를 우리 정부가 매수해 두는 것이 득책이라고 생각되오니 이것 또한 참고하시도록 첨가하여 보고함. 경구.

明治 38년 3월 8일
재청 특명전권공사 内田康哉
외무대신 남작 小村壽太郎 귀하

전수 제233호

明治 38년 3월 21일 오후 8시 30분 발
明治 38년 3월 21일 오후 9시 40분 착
小村 외무대신 ◁ 재한 林 공사

제100호
이 나라 외무대신은 재北京 한국공사관 직원 가운데 대리공사 1명을 남기고 다른 서기관 및 서기생에게 어제 어용(御用) 귀국하도록 전보를 타전한 데 대해 본관은 총세무사와 협의하여 이들 귀국자의 여비 등을 재청제국공사 앞으로 송금하도록 했음.

또한 한국의 이익보호를 우리 측에게 의뢰하도록 하고 대리공사를 철수시키는 건은 시기를 보아 계속하여 협의하겠음.

전송 第1042号

1905년 3월 22일 오후 2시 15분
재청 內田 공사 ◁ 小村 대신

第126号

(재한공사 제100호 전문)

第1365号

워싱턴 발 38년 3월 23일
東京 착 38년 3월 24일 오후 1시 30분
小村 외무대신 ◁ 高平 공사

第58号

재미한국공사관은 작년 12월 이래 지금까지 본국정부로부터 봉급 및 제비용의 송금을 받지 못해 관원 모두가 대단히 곤경에 처해 본관에게 내밀하게 구조를 청해왔음. 이는 원래 본관이 관여할 일은 아니나 이제 우리나라에서 재정고문도 파견하게 되므로 앞서 말씀드린 사정을 각하에게 보고하며 아울러 상당한 연급(年給)을 지급해줄 것을 희망함. 재한(在韓) 공사에게도.

전송 第1072号

1905년 3월 24일 오후 4시 50분
재한 林 공사 ◁ 小村 외무대신

第78号

재미공사 3월 23일부 제58호(이하 같은 번호 전문)

전수 제245호

明治 38년 3월 24일 오후 6시 07분 발
明治 38년 3월 24일 오후 9시 04분 착
小村 외무대신 ◁ 재한 林 공사

第105호
재北京 한국공사관원 가운데 대리공사 1명을 제외한 나머지 3명의 관원은 어용(御用) 귀국의 명령을 받음에 따라 총세무사의 의뢰에 의해 이들 3명의 봉급부족분 및 여비와 수당으로서 3천 원을 전보환으로 재北京 공사관 앞으로 송금하오니 이에 대해 內田 공사는 다음 건에 대해 조치해주도록 훈령해주시기 바람.

1. 3명의 봉급부족분은 적절한 증명을 얻은 후 지불하고 여비는 출발일시가 확정된 후에 건네줄 것.
2. 송금액이 부족할 경우에는 가능한 한 각자가 귀국 후 청구하도록 권고하고 만부득이한 경우 부족한 것은 北京공사관이 대체(代替)하여 지불할 것. 단 각 개인의 빚은 일절 지불하지 말 것.
3. 앞 1의 진행 전말은 본관에게 직접 보고할 것. 잔류하는 대리공사에게는 이번에 일체의 급여를 주지 말고 그로 하여금 전보로 귀국허가를 청구하도록 조치할 것. 또한 北京한국공사관의 건물과 부지는 대리공사의 거처로는 너무 넓은 데다 경비도 비쌀 것이므로 앞의 3건을 조치한 후 대리공사가 다른 집을 빌리거나 기숙하고 공사관 건물과 부지의 매매나 임대에 관해 內田 공사가 적절한 방안을 강구하여 이것 역시 본관에게 직접 보고할 것.

전송 제1087호

明治 38년 3월 25일 오후 8시 15분 발
재청 內田 공사 ◁ 小村 외무대신

제131호

다음과 같이 재한 林 공사로부터 전보가 있었던바 적절히 조처할 것.

(林 공사 보낸 제105호 전문)

전수 제249호

明治 38년 3월 26일 오후 0시 05분
明治 38년 3월 26일 오후 2시 00분
小村 외무대신 ◁ 재한 林 공사

제108호

이곳 전송 제105호(왕전 제131호의 건) 전보, 재北京 한국공사관원의 소환에 관해 외무대신은 그끄저께 밤 폐하로부터 관원소환에 있어서 3인을 소환하는 것은 부적절하므로 1명을 유임시켜 2명만을 소환하라는 명을 받고 그저께 아침 다시 대리공사 외에 1명을 더 유임시키도록 北京에 전보했음.

유임하도록 지정된 자는 영어를 하는 서기관으로서 폐하는 이 서기관의 유임이 北京 외교계의 소식을 탐색하는 데 편할 것이라는 생각을 갖고 있음.

그러나 외무대신은 다시 별도의 서면으로 이와 같은 유임 전명(電命)에 구애받지 말고 이 서기관도 함께 귀국하도록 北京에 은밀하게 권고했을 것인바, 지난번 內田 공사에게 이곳 발(發) 제105호 전보대로 조치하여 유임자에 대해 조속히 출발, 귀국하도록 권고하는 한편 유임할 때에는 일체의 급여를 폐지하도록 조치할 것.
3천 원의 돈은 어제 직접 재北京 松井 서기관에게 전송했음.

전송 제1099호

明治 38년 3월 26일 오후 10시 40분
재청 內田 공사 ◁ 小村 외무대신

제132호
3월 26일 在韓 공사에게서 다음과 같은 전신을 접했음.
(한국서 온 제108호 전문)

제1583호

北京 발 38년 4월 5일 오후 3시 10분
東京 착 38년 4월 5일 오후 7시 10분
小村 외무대신 ◁ 內田 공사

제113호
이곳 한국공사관원 3명 오늘 이곳을 출발, 내일 日東丸 편으로 귀국함. 재한 林 공사에게 전전(轉電)할 것.

전송 제1243호

1905년 4월 6일 오전 10시 25분
재한 林 공사 ◁ 小村 대신

제91호
재청공사 내전 제113호, 4월 5일 이곳 한국공사관원 3명 오늘 이곳을 출발 내일 日東丸 편으로 귀국함.

기밀수 제892호

기밀 제57호

재北京 한국공사관원 귀국의 건

이곳 한국공사관원 가운데 대리공사를 제외한 나머지 3명의 귀국에 관해서는 제126, 131 및 132호 전보의 훈시대로 재천진 三井물산회사를 거쳐 당관 松井 서기관에게 이들 3명의 체불봉급 및 여비수당으로 3천 원의 송금이 있었는바, 이를 그대로 수속한 후 별지 갑호 사본과 같이 각자의 청구서를 받고 동 을호 3통의 영수증 사본과 같이 교부했음.

3명은 모두 오늘의 제113호 전보대로 오늘 이곳을 출발, 塘沽에서 1박한 후 내일 大沽 출발의 日東丸 편으로 한국을 향해 귀국길에 오름.

이들 3명 가운데 1명은 영어를 통해 이곳 외교사계(外交社界)의 소식을 얻는 데 편할 것이라는 이유로 계속 머물도록 하라는 한국황제의 생각이 있다는 것을 귀전 제132호에 의해 알았으나 다른 한편 본국정부로부터는 하등 이와 같은 훈령을 접하지 않은 듯 3명 모두 종래의 상태에서 이곳에 근무하고 있어 오히려 귀국하는 것에 안심하고 있으며 어쨌든 기쁘게 귀국할 것으로 보임.

한편 이곳에 잔류한 대리공사 朴台榮은 전부터 병이 잦아 침실에서 나오는 일이 드문 데다 본국어 외에 외국어로는 청어(淸語)를 조금 알고 있을 뿐 다른 언어에 통하지 못해 공사(公私) 공히 용무를 잘 처리하지 못하며 또한 공관 내의 일도 대소 할 것 없이 진작부터 관계하지 않아 앞의 3명이 출발한 후에는 거의 오리무중에 방황하고 있다는 것이 전반적인 현상이라 하며 거기에다 동관(同官)의 봉급은 물론 공사관 경비의 지급도 받지 못해 그동안 공사관의 관리도 할 수가 없어 동관은 대단히 어려움에 처해 있음에 따라 머지않아 귀국원을 낼 것이므로, 동 공사관은 편의상 당관이 보호하도록 조치하는 것이 가함.

이번에 귀국길에 오른 金 서기관의 말에 따르면 朴 대리공사의 체불봉급과 미지급 공사관 경비를 합산하면 모두 3천 원에 이를 것이라 함. 또한 金 서기관 외 2명에게 지불하고 남은 잔여금 682원 76전은 앞으로 지불할 비용으로 충당할 필요가 있을 것이므로 당분간 당관에서 보관하겠음.

위와 같이 구보(具報)함. 경구.

明治 38년 4월 5일
재청 특명전권공사 内田康哉
외무대신 남작 小村壽太郎 귀하

추신. 본신 1통 재한 林 공사에게 송부했음.

※ 별지 갑호

參書官 金弼熙
466元 66錢: 작년 12월~금년 1, 2, 3월 4개월 봉급
116원 66전: 1개월 가봉(加俸)
143원: 여비
241원 60전: 작년 12월~금년 1, 2, 3월 4개월 연료비
합 967원 92전

書記生 朴準弼
333원 33전: 작년 12월~금년 1, 2, 3월 4개월 봉급
83원 33전: 1개월 가봉
106원: 여비
208원: 작년 12월~금년 1, 2, 3월 4개월 연료비
합 730원 66전

서기생 金均禎
333원 33전: 작년 12월~금년 1, 2, 3월 4개월 봉급
83원 33전: 1개월 가봉
106원: 여비
96원: 작년 12월~금년 1, 2, 3월 4개월 연료비
합 618원 66전
3합 2,314원 24전

※ 별지 을호

영수증
金貨玖百陸拾柴元拾貳錢也 월봉 및 여비, 잡비

光武 9년 4월 3일
주청한국공사관 참서관 金弼熙

영수증
金貨柴百參拾元陸拾陸錢也 월봉 및 여비, 잡비
光武 9년 4월 3일
주청한국공사관 서기생 朴準弼

영수증
金貨陸百拾捌元陸拾陸錢也 월봉 및 여비, 잡비
光武 9년 4월 3일
주청한국공사관 서기생 金均禎

기밀송 第46호

明治 38년 4월 20일 발
재한 林 공사 ◁ 小村 대신

재北京 한국공사관 철거의 건

본건에 대해서는 지난번에 여러 차례 각하의 서장(書狀)이 왕복한 바 있거니와 재청 內田 공사로부터 별지 사본과 같은 상신이 있어 참고하도록 송부함. 경구. (별지 재청공사가 보낸 기밀 제40호 사본 첨부할 것)

기밀송 第54호

明治 38년 5월 3일 발
체경중(滯京中) 林 주한공사 ◁ 小村 대신

재北京 한국공사관원 귀국 건에 관해 별지 사본과 같은 內田 공사의 상신이 있었는바 이와 같이 조치하기를 바라며 이에 상신서를 보냄. (별지 內田 공사가 보낸 기밀 제57호 사본 첨부할 것)

전수 第424호

明治 38년 5월 11일 오후 11시 35분 발
明治 38년 5월 12일 오전 4시 37분 착
小村 외무대신 ◁ 재한 萩原 대리대사

지급 第178호
이곳 영국공사는 본국 외무대신으로부터 재런던 한국공사대리가 음울병(陰鬱病) 때문에 발광하여 움직이기만 해도 자살을 꾀할 것이라며 동 공사를 지급으로 귀국시킬 필요가 있다는 전훈(電訓)을 받았으며 이에 대해 영국공사가 본관에게 의견을 확인하기 위해 찾아왔으나 본관은 궁중(宮中)에 출두하여 부재중이어서 면회하지 못한바, 본관은 내일 아침 동 공사를 찾아가 '발광한 대리공사는 지급으로 귀국시켜야 할 것이며 이에 필요한 비용은 총세무사로 하여금 재영일본공사에게 송금하고 재런던 한국공사관의 재산은 그곳 한국 명예총영사인 영국인에게 보관시키고 동 공사관은 당분간 폐쇄한다'는 의미로 회답할 계획이며 이러한 의견은 오늘밤 이미 스티븐슨과 협의했음. 이견이 있으시면 훈령 주시기 바람.

전송 第380号

明治 38년 5월 12일 오후 7시 05분 발
萩原 임시대리공사 ◁ 대신

제103호
귀전 178호 재영한국공사의 귀국 및 공사관 처분의 건에 이의 없음.

전수 第429号

明治 38년 5월 13일 오후 0시 55분 발
明治 38년 5월 13일 오후 2시 45분 착
小村 외무대신 ◁ 재한 萩原 임시대리공사

제180호
재런던 한국대리공사가 어제 마침내 자살을 결행했다고 영국공사에게 전보가 왔음. 이곳에서 보낸 제178호 전보에 관해 영국공사는 본관의 의견에 찬성하여 영국정부에 그 뜻을 전보하는 한편 폐하에게는 공사관을 당분간 폐쇄하는 것이 이익이 될 것이라고 권고하고 있는 중임. 단 공사관 비용은 지금까지의 관계상 재런던 한국 명예영사에게 송금할 것임.

본관은 영국공사의 의견도 있고 폐하가 의심을 일으키지 않도록 하기 위해 본건에 관해 아직 직접 한국 조정(朝廷) 측에는 아무런 의견도 말하지 않았음.

No.2291

London, May 13th 1905, 11:25 a.m.
Received May 14th 1905, 2:15 a.m.
Komura, Tokio.

No.191
李漢應 Corean Charged-d'Affaires ad interim in London, who had been suffering from mental trouble for some time past, committed suicide in the morning May 12th by hanging himself and expired. As there no other member in the Legation, Pritchard Morgan Consul-General is stated to be taking charge of the Legation.

Hayashi.

▶ 위 번역문 전수 제2291호

1905년 5월 13일 오전 11시 25분 발
1905년 5월 14일 오전 2시 15분 착
東京 小村 ◁ 런던 林

제191호
李漢應 주런던 한국대리공사는, 과거 정신병으로 고통을 받아온 바, 5월 12일 아침 스스로 목매달아 자살을 감행, 숨졌음. 한국공사관에는 다른 직원이 아무도 없기 때문에 프리처드 모건 명예총영사가 이 공사관의 책무를 담당함.

전수 第434호

明治 38년 5월 15일 오후 12시 15분 발
明治 38년 5월 15일 오후 2시 20분 착
小村 외무대신 ◁ 재한 萩原 대리공사

第181호
재런던 한국공사관의 재산 및 서류의 보관은 그곳 한국 명예영사에게 위탁하고 그 공사관은 당분간 폐쇄하기로 하고 그 내용을 명예영사에게 어제 아침 전훈을 보냈음.

재프랑스 한국공사관 참서관 1명이 장례에 참석하기 위해 그곳에 출장갔으나 대리공사의 직무는 맡지 않을 것임.

전송 第1696호

38년 5월 15일 오후 6시 30분
재영 林 공사 ◁ 小村 대신

第154호
재한공사로부터 제181호(日語 전문 제434호) 전문

재영한국공사관 폐쇄에 관한 건

제2752호

워싱턴 발 38년 6월 3일 오후 8시 50분
小村 외무대신 ◁ 高平 공사

제112호

6월 2일 이곳 주재 한국공사관원들이 봉급 및 기타 여러 급여의 미지급으로 인해 겪는 곤란한 사정은 금년 3월 23일 제58호로 보고한 바, 그 공사관 대리공사가 오늘 본관을 찾아와 다시금 위와 같은 사정을 호소하며 말하기를 이 공사관은 오늘까지 이미 9개월 동안 아무런 지급도 받지 못해 대단한 곤란에 빠져있으며 지금까지는 이럭저럭 꾸려왔으나 오늘에 이르러서는 이미 백계(百計)를 다 써버려 거의 기아에 다다른 상황인바 지금 피아(彼我)의 관계에 비추어 귀관의 진력(盡力)에 의해 한국정부로 하여금 적절한 조치를 취하도록 조처해달라고 간곡히 의뢰했음.

이는 이를 정면에서 볼 때에는 말할 것도 없이 우리가 간여할 일이 아니나 성급한 한국인 가운데는 이미 한국에 관한 사항은 제국(帝國)에서 통괄해야 한다고 판단하는 자가 적지 않음.

또한 그 나라 공사관원에 관한 사항을 자주 본관에게 자문하는 형편이며 더구나 본국에서 재정고문도 파견하고 있는 관계가 있고 만일 최근 런던에서 일어난 것과 같은 사건이 재연되는 일이 있을 경우 이 나라 사람에 대한 감정은 매우 재미없을 것으로 판단되는바 지급으로 어떤 조치든 취해주시기 바람.

제1993호

38년 6월 4일 오전 정오
재한 林 공사 ◁ 小村 대신

제132호

(재미 高平 공사가 보낸 제112호 전문 특전)

전수 제548호

明治 38년 6월 10일 오후 1시 5분 발
明治 38년 6월 10일 오후 5시 14분 착
小村 외무대신 ◁ 재한 林 공사

제211호 귀전 구문(歐文) 제132호에 관해 브라운과 협의한바 그는 바로 미화 2천 불을 전송했음.

전송 제2089호

明治 38년 6월 12일 오후 1시 55분 발
재미 高平 공사 ◁ 대신

제197호

귀전 제112호에 관해 林 공사로부터 브라운과 협의한 결과 그가 바로 미화 2천 불을 전송했다고 林 공사에게서 전보 있었음.

제 3212호

워싱턴 38년 6월 29일 발
東京 38년 6월 30일 오후 1시 36분 착
小村 외무대신 ◁ 高平 공사

제 172호
한국대리공사는 귀국을 명받았으나 여비와 기타 6개월분의 월급을 받지 못해 현재 미화 1천 불이 없으면 출발하기 어렵다고 본관에게 의뢰한바, 한국정부에 교섭하여 그 돈을 지급으로 전송하도록 조치해주시기 바람.

제 3353호

워싱턴 38년 7월 7일 발
東京 38년 7월 8일 오후 0시 35분 착
桂 외무대신 ◁ 재미 高平 공사

제 191호
졸전(拙電) 제 172호에 관하여. 전 한국대리공사는 7월 23일 밤 香坡발 기선을 타기 위해 늦어도 16일에는 이곳을 출발할 필요가 있으나 아직 여비가 송달되지 않아 곤란하다면서 본관에게 보조를 청해 온바 이에 대해 지급으로 조처해주시기 바람.

선송 第572호

明治 38년 7월 8일 오후 4시 45분
재한 林 공사 ◁ 대신

第164호
재미공사로부터 다음과 같은 전보 있음.
(재미공사 제191호 전문)

전수 第689호

明治 38년 7월 11일 오후 6시 37분 발
明治 38년 7월 11일 오후 10시 20분 착
桂 외무대신 ◁ 재한 林 공사

第264호
귀전 제164호에 관해 미화 1천 불을 三井를 통해 재미제국공사에게 송금하도록 조치한바, 한국대리공사의 귀국비용만을 지불하고 그 계산서를 첨부해달라고 재미공사에게 전훈해주시기 바람.

第2350호 (暗51)

東京 38년 7월 12일 오전 11시 7분 발
재미 高平 공사 ◁ 桂 외무대신

第250호
귀전 제172호에 관해 재한 林 공사로부터 다음과 같은 전보 있음.
(재한공사 제264호 전문)

기밀 제135호

한국재외공관 고용 외국인 해고의 건

종래 한국 재외공사관에서는 각 외국인을 고용했던바, 이는 하등 소정의 요무(要務)가 없음에도 매월 적지 않은 비용이 들었음.

재프랑스 공관이 고용한 살태래(薩泰來)의 경우 한국 내에 광산의 특허를 획득하고 있는 등 그 폐해 실로 적지 않아 그를 해고하도록 한국궁정에 충고한바 외무대신은 이에 구애되어 그 권고에 동감하여 즉각 그 해고를 각 공사에게 전훈했음.
해고자의 이름과 봉급은 별기와 같음. 이상 보고함.

明治 38년 7월 18일
재한 특명전권공사 林權助
임시외무대신 백작 桂太郎 귀하

※ 별기

주외 공관 고용 외국인 성명 월봉
주영국공관 禮覃(에담) 250元
주독일공관 海路萬(하이에만) 250元
주불국공관 薩泰來(살태래) 300元

수 제11738호

明治 38년 8월 21일 접수

공 제73호

申泰茂 귀국여비 교부에 관한 건

주미한국공사관 참서관 申泰茂 씨는 전번 귀국명령을 접했으나 지금까지 반년 동안 봉급을 본국정부로부터 받지 못했을 뿐만 아니라 귀국여비의 융통도 하지 못해 진퇴유곡에 빠져 별지 갑호와 같이 본관에게 조력을 청해와 지난 6월 29일부 출전 제172호로 상세히 구신한바 지난 12일부 귀전 제250호로 미화 1천 불을 재京城 三井를 거쳐 본관에게 송부하도록 조처했다는 통지가 와 그 돈을 즉시 뉴욕 三井출장점에서 영수하여 본인에게 교부하고 별지 을, 병호와 같이 영수증 및 여비계산서를 받아 송부하니 처리해주시기 바라며 이상 보고함. 경구.

明治 38년 7월 20일
재미 특명전권공사 高平小五郎
외무대신 백작 桂太郎 귀하

※ 별지 갑호

敬啓者 僕 現請由歸國旣蒙本政府允許擬卽發行 但所有旅費難辨且緣半年未受俸給債帳自多情勢悶迫玆敢仰請
閣下深燭事勢周旋挪給美金壹仟圓俾爲回資亦得請勘若干私債殊爲感幸耑此敬頌台安

光武 9년 6월 29일
주미한국공사관 참서관 申泰茂
대일본 특명전권공사 高平 각하

(별지 을, 병호는 없음)

▶ 위 번역문 갑호

경계(敬啓). 나는 현재 귀국을 신청하여 이미 본국정부의 윤허를 받아 즉시 출발하려 하나 여비를 변통하기가 어려우며 또한 반년 동안이나 봉급을 받지 못해 빚이 많아 답답하고 곤란해 이에 감히 앙청하건대 각하께서 사태를 깊이 통촉하여 미화 1천 불의 융통을 주선해주시고 그에 더하여 약간의 돈을 돌려주시도록 청하는바 이것으로 사채(私債)를 갚아 행복을 느끼도록 해주시기 바람.

耑此敬台安
광무 9년 6월 29일
주미한국공사관 참서관 申泰茂 (인)
대일본 특명전권공사 高平 각하

전송 第83호

明治 38년 8월 29일
재한 林 공사 ◁ 외무대신

재미 한국공사관원 귀국여비 수령증 전송(轉送)의 건

재미한국공사관 참서관 申泰茂의 귀국여비 미화 1천 불의 융통에 관한 귀전 제264호의 내용을 高平 공사에게 전보한바 동 공사는 바로 뉴욕 三井 출장점에서 그 돈을 영수하여 申泰茂에게 교부하고 그로부터 받은 수령증 및 여비계산서를 받아 이를 송부하니 처리하기 바람. 경구. (그 전신과 서류 가운데 을, 병은 그대로 첨부)

제4118호

워싱턴 1905년 8월 31일 발
東京 1905년 8월 31일 오전 9시 0분 착
Katura, Tokio.

No.226
Two quarterly allowances for the Corean Legation in arrear and members in dire strait.

Requested to cause them remitted immediately.

Hioki.

▶ 위 번역문 제4118호

桂 외무대신 앞

제226호

공사관에 대한 급여가 반년이나 체불되어 직원들은 궁핍으로 긴박 속에 있음. 그들에게 즉각 송금해주시기 바람.

재미 日置 공사

23 wds. No. 2858

sent, Aug, 31, 1905, 6:45 p.m.
Hayashi, Seoul.

No.207

(재미공사 내전 제226호 전문 轉電)

Katura.

제4138호

北京 발 38년 9월 1일 오후 0시 40분
東京 착 38년 9월 1일 오후 4시 55분
桂 외무대신 ◁ 內田 공사

제227호

귀전 제131호의 취지에 따라 한국공사에 대해 처음에는 이를 넌지시 암시했으나 나중에는 직언으로 스스로 귀국하도록 여러 차례 권고하자 그 사람이 말하기를 현재의 어려운 상황을 생각하면 하루라도 빨리 귀국하기를 절망하지만 지금 자기 혼자 한사람만 재근(在勤)하는 상황에서 귀국원을 제출하는 것은 공사관 철퇴를 주청(奏請)하는 것과 같은 것으로 신자(臣子)의 직분으로서 도저히 이를 신청할 수가 없다고 고집하여 움직이지 않음.

그렇다고 지금 그대로 이 사람을 곤경에 처한 대로 두는 것은 평화가 회복된 후 러시아공사관과 어떤 관계를 맺을지도 모르며 이는 우리에게 득책이 될 수 없다고 판단되므로 이곳 한국공사관 철퇴문제는 林 공사 손으로 조속히 처리하도록 공사에게 전보하시기 바람.

제 4573호

워싱턴 발
東京 38년 10월 6일 오후 2시 50분 착
桂 외무대신 ◁ 高平 전권공사

제 242호

재미한국공사관 경비, 봉급 등을 본국정부에서 지급을 미룸으로써 관원들이 하루 생계에도 몹시 곤란을 겪어 다시 본관에게 원조를 청하는 사정이어서 이에 대해 먼저 小村 남작과 협의한 대로 이번에 받지 못한 전원의 금액계산서를 이 공사관으로부터 받아본 결과 그 액수는 6천 50여 불인바, 한국정부에 교섭하여 위 금액을 지급으로 송달하도록 조치하여 주시기 바람.

금액이 한 번에 송금하기 어려울 경우에는 그 일부만이라도 전송해주기 바람. 단, 위 계산서는 빠른우편으로 우송하겠음.

전송 第832호

明治 38년 10월 8일 오후 6시 52분 발
재한 林 공사 ◁ 桂 대신

第239호
다음과 같이 高平 공사로부터 전보가 있었던바 적절하게 한국정부와 교섭할 것.

(재미공사 제242호 전문)

第4727호

워싱턴 38년 10월 22일 발
東京 38년 10월 24일 오전 7시 25분 착
小村 외무대신 ◁ 재미 高平 공사

第262호
졸전 제242호에 관해 못 보낸 돈 가운데 얼마만이라도 지급으로 전송하도록 진력하기 바람. 한국공사관원들 지금 궁경(窮境)에 있음.

第4731호 (암269)

워싱턴 발 38년 10월 23일
東京 착 38년 10월 24일 오후 2시 50분
小村 외무대신 ◁ 高平 공사

第263호
왕전 제246호(246호는 日露 강화 비준기일에 관한 건)에 관한 일로 오늘 아침 국무장관을 면회했을 때 이 장관은 한국대리공사의 곤궁을 언급하여 이 공사가 지금 대단히 곤란에 처해 있다는 사정을 말하며 자신에게 구조를 청했다면서 듣기로는 한제(韓帝)는 맺고 끊는 일이 분명하지 않은 성격으로 견외(遣外)사신에게 수당발송을 게을리 하는 일이 드물지 않아 고(故) 헤이 씨가 장관이던 때에도 같은 일이 있어 씨는 특히 자신의 개인주머니를 열어 이를 구해주었다고 말하고 자기는 자국에 재근(在勤)하는 외국 대표자가 이러한 궁지에 빠지는 것을 유쾌해하지 않으며 따라서 귀 공사에게 이의가 없다면 재한 미 공사에게 훈령하여 한국정부로 하여금 지급으로 송금하도록 조처하겠다 운운하는 담화가 있었던바, 본관은 이에 대해 그동안 당관(當館)이 관계한 사정을 말하고 또한 오늘 아침에도 東京에 전품(電稟)했으므로 그 회답을 접할 때까지 국무장관은 아무런 수단도 쓰는 일을 미루어달라고 요청했음.

말은 한국의 일이라고 운운하면서도 미국인들이 보기에 제국정부에게 다소의 책임이 있다고 간주하는 것이 필연이라면 더욱이 배려하여 조속히 돈을 보내도록 조처해주시기 희망함.

또한 한국대리공사는 국무장관에게 덧붙여 일본이 한국 외교사무를 감리(監理)할 경우에는 자신들의 관직들이 없어지고 처자식도 함께 살길을 잃는다는 등의 불만도 말했다는 바, 앞으로 재외 한국외교관이 철수할 경우에는 그 정리방법도 적절하게 고안해야 할 것임.

제 3230호

38년 10월 25일 오후 2시 25분 발
재한 萩原 대리공사 ◁ 小村 대신

제 233호

(재미공사 10월 23일 발 제 263호 전문)

전송 제 874호

38년 10월 25일 오후 4시 발
재한 萩原 대리 ◁ 小村

제 253호

우리 측 전신 제 233호에 관해 별도로 高平 공사로부터 아직 보내지 않은 돈은 일부만이라도 지급으로 전송해달라는 전보도 있고 하니 가능한 한 조속히 상당한 금액을 전송하도록 조치할 것.

전수 제 1119호

明治 38년 10월 26일 오후 6시 발
明治 38년 10월 26일 10시 25분 착
小村 외무대신 ◁ 萩原 임시대리

제 409호

귀전 제 253호 재미한국공사관 비용은 대략 2천 원으로 오늘 내일 사이에 본관의 손을 거쳐 재미공사에게 송금하기로 브라운의 승낙을 받았음.

총세무사의 말에 의하면 재미공사관은 다른 데와 마찬가지로 지금까지의 비용을 정산해 본 적이 없고 또한 이미 정한 비용 이외에 멋대로 비용을 만들어 정당한 비용을 낭비했으며 특히 가장 주의해야 할 것은 공사관 비용으로 송금했음에도 본국의 외부(外部)로 상당부분을 반납하여 이 가운데 얼마간이 외부의 내밀비용으로 쓰인 2, 3개의 실례가 발견된 일도 있음.

여하튼 브라운 씨의 계산으로는 재미공사관에 대한 정당한 비용의 미송금은 현재까지 없다는 것으로 高平 공사의 전보가 말한 것은 조선인들 보통의 넋두리로 볼 수밖에 없음.

이러한 사정은 高平 공사의 참고를 위해 통지하는 것이며 이번의 송금에 대해서는 상세한 정산서를 제출해주도록 조처해주시기 바람.

제 3247호 (암 157)

38년 10월 27일 오후 2시 35분 발
재미 高平 공사 ◁ 小村 대신

제 332호
재한 萩原 대리공사

(제 409호 전문)

제 4784호

北京 38년 10월 28일 오후 1시 56분 발
東京 38년 10월 28일 오후 6시 14분 착
小村 외무대신 ◁ 재청 内田 공사

제 276호
이곳 한국공사가 스스로는 귀국원을 낼 수 없다고 한 경위는 왕전 제 227호 그대로이나, 이 공사는 생계가 점점 더 곤란해지는 데다 때마침 러시아공사도 귀임하여 한국공사관과도 우리 공사관과 같이 왕래교제를 회복한바, 이러한 때에 한국대리공사를 여전히 궁경(窮境)에 처하도록 놓아두는 것은 전혀 득책이 아니라고 사료되므로 우선 이 공사관 철퇴의 실행이 어려우면 적어도 이 대리공사가 이곳에서의 생계에는 지장이 없을 정도까지는 송금해주고 이에 소요되는 비용을 본관이 필요하다고 판단되는 것은 편의입체(便宜立替)해도 지장이 없음. 이에 대한 반전(返電)을 청함.

전송 제 3266호

明治 38년 10월 30일 7시 45분 발
재청 内田 공사 ◁ 대신

제 377호
귀전 276호 끝 부문에 관해. 편의입체해도 지장 없음.

기밀수 제2790호

明治 38년 11월 1일 접수

기밀 제223호

재영한국공사관 철거의 건

이곳 주재 영국공사 및 브라운이 내담(來談)한 바에 의하면 현재 재영한국공사관 사무를 맡고 있는 프리처드 모건은 이 공사관 사무취급을 귀찮은 듯 하는 데다 근래에 와서 한제(韓帝)의 밀지를 띠고 영국에 오거나 혹은 그 밖의 한국인 등이 자기가 공사관 참서관의 임명을 받았다는 등하며 나서고 있어 이것은 단순히 이 사람을 성가시게 할 뿐만 아니라 혹은 이것으로 인해 곤란한 결과가 오지 않을 것이라고만 할 수도 없기 때문에 차제에 영국에서의 한국의 이익은 우리 대표자가 보호하기로 하고 재영한국공사관을 철거하는 것이 가능하다고 사료됨.

보통의 경우에는 철퇴 및 이익보호의 수속에 한국정부의 참가가 필요하나 다만 일·영 양국의 관계가 특수하기 때문에 피아(彼我)의 협의만으로 한국의 참가 없이 마무리하는 것은 어려운 일이 아니며, 이곳 영국공사 및 브라운 등의 권고도 있어 참고하시도록 비견(卑見)을 개진하는 바임. 경구.

明治 38년 10월 27일
재한 임시대리공사 萩原守一
외무대신 남작 小村壽太郎 귀하

수 제15840호

明治 38년 11월 13일 접수

공 제104호

재미한국공사관 경비, 봉급 등 본국정부에서의 송달교섭 신청의 건

재미한국공사관 경비, 봉급 등 본국정부에서의 송달교섭 신청에 관해 대요는 이미 제242호 전보로 보고드린 대로 그 관원들은 재삼 당관에 대해 대금(貸金)을 의뢰하고 또한 본국정부에의 조회를 청구하였는바, 이 건에 관해서는 전에 小村 남작과도 논의한 결과 이들에게 송금이 지연된 금액을 계산 조사하여 이를 주한 林 공사를 경유하여 한국정부에 조회하는 것이 적절하다는 말씀이 있어 즉시 이러한 계산서를 그 공사관으로부터 받아 보냈던 것이며 더욱이 그 금액의 옳고 그름에 대해서는 본관이 무한(無限) 보증을 하겠음.

어쨌든 그 관원은 현재 생활방도에 어려움을 겪고 있으므로 즉시 적절히 조처해주시도록 품청(稟請) 함. 경구.

明治 38년 10월 15일
재미 특명전권공사 高平小五郎
외무대신 백작 桂太郎 귀하

기밀 전송 第123호

明治 38년 11월 14일 발송
재한 林 공사 ◁ 桂 대신

재미한국공사관 경비 기타에 관한 건

재미한국공사관 경비, 봉급 등 송금청구의 건에 관해서는 전에 귀전 제409호로 회답을 받은바 있으나 이에 대해 이번 전보 사본과 같이 한국공사관이 제출한 계산서를 첨부하여 재미 高平 공사가 알려왔기에 확실히 하기 위해 이를 회부하는 바임. 경구. (전보 공 제104호 사본 그대로 첨부)

第4981호

워싱턴 발
東京 38년 11월 14일 오후 0시 40분 착
桂 외무대신 ◁ 高平 공사

제302호
귀전 제332호의 돈 아직 도착하지 않았음. 우송을 아니한 것은 아닌지. 한국대리공사가 요즘 몹시 절박하다고 호소해온바, 혹시 아직 발송하지 않았으면 지급으로 전송하도록 재한공사에게 전훈해주기 바람.

전송 第966호

明治 38년 11월 14일 오후 4시 45분 발
在韓林 공사 ◁ 桂 대신

第273호
귀전 409호의 취지를 高平 공사에게 전보했으나 이미 보냈다는 돈은 아직 도달하지 않았으며 우송하지 않은 것은 아닌지, 한국대리공사는 요즘 몹시 절박하다고 호소해 왔다는 바, 혹시 발송하지 않았으면 지급으로 전송하도록 귀관에게 전훈해달라고 이 공사로부터 요청이 있었음.

第5149호 (암)

워싱턴 발
東京 38년 11월 26일 오후 0시 25분 착
桂 대신 ◁ 高平 공사

第319호 11월 25일
한국공사관 철퇴 풍설이 전해지면서 빌린 돈 상환재촉이 심해 그 곤란함을 보는 것을 참을 수 없어 부득이 본관은 1천 불을 융통해 주었으며 이와 관련 귀전 第332호의 건을 지급으로 조치해주시기 바람.

전송 제358의 2·3호

38년 11월 26일
◁ 桂 대신

제265호

재한 林 공사

(高平 공사 내전 제319호 전문)

제79호

재北京 小村 대사

(高平 공사 내전 제320호 전문)

전수 제1290호

明治 38년 11월 27일 오후 0시 10분 발
明治 38년 11월 27일 오후 3시 27분 착
桂 외무대신 ◁ 재한 林 공사

제475호

재미 한국공사관원에 대한 송금수속은 조속히 조치할 것인바 이를 高平 공사에게 전해주실 것을 청함.

전송 제3604호

明治 38년 11월 27일 오후 7시 40분 발
재미 高平 공사 ◁ 桂 대신

제362호

귀전 제319호와 관련, 재미한국공사관으로의 송금수속을 조속히 조치하겠다고 林 공사에게서 27일 전보가 있었기에 이를 귀 공사관 앞으로 전송 조처하라고 林 공사에게 전훈해 두었음.

전송 제 3606호

明治 38년 11월 27일 오후 7시 40분 발
재한 林 공사 ◁ 桂 대신

제 269호
귀전 제 475호의 돈은 재미제국공사관 앞으로 송금조치할 것.

제 5713호 (암 88)

런던 발 38년 11월 28일 오전 11시 35분
東京 착 38년 11월 29일 오전 2시 50분
桂 외무대신 ◁ 林 공사

제 360호
이번에 체결된 일한협약에 의하면 재외제국영사관이 외국에 있어서의 한국의 신민과 이익을 보호, 감독하는 임무를 담당하도록 되어 있는바, 이 규정은 어느 날부터 효력을 발생하게 되며 또한 어떻게 하여 실행해야 하는지 모르겠고 현재 이곳 한국공사관의 집세가 미납됐다고 집주인이 당관에 대해 우려를 표명해 왔는데 차제에 이러한 일들을 처리함에 있어 본관이 유념해야 할 것에 대해 모르니 자세하게 지급으로 전훈해주기 바람.

제5180호 (암292)

워싱턴 38년 11월 28일 발
東京 38년 11월 29일 오후 1시 45분 착
桂 대신 ◁ 高平 공사

제322호
이곳 한국공사관은 며칠 내 철퇴될 것으로 사료되오니 다음의 사정을 살펴주시기 바람. 현 대리공사는 일청전쟁 후 일본교관으로부터 지도받은 사관생도의 한 사람으로 러시아 세력이 커지자 결국 탈주하여 이곳에 와서 기독교에 귀의해 이곳의 유명한 목사 밑으로 들어가 이 목사를 통해 돌아가신 고(故) 존 헤이 씨의 알선으로 공사관 서기생에 임명됐으며 다시 그분의 도움으로 대리공사에 승진했음.

이 사람은 시종 우리의 지시에 따라 진퇴(進退)했으며 그밖에 일본에 대한 반대파의 음모에도 불구하고 미국정부와의 교섭에서 불필요한 성가심을 면하게 해주었음. 즉 그는 외무대신의 훈령이 있으면 황제의 명령도 아랑곳하지 않는 주의(主義)를 줄곧 실행했으며 그가 말하는 바에 따르면 황제는 자기를 5번이나 견책했다는 것임.

이 사람은 처와 자녀 3명이 모두 야소교(耶蘇教)에 귀의했으며 또한 이곳 유력자 사이에 다수의 동정(同情)자를 갖고 있어 이곳 한국공사관이 철퇴하는 날 이 사람에 대해 친절을 표시할 것이며 이것이 오늘의 한국의 처지에 대한 일반적인 동정심을 일으켜 일부 인사의 감정을 해치고 또한 헐버트 일당에게 좋은 기회를 줄 우려가 있음.

본인은 계속하여 이 나라에 머물며 자녀의 교육을 끝마치기를 희망하고 있으므로 그에게 봉급을 주어 이곳에 머물게 하는 것이 좋을 듯하나 봉급을 지급할 길이 없다면 많은 한국인이 거주하는 재 하와이 제국영사관의 직원으로 채용하여 적당한 봉급을 주는 것도 어려울는지 겸하여 공신(公信)으로 상신함.

아직 주지 않은 비용, 봉급 잔액 5천여 불의 지급은 철퇴를 조치함에 긴요한 것으로 사료됨.

전송 제3630호

38년 11월 29일 오후 6시 10분
재영 林 공사 ◁ 桂 외무대신

제351호
귀전 제360호에 관해 일한협약은 이미 효력을 발생하고 있으며 일본의 외교 대표자와 영사는 외국에서의 한국신민 및 이익을 보호하는 직무에 있으며 그 보호의 방법에 관해서는 우선 당장에는 특별히 따라야 할 규정은 없고 그저 대체적으로 한국과 외국과의 조약을 바탕으로 하여 일본신민의 보호방법에 준하여 각 외교대표와 영사가 적절한 재량으로 분명하게 실행해야 하는 것으로 알아주실 것.

또한 재외한국공사관의 철퇴도 며칠 안으로 한국정부가 외아문(外衙門) 및 재외공관 폐지의 칙령을 내릴 것이므로 이를 기회로 하여 실행할 예정이며 이의 철퇴가 결행될 경우 그 뒤처리 등에 관해 다시 각하 등의 배려가 있을 것임.

제3633호 (암 294)

38년 11월 29일 오후 6시 30분 발
재한 林 공사 ◁ 桂 대신

제273호
(재미공사 11월 28일 제322호 전문)

제 3634호 (암 232)

38년 11월 29일 오후 6시 55분 발
재한 林 공사 ◁ 桂 대신

제 274호
재영공사 11월 28일발 전 제 360호에 관해 동 공사 앞으로 29일 보낸 제 351호 전문

제 5216호

1905년 12월 1일 오후 8시 15분 발
1905년 12월 2일 오후 5시 27분 수
Katsra, Tokyo.

No.501
(前略) I have reason to believe that statement reported in my telegram 494 was instigated by Corean Minister in Germany.

I deem it advisable that steps should be taken to recall all Corean Representative abroad as soon as possible.

Inouye.

▶ 위 번역문 제 5216호

본관은 본관의 제 494호 전보 보고서가 재독한국공사에 의해 선동되었다는 믿을 만한 이유를 갖고 있음. 본관은 모든 재외 한국사절들에게 가능한 한 조속히 소환조치가 취해져야 한다는 것에 대해 타당하다고 생각하는 바임.

제3697호 (암12)

38년 12월 4일 오전 10시 40분 발
재독 井上 공사 ◁ 桂 대신

제225호
귀전 제501호 'Consul General instead'까지를 다섯 공사에게 특전(特電)할 것.

전수 제1322호

明治 38년 12월 4일 오후 3시 30분 발
明治 38년 12월 4일 오후 7시 03분 착
桂 외무대신 ◁ 재한 林 공사

제496호
재미제국공사관 앞으로 지난 27일 돈 2천 불을 제일은행과 橫濱 正金은행을 거쳐 송금한 것에 대해 재미한국공사관의 계산에 따라 지불하라고 高平 공사에게 훈령해주시기 바람.

전송 제3709호

明治 38년 12월 5일 오후 1시 30분 발
재미 高平 공사 ◁ 桂 대신

제367호
재미한국공사관 비용으로서 지난 27일 第一은행과 正金은행을 거쳐 귀관(貴館) 앞으로 돈 2천 불을 송금한 것에 대해 한국공사관의 계산에 따라 지불하도록 해달라는 재한 林 공사의 전보가 있었으므로 이 지불을 적절히 조치할 것.

전수 제136호

明治 38년 12월 5일 오전 10시 발
明治 38년 12월 5일 오후 4시 착
桂 외무대신 ◁ 재한 林 공사

제500호

본관은 오늘 議政府에서 내부(內部), 탁지(度支) 양 대신을 제외한 모든 대신과 회견하고 외부(外部)의 폐지와 재외공사관의 철퇴 등에 관해 협의한바, 각 대신 어느 누구도 이의는 없었으나 현재의 정계(政界) 상황에 비추어 지금 당장 이와 같은 사무의 적극적인 처리에는 어려운 사정이 있다면서 그 사정의 대요(大要)를 말하기를, 어젯밤 한제(韓帝)가 상소(上疏)파의 중심인물 6~7명을 불러 간절하게 설유(說諭)하였으나 어느 누구도 복종하는 태도를 안 보여 한제가 몹시 노여워했음에도 요컨대 아무런 효과도 보지 못했음.

상소파는 비밀히 정부를 탈취하려 한 흔적마저 남기는 등 계속하여 이 운동에 여념이 없으며 그럼에도 정부는 궁내대신을 통해 겨우 궁중과의 교통을 유지하고 있을 뿐이었으나 그나마 어젯밤의 상소파와의 관계로 인해 궁내대신이 사표를 제출함으로써 정부와 궁중과의 통로가 끊겨 현재 아무런 방법도 없다는 것임.

따라서 상소운동을 위해 지방에서 상경하는 자에 대해서는 경무고문(警務顧問)이 철저히 단속하여 일일이 훈계하여 체념하도록 하고, 궁중의 숙정(肅整)을 위한 첫 조치로서 궁중경찰에 丸山 고문의

부하를 넣어 궁궐의 모든 문의 단속을 강화하고 규율을 엄히 하며, 加藤 고문이 궁중에 있으면서 정부와의 연락을 담당하고 경우에 따라서는 이 목적을 위해 공사관원을 차제에 일시적으로 궁중에 출장하도록 하며, 군인들이 군부대신의 명령 없이 자유롭게 궁중을 출입하여 한제에 접근하는 것을 금하는 것 등이 우선 시급한 일들임.

그러나 현 정부로서는 이를 도저히 조처할 자신이 없어 본관에게 알현하고 상주하여 실행하도록 애써달라고 요청해와 본관은 이를 모두 승낙하고 바로 알현을 청해 이에 관해 적절한 조치를 취하겠음. 이를 상신함. 4일.

전송 제3724호 (암 330)

明治 38년 12월 6일 오후 2시 35분 발
小村 대사 ◁ 桂 대신

제118호

(재한공사 내전 제500호 전문)

No.5302

Berlin, Dec. 8, 1905, 8:30 p.m.
Rec'd, Dec. 9, 1905, 11:35 a.m.
Katsura, Tokio.

No.509

In the course of conversation December 8th, Minister for Foreign Affairs asked me if I had received any instructions, regarding withdrawal of Corean Legation in Germany. On my replying in the negative, he said that he presumed some communication would be made by Japanese Government to the German Government, accounting its withdrawal.

I conveyed to the Minister for Foreign Affairs appreciation of Imperial Government as instructed by your telegram No. 229.

Inouye.

▶ 위 번역문 제5302호

伯林 발 38년 12월 8일
東京 착 38년 12월 9일
桂 외무대신 ◁ 재독 井上 전권공사

제509호

12월 8일 이 나라 외무대신과 회담하는 가운데 대신은 본관에게 재독 한국공사관의 철퇴 건에 대해 물어와 어떤 훈령이 있었다, 없었다고 답변하기가 곤란해 본관은 아직 아무런 훈령도 받은 바 없다고 응답했고, 이에 대신은 그 공사관의 철퇴에 대해 제국정부에서 독일정부에게 어떤 통고를 할 것으로 추측하고 있다는 뜻의 말씀이 있었음.

본관은 귀전 제229호(재한독일공사관 철퇴의 건)에서 훈령한 대로 제국정부의 감사의 뜻을 대신에게 전달했음.

전수 제1355호

明治 38년 12월 10일 오후 3시 47분 발
明治 38년 12월 10일 오후 9시 20분 착
桂 외무대신 ◁ 재한 林 공사

제509호
재외한국공사관 철퇴에 관해 본관은 어제 그 준비에 착수했는바, 며칠 안에 한국정부는 황제의 칙령으로 훈령을 보내고 또한 송금의 절차도 취할 것이므로 이 뜻을 미리 우리 공사들이 재외한국공사관에 통보하도록 요청함.

73 wds No. 3759

Sent Dec. 11, 1905. 3:40 p.m.
Hayashi, London.

No.367
You are instructed to address a note to the Government to which you are accredited announcing the withdrawal of the Corean Legations and Consulates abroad, their powers and functions having already been transferred to the Japanese diplomatic and consular representatives respectively in consequence of the agreement concluded between Japan and Corea on November 17th 1905.

Transmit the above as my instructions to our Ministers to Austria-Hungary, Belgium, Denmark, France, Germany, Italy and United States. In so transmitting to our Ministers to Austria-Hungary and Denmark, you will add that the announcement should be made only to the Government of Austria-Hungary and Denmark respectively.

Katsura.

(원문은 한국 외교 경리에 관한 일한협약)

▶ 일본외무성의 번역문 제1119호

재영 林 공사
재청 内田 공사 ◁ 桂 외무대신

귀관은 주재국 정부에 서간을 보내 금년 11월 17일 체결된 일한협약의 결과로서 재외한국공사관 및 영사관의 직권 및 직무는 이미 우리 외교 대표자 및 영사관에게 이전되었으므로 위 공사관 및 영사관을 철퇴한다는 것을 통고할 것.

위는 본 대신의 훈령으로 하여 墺洪國, 白耳義國, 丁抹國, 佛國, 獨逸國, 伊國 및 美國에 주재하는 제국공사에게 전훈할 것.

59 wds No. 3760

Sent Dec, 11, 1905. 3 : 40 p.m.
Uchida, Peking.

No.423
(Same as telegram to Zaiyeikoshi No. 367 excepting the last paragraph from "transmit" Etc.)

Show this telegram to Baron Komura and inform him that similar instructions have been given to our diplomatic representatives in the countries having treaty relations with Corea.

Katsura.

(원문은 한국 외교 경리에 관한 일한협약)

53 wds No. 3771

Sent Dec. 11, 1905. 6:05 p.m.
Hayashi, Seoul.

NO. 282

Following instructions have been given to our diplomatic representatives in the countries having treaty relations with Corea.

"You are instructed to address a note to the Government to which you are accredited announcing the withdrawal of the Corean Legation and consulates abroad, their powers functions having already been transferred to the Japanese diplomatic and consular representatives respectively in consequence of the Agreement concluded between Japan and Corean on November 17th, 1905."

Katsura.

(원문은 조선 외교 경리에 관한 일한협약)

▶ 위 번역문 **제 3771호 (53단어)**

1905년 12월 11일 오후 6시 5분 발
서울 林 공사 ◁ 桂 외무대신

제 282호
한국과 조약관계에 있는 국가에 주재하는 우리의 외교대표에게 다음과 같이 훈령함. 귀하는 1905년 11월 17일 일·한 사이에 맺은 협약에 따라 재외한국공사관과 영사관은 철수하며 그들의 직권과 직능은 이미 일본의 외교대표와 영사대표에게 각각 이양됐음을 귀관의 주재국 정부에게 통고할 것을 훈령함.

전송 제 3768호

明治 38년 12월 11일 오후 5시 5분 발
재한 林 전권공사 ◁ 桂 외무대신

제 283호
재외한국공사관 철퇴에 관해서는 이미 훈령한 대로 가능한 한 신속히 이를 결행할 필요가 있다고 생각되지만 한제에게 칙령을 내리게 하는 것은 현재의 정세에 비추어 바로 실행할 가망성이 없으므로 차제에 일한협약의 논리적 결과로서 오히려 우리가 적극적으로 그 철퇴를 관계각국에 통고하는 것이 가장 시의에 적절한 조치라는 伊藤 후작의 의견도 있고 또 한편으로 제 282호와 같이 훈령을 발하는 방법도 있는바, 귀관은 적절한 기회를 봐 한국황제 및 정부에 대해 앞서 말한 사실을 통고함과 동시에 이 조치는 일한협약에 따른 당연한 결과라는 사유를 설명하고 또한 공관의 철퇴에 관련된 비용지불에 대해서는 目賀田 고문과 협의하여 미리 필요한 방법을 강구할 것.

전송 제3769호 (암174)

明治 38년 12월 11일 오후 5시 발
재北京 小村 대사

제132호
小村 대사에게 전전할 때에는 위와 똑같이 할 것.
(위 별전 제282호와 內田 공사의 왕전 제423호는 같은 글임)

전송 제3761 · 3762호

明治 38년 12월 11일 오후 4시 30분 발
재영 林 대사(제368호)
재청 內田 공사(제424호) ◁ 桂 외무대신

왕전 제367(영)호, 제423(청)호 훈령에 관해 각하는 귀지 주찰(駐紮) 한국공사를 면회하여 그 훈령대로 임국(任國)정부에 통고했음을 알린 다음 공관퇴거의 시기를 협정하고 연체경비 및 그 시기까지의 관원의 급여 및 귀국여비 등을 조사하여 그 결과를 전보할 것.

동시에 한국정부가 그들의 귀국에 대해 결코 징벌조치를 하지 않을 것임을 그들에게 보장할 것. (위 전문을 본 대신의 훈령으로서 재불, 독, 미 공사에게 전전할 것)

內田 공사에의 전보에는 위와 똑같이 할 것. (본 전신을 小村 대사에게 알릴 것)

전송 제3772호 99

明治 38년 12월 11일 오후 6시 30분 발
재한 林 공사 ◁ 桂 대신

제284호
왕전 제282호에 관해 재영, 불, 독, 미, 청의 제국 외교 대표자에게 다음과 같이 전훈했음.

각하는 귀지 주차 한국공사를 면회하여 재외한국공사관 철퇴에 관해 제국정부의 전훈에 의거 임국정부에 통고했다는 취지를 알린 다음 공관퇴거의 시기를 협정하고 연체경비 및 그 시기까지의 관원의 급여 및 귀국여비 등을 조사하여 그 결과를 전보할 것.

동시에 한국정부가 그들의 귀국에 대해 결코 징벌조치를 하지 않을 것임을 그들에게 보장할 것.

전송 제1096호

明治 38년 12월 11일 오후 5시 50분 발
京城 林 공사 ◁ 桂 대신

제311호
정부는 귀전 제509호를 접수하기 전의 왕전 제283호에서 밝힌 대로 한국정부의 훈령발송을 기다리지 말고 협약의 당연한 결과로서 각 관계국 정부에 대해 재외한국공사관 철퇴의 통고를 발하기로 결정하여 바로 그 절차를 밟고 있으니 이러한 사정을 감안하여 한국정부에 대해 가능한 한 빨리 이 철퇴의 훈령을 발하도록 조치할 것.

전송 제3786호 (암 54)

明治 38년 12월 13일 오후 7시 10분 발
재한 林 공사 ◁ 桂 외무대신

제286호
본 대신은 오늘 13일 한국공사를 관저로 초청하여 일·한 새 협약의 당연한 결과로서 종래 외국에 있던 한국의 공사관 및 영사관은 모두 철퇴되는바 재東京 한국공사관도 이미 철퇴돼야 한다는 것을 알고 있으라고 구달(口達) 했음.

11월 17일에 체결된 일한협약에 의거 일본국 정부는 재東京 외무성을 통해 앞으로 한국의 외국에 대한 관계 및 사무를 감리 지휘하며 일본국의 외교 대표자와 영사는 외국에서의 한국신민(臣民) 및 이익을 보호하게 되어 그 당연한 결과로서 전부터 외국에 있던 한국의 공사관 및 영사관은 철퇴되므로 제국정부는 그 취지를 각국에 통첩함과 아울러 재東京 한국공사에게 통달하는 것임. 이러한 취지에 의거 明治 38년 12월 13일 桂 대신은 한국공사에게 구달함.

제5355호 (암 146)

華府 발 38년 12월 12일
本省 착 38년 12월 13일 오후 1시 20분
桂 외무대신 ◁ 日置 대리공사

제330호
재영대사 앞 귀전 제367호의 취지를 오늘 국무성에 통고함과 동시에 제368호의 취지에 의거 한국대리공사를 면회하여 그 뜻을 통고했음.

또한 동 공사관 철퇴시기를 정하고 일체의 경비조사서를 내도록 협의한바 이 대리공사는 경비조사서는 조속히 제출하겠으나 다만 오늘에 이르러 사실상 감히 의심하려는 것은 아니나 이 공사관은 본국정부로부터 아직 일한협약이 성립됐다는 통지가 없었으며 철수에 관해서도 본국정부에게서 아무런 훈령을 받지 않아 진퇴가 매우 곤란하다는 뜻을 밝혔음.

이에 대해 어떻게 조치해야 할 것인지 훈령해주시고 또한 철수하게 될 경우 이 공사관 건물 등의 처분에 대해서도 함께 훈령해주시기 바람.

제 5359호 (암)

런던 발 38년 12월 12일 오후 4시 10분
東京 착 38년 12월 14일 오전 8시 05분
桂 외무대신 ◁ 林 대사

제 366호

귀전 제 368호에 관해 12월 13일 한국총영사 모건을 면회함.

공사관 철퇴는 이상 없이 진행되어야 하겠지만 모건은 한국정부로부터 임명받은 몸이므로 본건에 대서는 조선정부의 훈령을 받아야 한다고 했음. 이는 당연한 요구로 사료되므로 이 훈령이 지급으로 발송되도록 조처해주시기 바람.

第5366號 (암)

베를린 발 38년 12월 13일 오후 8시 05분
東京 착 38년 12월 14일 오후 4시 50분
桂 외무대신 ◁ 井上 공사

第511號

12월 13일 본관은 독국 주찰 한국공사를 면회하고 재영공사 앞 귀전 제368호 훈령의 취지에 따라 공관철수의 건에 관해 간곡히 이야기한 결과 이 공사는 일·한 새 협약에 대해서는 신문지상에서 일견(一見) 했을 뿐으로 본국정부로부터는 하등의 통지를 접하지 못했으며 따라서 한국황제 또는 정부로부터 어떠한 훈령이 없으면 독국에 있는 공관을 철수하고 귀국할 수는 없다고 주장하고 전보로 본국에 문의한 다음 회답하겠다고 답변했음.

따라서 한국정부로 하여금 이 공사에 대해 직접 어떠한 명령을 발하도록 조처해주기 바라며 또한 재영공사 앞 제367호 훈령의 취지는 어제 12일 독국정부에 통고함에 따라 한국공사도 이 통고와 함께 독국 정부와의 관계가 완전히 단절됐음을 알고 있음.

第5367號

北京 발 38년 12월 14일 오후 4시 09분
東京 착 38년 12월 14일 오후 10시 10분
桂 외무대신 ◁ 内田 공사

第316號

귀전 제423호에 관해 한국공사관 및 영사관 철퇴의 건은 오늘 공문으로 청국정부에 조회하고 동시에 이곳 외교단에게는 이 조회로 가름한다고 통지했음. 한국대리공사에게는 이미 이러한 취지를 통고하고 앞으로 실제로 철수할 때까지 그가 유의할 주의사항을 설명해 두었음.

제 5370호

北京 발 38년 12월 14일 오후 10시 4분
東京 착 38년 12월 15일 오전 4시 30분
桂 외무대신 ◁ 內田 공사

제 317호
귀전 제 424호에 관해 한국대리공사는 집안형편상 가능하다면 내년 봄까지 출발연기를 희망함. 결빙기 중에 가족을 데리고 여행하기가 곤란하다는 바, 당분간 한국공사관 가옥에서 집 지키기 겸하여 체재하는 것에 小村 대사도 이의가 없음.

더구나 이 대리는 내년 1월 말까지의 경비를 요청하고 그 이후의 체재에 대해서는 관급(官給)을 청하지 않을 생각이며 종래의 연체분과 출발여비 등을 합해 모두 1만 3천 7백 圓의 목록을 제출했음.

이 목록은 우송하겠으며 공사관 서류는 내일 당관이 수령하겠음.

전수 제1375호

明治 38년 12월 14일 오후 7시 15분 발
明治 38년 12월 15일 오전 7시 착
桂 외무대신 ◁ 재한 林 공사

제514호
한국정부는 오늘 외무대신 李完用 명의로 재독, 불, 미, 청, 일본의 각 주차 공사에게 일한협약의 결과로써 철수를 명하고 그 기록 및 관유재산을 일본공사(東京은 외무성)에게 이관하고 봉급과 여비 등은 일본공사를 경유하여 신청하라고 훈령했음.

특히 재미대리공사에게는 앞서 高平 공사로부터의 주의도 있었기 때문에 공관경비의 지급내역 및 본인이 받아야 할 봉급수당을 청구하라고 추가로 훈령했음.

또한 재뉴욕, 런던, 및 芝罘의 각 명예영사에게도 기록 및 관유재산을 일본영사에게 이관할 것과 경비지불을 요하는 것이 있으면 일본영사를 경유하여 신청하라고 훈령했음. 단 재런던 명예총영사 모건에게는 현재 보관 중인 공사관의 서류, 재산을 일본대사에게 인계하라고 덧붙여 훈령했음. 이러한 취지를 해당 대사, 공사 및 영사에게 전보해주기 바람.

전송 제3803호 (172)

明治 38년 12월 15일 오전 11시 25분 발
재미 日置 대리공사 ◁ 桂 대신

제371호

재한공사 12월 14일부 내전 제514호 전문
(단, 재런던 명예총영사 이하는 제외).

이 전신 가운데 재뉴욕 총영사의 주의할 사항으로서 필요한 부분은 귀관이 이 총영사에게 이첩할 것.

전송 제3804호 (암178)

明治 38년 12월 15일 오전 11시 40분 발
재영 林 대사 ◁ 桂 대신

제370호

재한공사 12월 14일 전보 제514호에 의하면, 한국정부는 이날 외무대신 李完用의 명의로 재독, 불, 미, 청, 일의 각 공사에 대해 일한협약의 결과로써 위 공관의 철퇴를 명하고 그 기록과 관유재산을 일본공사(東京은 외무성)에게 이관하고 또한 봉급과 여비 등은 일본공사를 경유하여 신청하라고 훈령했음.

위를 재 獨, 佛, 墺, 伊, 白, 丁의 6공사에게 전전할 것.

또한 한국정부는 재뉴욕, 런던 및 芝罘의 각 명예영사에게도 기록 및 관유재산을 일본영사에게 이관할 것과 경비의 지불을 요하는 것이 있을 경우 일본영사를 경유하여 신청하라고 훈령했음. 단 재런던 명예총영사 모건에게는 현재 보관 중인 공사관의 서류와 재산을 일본대사에게 인계하라고 덧붙여 훈령했음.

본 전신 중 荒川 총영사가 유념할 사항으로서 필요한 부분은 각하가 총영사에게 이첩할 것임.

전송 제3805호 (201)

明治 38년 12월 15일 정오 발
재청 内田 공사 ◁ 桂 대신

제428호

(재한공사 12월 14일부 내전 제514호 전문)

본 전신은 小村 대사에게 보여줄 것. 또한 小幡 영사가 유념할 사항으로서 필요한 부분은 귀관이 그 영사에게 이첩할 것.

전송 제3806호 (암56)

明治 38년 12월 15일 정오 발
Hayashi, Seoul.

No.291

Regarding consular representatives of Corea, Almanach de Gotha, 1905 mentions the name of Edouard Meyer as Consul at Hamburg and F.F. Bostwick, Em. C Hon and C. Rondina as Consul-General at San francisco, Brussels and Paris respectively, besides those at London, New York and Chefoo, you will ascertain whether this is true, and if so, urge the Corean Gov't to gives instructions to those Consular persons in the same sense as mentioned in your telegram 514.

Katsura.

▶ 위 번역문 전송 제3806호 (암56)

한국의 영사와 관련하여, 1905년도 판 고타의 귀족연감은 에드워드 메이어라는 이름이 함부르크 영사이며 그리고 보스트위크, 혼, 론디나 여러분이 각기 샌프란시스코, 브뤼셀 그리고 파리총영사라고 언급하고 있으며 그밖에 런던, 뉴욕, 芝罘의 영사에 대해서도 언급하고 있음.

귀관은 이것이 사실인지 여부를 확인하고 만일 그렇다면 한국정부로 하여금 이들 영사들에게 귀관의 제514호 전보에서 언급한 바와 같은 내용의 훈령을 내리도록 재촉해야 할 것임.

桂 외무대신

전송 제3807호

明治 38년 12월 15일 오후 0시 20분 발
재한 林 공사

제292호
왕전 제282호에 관해 재청공사의 12월 14일부 다음과 같은 전보 있었음.
(재청공사 내전 제316호 〈한국공사관〉 이하 전문)

전송 제3808호 (130)

明治 38년 12월 15일 오후 0시 30분 발
재한 林 공사 ◁ 桂 대신

제293호
왕전 제284호에 관해 재청공사의 12월 14일부 다음과 같은 전보 있었음.

(재청공사 제317호 〈한국대리공사〉 이하 전문)

전수 제1386호

明治 38년 12월 16일 오후 1시 20분 발
明治 38년 12월 16일 오후 6시 30분 착
桂 외무대신 ◁ 재한 林 공사

제519호
한국 재외명예영사는 요전의 전보에서 언급한 것 외에 파리, 샌프란시스코, 브뤼셀, 및 함부르크에도 있음이 발견됐는바, 재파리 명예영사는 기록류를 재불일본공사관에, 샌프란시스코 명예영사는 그곳 일본영사에게, 브뤼셀 명예영사는 그곳 일본공사관에, 함부르크 명예영사는 재베를린 일본공사관에 각각 위탁하도록 다시 훈령했음.

전송 제3820호 (암 45)

明治 38년 12월 17일 오후 6시 50분 발
재불 本野 공사 ◁ 桂 대신

제248호
재한공사 12월 16일부 내전에 의하면 한국정부는 재파리, 브뤼셀 및 함부르크 명예영사에 대해 보관하고 있는 기록류를 재불, 백, 독의 일본공사관에 모두 인계하도록 훈령했음.

이를 加藤, 井上 양 공사에게 전전할 것.

전송 제3821호 (암 47)

明治 38년 12월 17일 오후 6시 50분 발
재워싱턴 日置 임시대리 ◁ 桂 대신

제372호
왕전 제371호에 관해 재한공사 12월 16일부 내전에 의하면 샌프란시스코에도 한국 명예영사가 주재하는바 한국정부는 이 사람에 대해 보관하고 있는 기록류를 그곳 일본영사에게 인계하도록 훈령했음.

따라서 귀관은 이 취지를 上野 영사에게 전보할 것.

전송 제1128호

明治 38년 12월 18일 오후 4시 발
재한 林 공사 ◁ 桂 외무대신

제316호
재일본 한국공사 및 관원은 2, 3일 안에 출발 귀국할 것인바, 이곳에는 한국의 공사(公私) 유학생이 5백 명가량 있어 평소에도 그들을 감독할 필요가 있고 특히 공사관 철수 때 그들이 어떤 오해를 해 사건을 일으키지 않는다고 할 수 없으므로 차제에 이 공사관 참서관 韓致愈를 새로 유학생 감독자로 임명하여 이곳에 남도록 각하께서 한국정부에 지급으로 요청해 달라고 한국공사로부터 제의가 있었음. 이는 지금 당장은 부득이한 일로 판단되므로 일시적인 편법으로써 지급으로 이와 같이 조치할 것.

이 감독자는 종래의 공사관 가옥 내에 거주할 생각이며 월봉 150원 외에 잡비로 100원을 요한다고 함.

전수 제5408호 (암77)

北京 발 38년 12월 18일 오후 0시 35분 발
東京 착 38년 12월 18일 오후 4시 40분 착
桂 대신 ◁ 内田 공사

제320호
한국공사관 관유재산 건에 관해 이 공사관 대리공사가 공사관의 목록을 제출했는바, 그에 따르면 대지, 가옥, 및 가구이며 또한 천진에 있는 대지는 아무래도 궁내부 소관에 속한 것 같다면서 이 재산을 본관에게 이관하는 것에 관해서는 궁내부의 훈령이 있기를 희망하고 있는바, 본건에 대해 적절한 전훈을 바람.

제 3835호 (암 813)

東京 발 38년 12월 19일 오후 1시 40분
재한 林 공사 ◁ 桂 대신

제 296호

(재청공사 내전 제 320호 전문 전전)

제 5435호

伯林 발 38년 12월 19일 오후 3시 9분
東京 착 38년 12월 20일 오전 7시 55분
桂 대신 ◁ 井上 공사

제 515호
재독한국공사 재면담 결과는 다음과 같음.

한국공사는 이미 철수에 착수해 아마도 1월 17일 독일선박으로 귀국할 것임. 이와 관련 금년 7월부터 12월까지의 경비와 그동안의 부족액 1만 1,393元 90仙, 봉급 8,816元 66仙, 여비 5,450元, 총계 2만 5,960元 56仙의 지급을 요한다고 신청했음.

또한 기록 및 관유재산은 아무것도 본관에게 이관할 것이 없다고 밝혀왔고 공사의 도장과 전신부호는 이미 귀국한 관원에게 휴대시켜 본국에 송환했다고 함.

第 5437號

워싱턴 발 38년 12월 19일
東京 착 38년 12월 20일 오전 9시 35분
桂 외무대신 ◁ 日置 대리공사

第 331號
재영공사 앞 귀전 第 368號 및 第 371號에 관해 한국대리공사는 봉급경비의 지급부족분, 12월까지의 본인 및 가족, 관원이 받아야 할 봉급, 수당과 귀국여비, 수당을 통산하여 공관철수에 요하는 비용이 6,484불 73선에 달한다는 계산서를 제출하고 또한 이달 안으로 기록과 관유재산을 당관에 인도하고 귀국길에 오르겠다고 신청했음. 위 계산서는 조사결과 적절하다고 판단되므로 이 금액을 가능한 한 조속히 전송해주기 바람.

第 5451號 (암)

런던 발 38년 12월 20일 오후 3시 15분
東京 착 38년 12월 21일 오전 9시 30분
桂 대신 ◁ 林 대사

第 370號
한국공사관과 영사관 철회와 관련하여 집세의 체불, 파손 수선비와 집세 밀린 것, 비복(婢僕)의 급료, 상수 및 가스와 전기요금을 포함해 대략 4백 파운드를 20일까지 불입을 요함. 이는 지급을 요하고 있어 인가를 해주면 본관이 입체하겠음.

이밖에 전 대리공사의 자살 이후 영사가 대리한 기간인 8개월분의 보수청구가 있었는바 이는 편지로 보고하겠음. 현재 관원 1명은 파리로 송환될 것 같음.

서류는 바로 당관이 인수할 것이며 집세와 급료의 인출에 대해 지급으로 훈령 바람.

전수 第1408호

明治 38년 12월 21일 오후 12시 5분
明治 38년 12월 21일 오후 2시 20분
桂 외무대신 ◁ 林 공사

第529호
귀전 영문 제298호에 관해 공사관 철수에 요하는 비용금액이 불명하므로 지급으로 다시 전보 바람.

전송 第1158호

明治 38년 12월 21일 오후 3시 발
재한 林 공사 ◁ 桂 대신

第324호
귀전 제529호에 관해 금액은 6,484弗 73仙임.

전송 제3851호 (암 29)

明治 38년 12월 21일 오후 3시 5분 발
런던 林 대사 ◁ 桂 대신

제372호
귀전 제370호에 관해 지급, 지불을 요하는 경비 약 4백 파운드는 귀관에서 입체지불한 뒤 정확한 금액을 전보할 것.

전수 제1409호

明治 38년 12월 21일 오후 1시 발
明治 38년 12월 21일 오후 4시 10분 착
桂 외무대신 ◁ 재京城 林 공사

제530호
귀전 영문 제296호 內田 공사의 내전이 한국공사관 관유재산 및 천진에 있는 대지가 아무래도 궁내부 소관이어서 동 부로부터의 훈령을 희망한다는 요청에 관해 본관은 어제 궁내대신을 거쳐 황제에게 여쭌바, 이는 그것을 매입할 때에 궁내부에서 관계한 것은 사실이나 지금은 전혀 정부의 소관에 있지 않으므로 대리공사는 정부의 훈령대로 일본관헌에게 이관하여도 추호도 곤란함이 없다는 것임. 이를 內田 공사에게 전전하기 바람.

전송 제3862호 (102)

明治 38년 12월 21일 오후 7시 발
재청 內田 공사 ◁ 桂 대신

제435호
귀전 제320호에 관해 재한공사에게서 12월 21일부로 다음과 같은 전보 있었음.

(林 공사 내전 제530호 가운데 '內田 공사' 이하 전문)

전수 제1419호

明治 38년 12월 22일 오후 0시 35분 발
明治 38년 12월 22일 오후 2시 43분 착
桂 외무대신 ◁ 재한 林 공사

제532호
귀전 영문 제299호에 관해 재영대사에게 입체지불하라고 훈령해주시기를 청하며, 또한 정확한 금액을 알게 되는 대로 이곳 정부에서 직접 재영대사 앞으로 전송할 것임.

전수 제1425호

明治 38년 12월 22일 오후 6시 10분 발
明治 38년 12월 22일 오후 9시 30분 착
桂 외무대신 ◁ 재한 林 공사

제537호
한국정부는 재독 우리 공사관에 한국공사 철퇴비용으로 6만 5, 960圓

을 전송했는바, 실제로 필요한 금액은 금년 말까지 여비를 합쳐 6만 1천 7백여 원이라 함. 만약을 위해 이 내용을 재독공사에게 전보해 주기를 청함.

전수 제1426호

明治 38년 12월 22일 오후 5시 발
明治 38년 12월 22일 오후 9시 38분 착
桂 외무대신 ◁ 재한 林 공사

제536호
한국정부가 공사 철수 후 일종의 대표자를 東京에 주재시키기로 한 것은 내의(內議)를 거쳐 정한 것으로 이 대표자의 명칭을 특파사(特派使)로 하겠다고 제의해왔음.

제5478호 (암)

파리 38년 12월 22일 오후2시 30분 발
東京 38년 12월 23일 오전 10시 착
桂 대신 ◁ 本野 공사

제222호
오늘 조선공사를 면회하고 전훈(電訓)의 취지를 전달한바, 이 공사는 본국정부로부터 같은 훈령을 받았으므로 그 훈령대로 조치하는 데에 이의가 없으나 귀국 후 자신의 일신의 안전을 위해 본국정부로부터 다시 서면훈령을 받고 싶다고 요청해와 본관은 그럴 필요가 없다고 간곡하게 설득했으나 일단 본국정부에 전보를 보내어 서면훈령과 같다는 회답을 받으면 즉각 사무를 인계하겠다고 제의해왔음.

이 공사는 이러한 취지를 본국정부에 청훈(請訓)할 예정이므로, 조선정부에서 서면훈령이 필요 없다는 회답전보를 바로 보내도록 조처해주기 바람.

전송 제1164호

38년 12월 23일 오후 3시 40분 발
재한 林 공사 ◁ 桂 대신

제329호
우리나라 주차 한국공사는 이 달 21일 출발 귀국했음.

제5479호 (平)

샌프란시스코 발 38년 12월
本省 착 38년 12월 23일 오후 12시 50분
외무대신 ◁ 上野 영사

제23호
오늘 한국영사관 사무인계 끝마쳤음.

21 wds No. 5492

London, Dec. 24, 1905, 10:40 a. m.
Recd., Dec. 25, 1905, 12:45 a. m.
Katsura, Tokyo.

No.522
I have taken over the charge of Corean Consulate Dec. 22nd.

In transferring seal of the office, Corean Consul stated that there are no documents to hand over.

Arakawa.

▶ 위 번역문 제5492호 (21단어)

런던 발 1905년 12월 24일 오전 10시 40분
도착 1905년 12월 25일 오전 12시 45분
東京 桂 대신 ◁ 荒川

제522호

본관은 한국영사관의 업무를 12월 22일 인수받았음. 한국영사는 영사관 관인을 인계하면서 넘겨줄 기록문서는 없다고 밝혔음.

제5497호 (암)

런던 발 38년 12월 25일 오후 0시 5분
東京 착 38년 12월 26일 오전 8시 5분
桂 대신 ◁ 林 대사

제372호

본관 전보 제370호 및 귀관 전보 제372호에 관해 지급으로 지불을 요하는 금액 375파운드 11실링은 본관이 입체 지불했음.

이밖에 전 대리공사 자살 후 이를 대리한 기간 8개월분 보수 8백파운드를 모건이 청구했음. 공사관의 가구 등을 팔 경우 40~50파운드의 수입이 있을 것으로 예상되나 이에 대해서는 모두 처분한 뒤 우편으로 보고하겠음.

전송 제3879호

38년 12월 26일 오후 2시 40분 발
재한 林 공사 ◁ 桂 대신

(林 대사 내전 제372호 전문)

전송 제1201호

38년 12월 28일 오후 4시 45분 발
재한 林 공사 ◁ 桂 대신

제337호
귀전 536호에 관해 일한협약의 결과 제국정부는 그 대표자로서 통감(統監)을 京城에 주재시키기로 함에 따라 일·한 양국 간의 교섭사무는 모두 동관(同官)을 통해 처리하는 것이 편할 것임.

한국정부에 있어서 따로 교섭사무를 위해 상설의 대표자를 우리나라에 파견할 필요는 없다고 판단되며 따라서 앞으로 한국에서의 파견원은 학생감독 등을 위해, 또는 한국황실과 정부의 일시적 업무수행을 위해 두거나 또는 양 황실 간의 친선을 깊게 할 목적을 가지고 우리에게 경의를 표하기 위해 두거나 또는 위 두 가지의 목적을 겸하여 두거나, 이 가운데서 하나여야 할 것이라고 생각함.

따라서 그 명칭 같은 것도 학생감독관, 특파원 등 그 목적에 상응하는 것으로 해야 할 것이며 특파사(特派使)라고 칭하는 것은 일종의 외교기관이 될 우려가 있어 명칭으로는 피하도록 조치하기 바람.

제5515호 (암102)

워싱턴 발 38년 12월 28일
本省 착 38년 12월 29일 정오
桂 외무대신 ◁ 日置 대리공사

제338호
오늘 6천 불의 돈이 香港의 上海은행을 거쳐 당관에 송금되었음. 이는 한국공사관 철수비용으로 판단되나 이에 관해 아무런 통지를 접하지 못했음.

또한 한국공사관 가옥은 고 閔后 명의로 되어 있어 이의 조치에 관해서는 외무대신 李에게서 새로 어떤 훈령이 발해질 때까지 놓아두도록 대리공사에게 전보가 있었는바, 그 후 아무런 지시가 없어 인도받는데 지장이 있으므로 본건을 반드시 이달 중에 마무리할 수 있게 위의 사항들을 지급으로 한국에 조회하여 처결하도록 조치해주기 바람.

제3891호 (암104)

38년 12월 29일 오후 2시 40분 발
재한 林 공사 ◁ 桂 대신

제304호
재미대리공사 12월 28일 제338호.

기밀송 제138호

明治 38년 12월 29일 발송
明治 38년 12월 29일 접수
재한 林 공사 ◁ 桂 외무대신

재청한국공사관 연체경비 계산서 송달의 건

별지 재청한국공사관 연체경비 계산서, 재청 內田 공사로부터 송부된바 이를 전송함. 〔별지는 재청공사관 내철문(來綴文) 3266호를 그대로 첨부〕

제5522호 (암9)

파리 38년 12월 29일 오후 6시 20분 발
東京 38년 12월 30일 오후 0시 34분 착
桂 대신 ◁ 本野 공사

제223호
재불한국공사 다음과 같이 본관에게 청구해옴.

1,500元 shot of travelling-expenses and ordinary expenditures 1906. 11,800元 salaries and ordinary expenditures from July to December 1905. 1,100元 46錢 travelling-expenses of the Minister when he went to the United States last November and those of the secretaries. 7,583元 32錢 expenses for the Minister and the members of the Legation to return to Corea and the house rent of the Legation until the next terms. 9,001元 76錢 short of estate and ordinary expenditures last year. Total 30,985元 54錢.

공사관의 서류는 수일 내에 인수할 것이며 한국영사는 내관(來館)하여 인도할 만한 서류, 기구 등은 하나도 없다고 말했음.

▶ 위 번역문 제5522호 (암9)

1,500元은 여비와 1906년의 통상경비의 부족분임. 11,800元은 1905년 7월부터 12월까지의 월급과 통상경비임. 1,100元 46錢은 공사가 지난 11월 미국 갔을 때의 여비와 비서들의 여비임. 7,583元 32錢은 공사와 공사관 직원들의 한국 귀국여비와 다음 임대기일까지의 공사관 건물의 임대료임. 9,001元 76錢은 작년의 유지 및 통상 경비의 부족분임. 합계 30,985元 54錢임.

전송 제3893호 (111)

明治 38년 12월 30일 오후 4시 0분 발
재한 林 공사 ◁ 桂 대신

제305호

(本野 공사 내전 제223호 전문)

전수 제1454호

明治 38년 12월 30일 오후 3시 47분 발
明治 38년 12월 31일 오전 0시 10분 착
桂 외무대신 ◁ 재한 林 공사

제545호
재미국, 독일, 청국의 한국공사관 철퇴비용은 우리 공사 앞으로 발송을 끝냈음. 이 금액 가운데 독, 청의 비용은 이곳의 계산으로는 초과되나 대체적으로 청구액 전부를 송금조치한데 대해 우리 공사들이 유념하기 바람.

영국에는 400파운드 송금했음.

재미한국공사관 건물은 추후 어떤 통지가 있을 때까지 우리 공사가 보관하기 바람.

전송 제3895호

明治 38년 12월 31일 오후 2시 10분 발
재영 林 대사 ◁ 桂 대신

제376호
재한공사 12월 30일부 내전 다음과 같음.

재영한국공사관 철폐에 관해 필요한 비용으로 4백 파운드를 우리 대사 앞으로 송금했음.

전송 제3896호

明治 38년 12월 31일 오후 2시 10분 발
워싱턴 日置 대리공사 ◁ 桂 대신

제376호
재한공사 12월 31일부 내전 다음과 같음.

재미한국공사관 철퇴비는 우리 공사 앞으로 송금했음. 공사관 건물은 추후 어떤 통지가 있을 때까지 우리 공사가 보관하기 바람.

제5532호 (암 65)

워싱턴 발 38년 12월 30일
東京 착 38년 12월 31일 오전 11시 50분
桂 외무대신 ◁ 日置 대리공사

제339호
(재영공사 앞) 귀전 제368호에 관해 한국공사관의 기록 및 관유재산을 오늘 공식으로 인수 완료했음. 단 가옥은 338호 저의 전보와 같이 아직도 훈령을 기다리고 있을 뿐으로 처분까지에는 이르지 못했음. 또한 재뉴욕 한국 명예영사관은 이 달 16일 內田 영사에게 인계했고 샌프란시스코는 上野 영사에게 같은 달 23일 인계를 끝냈음.

전송 제3897·3898호

明治 38년 12월 31일 오후 2시 10분 발
베를린 제236호
井上 공사 ◁ 桂 대신
北京 제436호
內田 공사 ◁ 桂 대신

재한공사 12월 31일부 내전 다음과 같음.

재독(井上 공사), 청(內田 공사) 한국공사의 철퇴비는 우리 공사 앞으로 송금했음. 이 금액은 이쪽에서의 계산으로는 초과된 것이나 대체적으로 청구액 모두를 받아들여 송금조치하였음.

전수 제1456호

明治 38년 12월 31일 오후 5시 발
明治 38년 12월 31일 오후 8시 55분 착
桂 외무대신 ◁ 재한 林 공사

제546호
귀전 영문 제305호에 관해 계산서 금액이 합계와 부합하지 않으므로 각항 금액을 모두 암호로 다시 전보해주기 바람.

전송 第1208호

明治 38년 12월 31일 오후 10시 15분 발
재한 林 공사 ◁ 桂 대신

第341호
귀전 第546호에 관해 각 항 금액은 다음과 같음.

1901년의 여비 및 경비 부족 1천5백圓, 1905년 7월부터 12월까지의 봉급 및 경비 1만1천8백圓, 지난 11월 중 공사 및 서기관의 미국 출장여비 1천1백圓 46錢, 공사 및 관원 귀국여비 및 차기까지의 공사관 임차료 7,583圓 32錢, 작년의 여비 및 부족액 9천1圓 76錢, 합계 3만985圓 54錢임.

第15호 (암)

39년 1월 4일 오후 2시 25분 발
재한 林 공사 ◁ 小村 대신

第3호
(재미대리공사 12월 30일 第339호 전문)

공신 第163호

明治 39년 1월 4일 접수

재청제국영사의 한국영사 사무관장의 건

금년 11월 17일 체결한 일한협약의 소정 조관(條款)에 따라 앞으로 이곳 재류 한국신민 및 한국의 이익은 이를 우리나라 영사가 관장하라는 훈령에 따라 지난 12월 12일 재청 內田 공사로부터 전보를 받아 다음 날인 13일 즉각 이곳의 한국 명예영사인 불국영사 게랑에게 공문으로 금후 본관이 이 항구의 한국영사 사무를 관장하라는 본국정부의 훈령을 접함에 따라 그 취지를 이곳 청나라 관헌 및 각국 영사에게 통지하기 전에 사무의 인수 등을 협의할 필요가 있어 먼저 본건에 관해 어떤 훈령을 본국정부나 또는 한국 당국으로부터 수령했는지 여부를 조회함과 동시에 불국영사가 아무런 훈령을 받지 않았을 경우에는 본관이 전술한 통지를 청나라 관헌 및 각국 영사에게 발송하는 데 대해 이의 여부를 회답하라고 청구한바, 이달 15일에 이르러 별지와 같이 14일부의 공문으로 회답했음.

이에 따라 이날 본관은 이곳 지방장관 및 각국 영사와 세관장에게 종래의 한국 명예영사가 관장하던 영사사무는 오늘부터 본관의 관장에 들어간다고 통지했는바, 지방장관을 비롯하여 모두가 그 취지에 승복했음.

그 후 지난 14일 한국정부는 외무대신의 이름으로 한국영사 사무에 관한 공문서류 및 관인을 본관에게 인도하고 또한 한국영사의 직무집행상 지출하는 비용 등을 본관에게 신청하라는 전보를 이곳 한국 명예영사인 불국영사에게 보냈으며, 이달 16일부의 재청공사 경유의 귀전도 있어 이에 대해 다시 불국영사와 교섭한바, 공문서류는 별지에서도 서술한 대로 이미 재北京 한국대리공사에게 보냈고 한국영사관 관인도 이와 함께 北京에 보냈으며 경비 등도 별로 지출한 것이 없어 현재 한국정부에서 청구해야 할 것은 하나도 없다는 회답이 있었음.

위와 같이 한국영사 사무인수의 전말을 보고함. 경구.

明治 38년 12월 21일

재芝罘 영사 小幡酉吉
외무대신 백작 桂太郎 귀하

※ 별지는 불국영사 A. Guerin이 小幡 영사에게 보낸 불어로 된 서한으로 복사된 이 서한의 문자가 몹시 희미해 판독이 어려움에 따라 원문과 번역문을 생략함.

발송번호 불명

친애하는 동료에게,

어제 날짜의 귀하 서신을 수령했음을 알리고, 보관이 며칠 전부터 이 항구에서의 한국 명예영사직을 그만두고 이러한 사실을 북경주재 한국공사에게 공식 통보하였음을 알려드리는 바임.

친애하는 동료에게 심심한 사의를 표하며 (끝 인사말)

A. Guerin(그랭)
Tohefou(芝罘)주재 일본영사 Obata 씨 귀하

추신. 명예영사직을 사직한 사실을 당연히 북경주재 한국공사에게 통보함과 동시에 모든 공문서류를 그에게 넘겼음.

제 33호 (암 230)

京城 발 39년 1월 5일 오후 2시 20분
東京 착 39년 1월 5일 오후 6시 02분
小村 외무대신 ◁ 林 공사

제 9호
趙民熙 씨가 일본에서 근무할 때 공관경비 2만 4천 원을 외무성에서 차용했다고 밝히고 있는바, 이는 사실임에 틀림없을 것으로 사료되나 만약을 위해 일단 조회함.

제 50호

京城 39년 1월 6일 오후 2시 발
東京 39년 1월 6일 오후 6시 45분 착
小村 외무대신 ◁ 林 전권공사

제 10호
재미 · 청의 양 공사관 및 재天津 영사관 건물이 모두 미국인 보스트위크 콜브란의 소유로 되어 있다는 것을 스티븐스에게서 듣고 알게 되어 그 사실을 황제에게 확인한바, 이는 전에 알렌 공사가 귀국할 때에 보스트위크 등이 관계하는 전기, 철도회사의 손익을 계산한 결과 궁중에서 지불해야 할 채무가 있어 위 3개소 건물을 인도한 사실이 있으며 이에는 고 閔泳煥이 혼자 관계했다는 답변을 얻었음.

그러나 지난번 재청공사관 및 영사관 건물에 관해 우리 관헌이 보관하겠다고 제의했을 때의 황제의 답변은 왕전 제 530호와는 모순되므로 지금 그 내용을 조사 중이나 우선 참고하시도록 말씀드림.

전송 제27호

明治 39년 1월 6일 오후 4시 55분 발
京城 林 공사 ◁ 小村 대신

제6호
귀전 제9호 趙民熙 씨에 관한 건은 그 내용 틀림없음.

수 제305호

明治 39년 1월 6일 접수

공 제77호

한국공사관 및 영사관 폐지통지의 건

금년 11월 17일 체결된 일한협약의 결과 재외한국공사관 및 영사관을 폐지하고 그 권한 및 직무를 모두 제국 공사관 및 영사관으로 이관한다는 훈령에 따라 이달 14일 별지 사본 갑호와 같이 이 나라 정부에 통지한바, 을호와 같은 회답이 있었고 외무부는 각 성 장군과 독무(督撫) 및 재외공사에게 통보하고 전언했기에 이를 보고함. 경구.

明治 38년 12월 25일
재청 특명전권공사 内田康哉
임시외무대신 백작 桂太郎 귀하

※ 별지 사본 갑호 및 을호 생략.

제183호 (암22)

파리 발 39년 1월 15일 오후 4시
본성 착 39년 1월 16일 오전 7시 30분
加藤 외무대신 ◁ 本野 공사

제6호
橫濱 차타드뱅크로부터 6만 프랑을 수취했는바, 이의 처분에 관해 전훈바람.

전 송 제130호

明治 39년 1월 16일 오후 4시 0분 발
재한 林 공사 ◁ 加藤 대신

제31호
本野 공사는 이번에 橫濱 차타드뱅크로부터 6만 프랑을 수취했다면서 그 처분에 관한 훈령을 요청해 왔음. 이는 한국공사관 철퇴비로 한국정부가 송금한 것으로 생각되나 사실 확인한 후 전보할 것.

제206호 (암)

京城 발 39년 1월 17일 오후 5시 20분
東京 착 39년 1월 17일 오후 9시 10분
加藤 외무대신 ◁ 林 공사

제42호
귀전 제31호에 관해 6만 프랑은 공사관 철퇴비로 한국정부가 송금한 것이므로 재불한국공사에게 교부하여 동 공사로 하여금 가능한 조속히 철퇴하여 귀국하도록 할 것. 다만 그 금액은 개산액(概算額)이므로 정산은 동 공사가 귀국한 뒤 하게 될 것임.

또한 이와 같은 내용을 재독대사에게도 통지해주기 바람.

수 제860호

明治 39년 1월 17일 접수

공신 제135호

이곳 한국 명예영사관 사무인계에 관한 건

한국영사관 사무인계에 관한 이달 17일발 훈령에 따라 이곳 주차 한국 명예영사 F. F. Bostwick 씨와 교섭한 끝에 이달 22일 동 영사관의 사무인수를 완료했음. 인수한 문서와 재산은 한국인 W. C. 金이 이곳으로 수입한 인삼에 관한 과세와 기타 조사에 관한 재뉴욕 총영사와 위 명예영사 사이에 왕래한 서류 2통 및 '大朝鮮國 駐箚美國 紐約 總領事印'라고 새긴 고무로 만든 관인 1개 외에는 금전 등 인수할만한 것은 없었음.

위와 같이 보고함. 경구.

明治 38년 12월 23일
재샌프란시스코 영사 上野季三郎
임시외무대신 백작 桂太郎 귀하

明治 39년 1월 18일 접수

北京 한국공사관 가옥 가구 처분에 관한 건

이곳에 체재중인 전 한국대리공사 朴台榮은 전에 본사와의 교섭에 응해 본국정부의 훈령의 취지를 받들어 동 공사관의 공문서류를 본사에게 인계하는 한편 동 공사관이 갖고 있는 물자목록을 제출했으나, 작년 12월말에 와서 돌연히 동국 궁내부 암호전신을 갖고 와(별지 사본과 같이) 공사관 및 가구는 궁내부에서 漢城전기회사에 돈으로 갚아야 할 의무를 다하기 위해 이 회사 사장 콜브란에게 인도했기 때문에 공사관 및 가구는 모두 궁내부와 관계없다고 알려왔음.

朴台榮은 전에 본사가 알려준 작년 12월 21일부 귀전 435의 취지와 다른 데 대해 당혹하여 이 전보를 어떻게 이해해야 할지 高崎 통역관에게까지 문의하러 왔었음.

본건은 궁내부에서 어떤 착오를 일으킨 것으로 사료되므로 본신(本信)의 취지를 통감부에 이첩하여 이러한 착오를 밝히도록 하고 본사에게도 지급으로 어떤 훈시를 내려주기 바람. 경구.

明治 39년 1월 5일
재청 특명전권공사 内田康哉
외무대신 남작 小村壽太郎 귀하

※ 별지 사본 생략

전송 第149호 (70)

明治 39년 1월 18일 정오 발
재불 本野 공사 ◁ 加藤 대신

第4호
귀전 제6호로 문의한 6만 프랑은 공사관 철퇴비로 한국정부가 송금한 것이므로 재불한국공사에게 교부하고 동 공사로 하여금 가능한 한 조속히 철퇴하여 귀국하도록 할 것.

또한 송금액은 개산액이므로 정산은 동 공사가 귀국하여 하라는 재한공사의 전보가 있었으므로 적절히 조치할 것.

전송 第150호 (69)

明治 39년 1월 18일 정오 발
재독 井上 대사 ◁ 加藤 대신

第8호
한국정부가 재독한국공사관 철퇴비를 직접 각하 앞으로 송금할 것임. 따라서 이를 받으면 재독한국공사에게 교부하여 동 공사로 하여금 가능한 한 조속히 철퇴 귀국하도록 할 것. 또한 송금액은 개산액이므로 정산은 동 공사가 귀국하여 하게 될 것임.

기밀 전송 제12호

明治 39년 1월 20일 발
鶴原 통감부 장관 ◁ 珍田 외무차관

재청한국공사관 가옥 및 가구 등의 처분에 관한 조회의 건

北京에 있는 한국공사관 가옥과 가구 등의 처분에 관해 별지 사본과 같이 재청 內田 공사가 품신했는바, 이에 대해 지급으로 조사 보고해 주기 바람. (별지 기밀 제143호의 사본 첨부할 것)

제302호 (암174語)

파리 39년 1월 24일 오후 10시 50분 발
東京 39년 1월 25일 오후 4시 25분 착
加藤 외무대신 ◁ 재불 本野 공사

제9호
귀전 제4호에 관해 재불한국공사는 작년 졸전 제223호로 청구한 바와 같이 3만 985元 54仙의 금액을 받지 않으면 출발하기가 어려우며 며칠 전 송금한 6만 프랑으로는 부족하다면서 이를 수취하지 않은 채 오히려 공사와 서기관 2명의 이달분 봉급 1천여 원을 청구했음.

동 공사는 출발기일을 확정하기가 곤란하다고 주장하고 더욱이 앞서 말한 청구액을 받은 후 공사관 인장과 서류 등을 인도한 다음 자신은 일개의 조선인으로서 당분간 계속하여 불국에 체재할는지도 모르나 단 그러할 경우에는 결코 한국에 대해 그 비용을 청구하지 않겠다고 말했음. 또한 1월 10일 상해 발 동 공사 앞 전보에 의하면 (동 공사는 이 전보는 韓帝가 보낸 것이라고 말했음) 7만 元을 송금했다는 것으로 이러한 사정에 비추어 재불한국공사와 조속히 매듭을 지으려면 앞에 언급한 청구금 전액을 지급으로 송금할 필요가 있다고 믿어짐.

전송 제217호

明治 39년 1월 27일 오후 2시 50분 발
재한 林 공사 ◁ 加藤 대신

제48호
재불한국공사관 철퇴비용에 관해 다음과 같이 本野 공사에게서 전보가 있었는바 이에 게재된 청구금액은 그다지 거액이 아니므로 이 금액을 보내주도록 조치하기 바람.

(제9호 전문)

제336호 (암)

京城 발 39년 1월 29일 오후 7시 10분
東京 착 39년 1월 29일 오후 11시 10분
加藤 외무대신 ◁ 林 공사

제59호
귀전 제48호에 관해 〈재불한국공사관 철퇴비는 전에 송금한 6만 프랑에는 바로 귀국여비도 포함되어 있어 귀국하는 데에는 비용이 충분하다고 인정되며 따라서 일단 귀국한 다음 정산하여 추가로 받도록 조치할 것. 더구나 그 사람의 청구액 중에는 자신이 전에 제멋대로 한 여행비, 즉 미국 왕복비용을 포함하는바 한국정부는 이를 지급할 수 없다고 주장하고 있으며 만일 상당한 이유가 있다면 그에 대한 지급은 귀국 후로 미루어도 지장이 없을 것으로 믿어짐.

요컨대 그 사람은 철퇴명령을 받은 날부터 공사의 임무에서 해임되었으므로 조속히 출발하여 귀국하는 것이 지당한 것인데도 그가 비용의 증급(增給)을 주장하고 출발을 연기한 것은 어쩌면 귀국의사가 없는 것과 같은 것으로 과연 그렇다면 한국정부로 하여금 면관조치하도록 하는 것이 어쩌면 필요할 듯함.〉이와 같은 사정을 재불 우리 공사에게 훈전(訓電)해주시기 바람.

전송 제260호 (199)

明治 39년 2월 1일 오후 3시 40분 발
재불 本野加藤

제11호
귀전 9호를 재한 林 공사에게 전한바 다음과 같은 회답이 있었기에 다시금 한국공사에게 조속히 귀국하도록 설득하기 바람. (59호의 〈 〉 내의 전문 넣을 것)

기밀 제7호

재天津 한국영사관 부지에 관한 건

이곳 한국공사관에 속하는 관유재산의 보관인수에 대한 교섭에 관해서는 이미 전보로 보고한바 있으나 천진 러시아조계 내에 있는 한국영사관 부지에 대해 이곳에 체재중인 전 한국대리공사 朴台榮의 말에 의하면 천진 新泰興洋行 내에 있는 귀화 영국인 朴道一이라는 사람이 전임 한국공사 朴齊純으로부터 직접 의뢰받고 관리하고 있음에 따라 朴台榮이 朴道一에게 천진 일본총영사관에 출두하여 소상하게 곡절의 사정을 우리 총영사에게 개진하도록 교섭하여 그 뜻을 伊集院 총영사에게 통첩한바, 동 총영사로부터 조사결과를 별지 사본과 같이 보고했음.

별지 기재 朴道一의 진술에 따르면 지권(地券) 등은 朴이 전임 한국공사 朴齊純에게 보낸 것으로 되어 있으나 이곳 체재중인 전 대리공사 朴台榮의 말에 따르면 이들 서류는 이곳에 없는 것으로 미루어 京城에 있을 것이라는 것으로 따라서 통감부에 조회한 다음 지권 등의 서류는 京城에서 취합하여 지급으로 伊集院 총영사에게 직접 보내도록 조치해주기 바람.

또한 부지에 가옥 건축을 해야 하는 규정기한의 만료도 다가와 조속히 관계자와 협의하여 이 부지의 처분에 대해 결정하여 본사에게 전훈해주시면 권리보전을 위해 伊集院 총영사로 하여금 러시아영사와 협상하도록 조치하겠으며 별지 첨부하여 품청함. 경구.

明治 39년 1월 22일
재청 특명전권공사 內田康哉
외무대신 加藤高明 귀하

※ 별지

北機 제1호

한국영사관 부지에 관한 건에 대한 회답

이달 5일부 기밀 제1호 귀신에 의거 이곳에 있는 한국영사관 부지에 관한 말씀은 잘 알겠음. 말씀하신 이곳 泰興洋行 직원 朴道一이란 자가 며칠 전 영사관에 왔기에 자세하게 조사한바, 이 부지는 러시아거류지 제10구의 전부로(Block No. 10) 평수는 17畝 1分 8厘로 소유자는 한국공사관 명의로 되어 있음.

朴道一은 단지 전 주청한국공사 朴齊純의 위탁을 받고 지조(地租)세를 러시아영사관에 내는 것뿐으로 지권 같은 것은 모두 이 공사 앞으로 보냈다는 것임. 또한 이 부지의 매입가격은 합계 1만479兩 8錢으로 지조세는 1畝에 2兩으로 합계 34兩 3錢 6分이며 작년도 즉 38년분까지는 모두 납입했음.

이상의 진술로 사정의 일면은 판명되었음. 그런데 러시아 거류지의 규약은 매입한 부지에 대해서는 일정한 연한 내에 가옥을 건축하도록 규정하고 있어 이 나라 거류지 규칙 등을 대략 조사한바, 토지경매장정(章程)의 말항(末項)에 토지 소유자는 지권을 교부받은 날로부터 기산하여 3년 내에 가옥을 건축해야 한다는 규정이 있으며, 본건 부지의 지권은 明治 36년 3월 16일에 교부받았기 때문에 금년 3월 15일로서 규정의 3년을 경과하게 됨.

그러나 이 부지에는 아직 아무런 가옥의 건축도 착수되지 않았기 때문에 기한이 경과할 것이며 또한 건설하지 않았을 때에 상당한 제재가 있을 것임에도 거류지 규칙 및 기타 처리에 관한 규정은 알아보지 않고 편의적으로 朴道一을 시켜 러시아영사에게 직접 이에 대해 문의한바 이에 대해 아직 명문화된 규정은 없으나 요컨대 기한 내에 가옥을 건축하지 않았을 때에는 그 부지를 원가 또는 시가로 되사들일 계획이라는 것임.

한국공사관의 부지는 작년 중에 한국정부의 대리자인 마르텔 씨가 기한 내에 조속히 건축하겠다고 러시아영사관과 약속을 체결했으나 전술한 대로 그 부지에는 아직 아무런 건설도 착수하지 않은 데다 규정상의 기한이 눈앞에 다가온 상황이어서 만약 그대로 방임할 때에는 성가신 일이 일어날 것이므로 본건은 귀 공사가 상부의 의향을 물어 이 부지의 지권 및 기타 일체의 서류를 본관에게 보내 본관이 관리하도록 하여 본관이 직접 러시아영사와 협의하여 적절한 수단을 강구하도록 승인해주시기 바라며 이상과 같이 상신함. 경구.

明治 39년 1월 20일
재천진 총영사 伊集院彦吉
특명전권공사 内田康哉 귀하

추신. 이 글에서의 지조세 건은 朴道一이 작년도까지는 본인이 입체납부했으나 아직까지 한국정부로부터 받지 못했으며 또한 보내주신 편지에는 朴道一이 귀화 영국인으로 되어 있으나 본인의 진술에는 여전히 한국국적을 갖고 있을 뿐 결코 영국에 귀화한 적이 없다는 것으로 만약을 위해 첨언하는 바임.

문서번호 불명

京城 발 39년 2월 3일
東京 착 39년 2월 3일
伊藤 통감 ◁ 鶴原 총무장관

재불 전 한국공사는 작년 9월, 10월 중 노청은행에서 역환(逆換)을 통해 모두 3회에 걸쳐 3만 4천여 프랑을 수령한 사실이 있어 이 은행이 한국정부에 이에 대한 지불을 청구했으나 이의 지불은 전에 송금한 6만 프랑에 포함되어 있으므로 이 공사가 당연히 이 돈에서 지불해야 할 성질의 것이기 때문에 한국정부는 이 지불을 거절했음. 이와 같은 취지를 재불 우리 공사가 한국공사에게 권고하여 노청은행에 대한 역환금을 이미 송금한 6만 프랑 중에서 지불하고 실제 귀국을 결행할 때 여비에 부족이 발생할 경우에는 한국정부가 상당한 금액을 보급한다고 부가하여 알려주기 바람.

기밀송 第18호

明治 39년 2월 3일 발
통감부 鶴原 장관 ◁ 차관

천진 러시아조계 내에 있는 한국영사관 부지에 관한 건

천진 러시아조계 내에 있는 한국영사관 부지지권 등을 한국정부로부터 수령하여 재천진 제국총영사에게 직접 보내라는 등 이 부지 처분에 관해 이번에 재청 內田 공사가 별지 사본과 같이 동 총영사 서면 사본을 첨부하여 품의하였으므로 지급으로 한국정부로부터 이 지권 등을 수령하여 보내주기 바라며 또한 부지처분에 관해 한국정부와 협의하여 그 내용을 지급으로 회시해주기 바람. (별지 기밀수 제264호와 부속서 공히 모두 첨부할 것)

第9号

東京 발 明治 39년 2월 5일 오후 1시 20분 발
鶴原 총무장관 ◁ 伊藤 통감

노청은행의 역환금 지불에 대해 재불공사로 하여금 재불 전 한국공사에 권고하도록 하라는 건은 귀전 사본을 외무성에 보내 적절히 조치하도록 의뢰했음.

전송 제286호 (156)

明治 39년 2월 5일 오후 0시 40분 발
재불 本野 공사 ◁ 대신

제14호
왕전 11호에 관해 통감부 총무장관으로부터 다시금 다음과 같은 전보가 있었는바 그 취지에 따라 조치하기 바람. (별건 중 전보 전문 넣을 것)

발송번호 불명

39년 2월 14일 발송
Department of Foreign Affairs
Tokio, February 8, 1906
To All the Honorary Consuls

Sir,

As you may be already aware, an Agreement was signed at Seoul on the 17th November last between the duly authorized representatives of Japan and Corea whereby the latter country was definitely placed under the protection of this Empire. The Agreement, the English translation of which I beg to enclose herewith, further provides in Article 1 that the diplomatic and consular representatives of Japan will have the charge of the subjects and interests of Corea in foreign countries.

Consequently I have to request that you will discharge with equal assiduity the new and additional duty now devolving upon you by virtue of the said Agreement with Corea.

With respect and consideration.

By order of the Minister

Sutemi Chinda
Vice Minister for F. A

▶ 위 번역문 발송번호 불명

외무성 東京 1906년 2월 8일 발
전 명예영사 앞

이미 알고 있는 바와 같이 작년 11월 17일 서울에서 정식으로 권한을 위임받은 일·한 양국의 대표가 한 협약에 서명한바 이에 따라 후자 국(國)은 한정적으로 우리 제국의 보호 하에 놓였습니다.

이 협약은, 이 기회에 이의 영문 번역문을 동봉합니다만, 제1조에서 일본의 외교 및 영사 대표자는 외국에서의 한국의 국민과 이익을 돌보도록 규정하고 있습니다. 따라서 본인은 귀하가 전술한 한국과의 협약에 의해 귀하에게 지금 부여된 새롭고 추가된 임무를 열심히 수행할 것을 요청하는 바입니다.

대신의 명에 의하여
스테미 진다(捨己珍田) 외무차관

발송번호 불명

동경 1906년 3월 8일

공(영)사님께

이미 주지하시는 바와 같이, 일본정부와 한국정부 대표단은 1905년 11월 17일 서울에서 상호조약을 체결했음.

위 조약에 의하여, 한국은 마침내 일본제국의 보호하에 들어감.

위 조약 5개 조항의 문건을 보내드림.

성 명 ________
일본 공(영)사
장 소 ________

기밀수 第336호

明治 39년 2월 10일 접수

기밀 제62호

재외한국공사관 철퇴에 따른 기록 등 제국공사관에의 이전에 관한 건

지난번 재영제국대사관 경유 제370호에 의해 재외한국공사가 공관 철퇴의 명을 받아 그 기록 및 관유재산을 제국공사에게 이관하기로 한 취지는 알겠음. 그런데 종래 재독한국공사는 이 나라를 겸직하고 있었기에 앞으로 이 공사관에서 보관해야 할 기록서류 등에 관해 최근 내밀하게 재독제국공사관에 문의한바 당 공사관이 보관해야 할 기록서류 등은 없다는 회답을 접하고 이를 양지하였기에 이를 보고함. 경구.

明治 38년 12월 21일
재오스트리아 특명전권공사 牧野伸顯
외무대신 백작 桂太郎 귀하

기밀수 第840호

明治 39년 2월 10일 접수

기밀 제40호

재독한국공사관 철회에 관한 건

이달 8일 외교관 접견일에 외무대신 리히트호헨 남작과 면담했을 때에 화두(話頭)가 일·한 신협약 체결에 이르러 이 대신은 재한국 독일공사관을 이미 철회시켰다면서 재독한국공사관도 조만간 철회해야 한다고 생각하는데 이에 관해 이미 본사에게 어떤 훈령이 있었는지 확실하게 알아두기 위해 말한다고 해 본사는 아직 이를 받지 않았다고 대답하자, 이 대신은 한국공사관 철회의 건에 관해 추후 일본정부에서 독일정부에 대해 어떤 통고가 있을 것으로 예상하고 있다고 한마디 주의를 환기했음.

이 사실은 바로 이날 왕전 제509호로 우선 보고했는바 이달 12일 재영대사 앞의 귀전 제367호로 재외한국공사관 및 영사관의 권한과 직무가 금년 11월 17일 조인된 일한협약에 의거하여 우리 외교관 및 영사관의 손에 이양되고 따라서 독국에 있는 한국공사관 및 영사관은 철회한다는 것을 공식으로 독일정부에게 통고하라는 훈령을 접하고 확실하게 알게 되었음.

이에 따라 그 내용을 이날 12일에 바로 이 나라 정부에 통고하고 이어 이날 받은 재영대사 앞 귀전 제368호에 따라 이 나라 주차 한국공사를 면회하여 재독한국공사관의 철수 시기 방법 등에 관한 협의를 하자는 뜻을 상세히 훈시했음.

또한 이날 재영대사 앞 귀전 제369호에 따라 금후 본사가 이 나라에 있는 한국신민 및 한국의 이해에 관한 책무를 맡으라는 지시가 있어 이것 또한 확실히 알게 되어 다음날인 13일 본사는 한국공사 閔哲勳을 면회하고 먼저 일·한 신협약 체결 결과 독일에서의 한국 외교 및 영사사무는 모두 제국 대표자의 손에 옮겨지게 됐으며 이러한 취지는 제국정부의 훈령에 따라 이미 어제 12일에 이 나라 정부에 공식으로 통고함으로써 이제부터는 재베를린 한국공사관 및 재함부르크 영사관의 존립이 필요 없게 되었으므로 조속히 이들을 철회하고 관원의 귀국방법을 강구하는 것밖에는 없다고 간곡히 말하자 이 공사는 몹시 불평이 가득한 표정으로 일·한 신협약이 성립됐다는 것은 신문에서 일견(一見)했을 뿐으로 본국정부로부터는 오늘에 이르기까지 아직 아무런 통보도 받지 못했으며 따라서 자신은 한국황제의 칙명에 의해 이 나라에 주재하고 있으므로 한국황제나 정부로부터 어떤 훈령이 없는 이상 자신의 생각만으로 가볍게 진퇴를 정할 수 없고 다만 이 나라와 자신과의 관계는 어제를 기한으로 단절됐음은 본사의 설명에 의해 이를 승낙한다고 말하였음.

이에 대해 본사는 이미 전술한 바와 같이 한국 외교사무는 모두 제국정부의 손에 위임됐으므로 한국정부로부터는 별도의 훈령이 없을 것으로 생각되니 어쨌든 조속히 공관철수에 착수하고 이에 필요한 경비와 귀국여비 등은 정산하여 본사에게 신청하라고 다시금 반복하여 설명했으나 이 공사는 변함없이 앞서 한 말을 고수한 끝에 결국 본국정부에 훈령을 요청하겠다고 대답함에 따라 이는 긴급을 요하는 것이기 때문에 본국정부에의 훈령 요청은 전보로 하라고 주의를 주었습니다.

이 공사는 그대로 이를 시행하여 무언가 회답을 받은 후 본사에게 협의하자고 답함에 따라 이상의 요지를 왕전 제511호로 우선 보고하면서 한국정부가 이 공사에게 직접 어떤 명령을 발하도록 조치해 달라고 요청하기에 이르렀던 것인바 이달 15일 받은 재영대사 앞 귀전 제370호에 의해 한국정부가 이 나라 주차 한국공사에게 공관철수에 관해 명령을 내리며 자세한 지시를 한 것을 알았는바 한국공사도 이미 본국정부로부터 위와 똑같은 훈령을 받고 앞서 약속한 대로 협의해올 것으로 예상했으나 하루 이틀이 경과하여도 찾아올 낌새가 없어 본사는 이달 19일 다시 閔哲勳을 면회해 본건의 진행상황에 대해 묻자 이 공사는 먼저 2, 3일 병환으로 본사를 방문할 수가 없었다고 양해를 구한 후 이미 한국정부로부터 철수귀국의 명령을 받아 현재 공사관 철수에 착수하고 이에 대한 경비와 여비의 지급을 차제에 수령할 수 있다면 내년 1월 17일 출범하는 독일 선으로 귀국길에 오를 수 있다고 답했음.

그리고 그 금액으로 금년 7월부터 12월까지의 공사관 경비와 종래의 부족액 1만 1,693元 90錢, 관원 봉급 8,816元 66錢, 귀국여비 5,450元, 총계 2만 5,960元 56錢을 청구했음. 또한 기록 및 관유재산은 하등 본사에게 이관할 것이 없으며 공사의 인장과 전신부호는 이미 귀국하는 관원에게 휴대시켜 본국으로 보냈다는 것임.

위 주장 가운데 요점을 알 수 없는 점이 있는바 특히 기록이 전무하다는 것 같은 것은 몹시 미심쩍은 것으로 만일을 위해 일단 반문하자 단순히 궁중으로부터의 초대장이나 외무대신 접견에 관한 통지 등 의례에 관한 것 외에 아무런 외교사건에 관한 서류는 일절 없다면서 기록의 인계를 거부함에 따라 할 수 없이 이날 공사관에 돌아온 후 바로 그 내용을 왕전 제515호로 귀관에게 전달한 것이므로 양해해주기 바람.

또한 이달 17일 재불공사 앞의 귀전 제248호에 의해 한국정부는 함부르크주재 명예영사에 대해서도 그가 보관하고 있는 기록들을 우리 공사관에 인계하라고 훈령했다는 사실을 알았는바, 지난 21일 명예영사인 마이어가 내방하여 한국정부의 훈령이라면서 그 영사관이 갖고 있는 기록 3책과 인장 2개를 본사에게 수교함에 따라 앞으로 독국에서의 한국영사사무는 우리 손으로 시행한다는 사실을 확실하게 하기 위해 알려주었고 이 기록과 인장은 앞서 말한 귀전 제369호가 훈시한 대로 본관이 보관하기로 했음.

또한 귀 전보의 취지에 따라 조속히 베를린, 브레멘, 뮌헨의 3명의 명예영사에게도 통고해 모두 위와 같이 양해했음.

이상 재독한국공사관 철회의 건에 관한 전신(電信)의 설명과 이에 대한 자세한 경과를 보고함. 경구.

明治 38년 12월 24일
재독 특명전권공사 井上勝之助
외무대신 백작 桂太郎 귀하

기밀수 第 375호

明治 39년 2월 14일 접수

기밀丁 제 33호

재외한국공사관 및 영사관 철퇴에 관한 덴마크 정부에의 통지의 건

재외한국공사관 및 영사관 철퇴의 건에 관해 덴마크 정부에 통지함에 있어 이달 11일 재영 林 대사를 거쳐 온 훈령의 뜻을 잘 받았고 이에 따라 조속히 별지 갑호와 같이 이 나라 정부에 통첩하였는바 별지 을호와 같이 이 나라 외무대신으로부터 회답을 접해 이 공문 사본을 보냅니다. 경구.

明治 38년 12월 31일
재덴마크 특명전권공사 三橋信方
외무대신 백작 桂太郎 귀하

※ 별지 갑호

The Hague 12th December 1905

No.12

Monsieur le Ministre

Under instruction of His Imperial Majesty's Minister for Foreign Affairs, I have the honour to announce to Your Excellency's government that, in consequence of the Agreement concluded between the governments of Japan and Corea on the 17th November 1905 — a copy of which I had the honour to transmit to Your Excellency in my despatch No. 10 of the 25th ultimo — the Corean legations and consulates abroad have been withdrawn, their powers and functions having already been transferred respectively to the japanese diplomatic and consular representatives.

I avail myself of this occasion to renew to Your Excellency the assurance of my highest consideration.

(signed) MITSUHASHI.
His Excellency,
Count Raben-Levetzau,
Minister for Foreign Affairs,
&c. &c. &c.

▶ 위 번역문 별지 갑호

헤이그 1905년 12월 12일

第12호

대신에게

대일본제국 외무대신의 지시 아래, 본관은 각하의 정부에 대해 1905년 11월 17일 일본과 한국정부 사이에 체결된 협정에 따라—협정사본은 지난달 25일 문서번호 10호로 각하에게 발송했음—외국주재 한국공사관과 영사관이 폐쇄되었으며 그들의 각기 권한과 기능은 이미 일본의 외교 및 영사 대표부로 이양되었음을 알려드립니다. (끝 인사말)

서명: 미쓰하시(三橋)
백작 레벤-레베쪼 외무대신 각하에게

※ 별지 을호

코펜하겐, 1905년 12월 18일
공문 Nr. B 8509
수령 헤이그(네덜란드), 1905년 12월 20일

공사께,

한국공사관과 영사관의 폐쇄와 그들의 직무를 일본공사관과 영사관에 이양함을 알려주는 귀하의 이달 12일자 공문을 수령하였음을 알려드립니다. (끝 인사말)

서명: Raven-Levetza
일본공사 Mitsuhashi

기밀수 제579호

明治 39년 2월 14일 접수

기밀 제17호

재외한국공사관 및 영사관 철퇴 통지의 건

이달 11일의 전신(電信)에 따라 일한협약의 결과 재외한국공사관과 영사관 철퇴의 건을 이 나라 정부에 통지하라는 훈시를 받고 바로 이를 통첩하여 그 뒤 알았다는 회답을 받았으며 15일과 17일의 귀전으로 통보한 한국공사관과 영사관의 사무인수의 건에 관해서는 이곳 주재 한국 명예총영사 르봉 씨에게서도 한국정부로부터 같은 훈령을 받았다고 알려와 이달 20일 당 공사관에서 회견하였는바, 그러나 보관서류에 대해서는 이 사람은 총영사로 임명될 때 한국정부에서 보내온 사령장과 위임장 등 외에 단 1건의 공문도 받은 적이 없고 기록이라 칭할 만한 것도 1건도 없다는 것입니다.

또한 이 총영사는 이날 이 나라 외무성에 출두하여 제국공사관에 사무를 인계했다고 인사했다 하며 또한 이 나라 겸임 재불한국공사로부터는 이 나라 정부에 대해 아무런 통지도 하지 않았고 이 공사는 현재 미국에 여행 중이라고 합니다.

위와 같이 보고합니다. 경구.

기밀 제13호로 보고한 칙령 제240호의 통지 건에 관해서는 이달 7일부로 보냈으며 알았다는 요지의 벨기에 정부의 회답이 있어 이를 첨부함.

明治 38년 12월 30일
在벨기에 특명전권공사 加藤恒忠
외무대신 백작 桂太郎 귀하

明治 39년 2월 14일 접수

공 제4호

재미한국공사관 철퇴 전말보고의 건

본건에 관해서는 작년 12월부 재영공사 앞 귀전 제367호 훈령에 따라 같은 달 12일부로 11월 17일 제국과 한국 간에 체결한 협약의 결과로 이 나라 주재 한국공사관 및 영사관이 철회하고 이 나라와 관계된 제반사항은 지금부터 제국의 공사와 영사가 그 임무를 담당한다고 통지하였던바, 국무장관은 같은 달 15일부로 통고한 대로 잘 알았다고 회답했으며 또한 한국공사관은 작년 12월 15일 제371호 귀전에서 훈시한 대로 같은 달 14일 외무대신 서리 李完用의 이름으로 전 공사관은 철수하며 공문서 및 관유재산은 당 공사관에 인계한다는 뜻을 국무성에 통고하라고 대리공사 金潤晶에게 훈령해 이에 따라 같은 달 16일 金이 그 뜻을 통고한바 국무장관은 그 날 부로 알았다는 회답이 있었습니다.

또한 한국영사관에 대해서는 뉴욕과 샌프란시스코 두 항구에 명예영사만을 두고 있어 훈령의 취지를 바로 內田 총영사와 上野 영사에게 전해 한국 명예영사로부터 사무인계의 절차를 밟도록 훈령했는바, 작년 12월 30일 제339호의 졸전(拙電)으로 보고한 대로 뉴욕은 12월 16일, 샌프란시스코는 같은 달 23일 각각 인수절차를 끝냈다는 보고가 있었으며 이로써 한국공사관 영사관 철회에 관한 공식적인 절차는 모두 완결되었습니다. 또한 한국공사관원의 철수귀국에 관해서는 작년 12월 11일부 재영공사 앞 제368호 귀전의 취지에 따라 대리공사 金과 만나 공사관 철수시기 및 연체경비, 관원의 급여와 귀국여비 등에 관해 협의한 결과 공사관은 작년 12월 중에는 폐쇄할 형편이 될 것이므로 그때까지의 모든 경비, 봉급 및 귀국여비를 계산하여 미화 6,484弗 74仙을 요한다고 작년 12월 19일부 제332호의 졸전으로 신청한바 있습니다.

공문서, 관유재산의 인수는 별지목록 제1호와 같이 작년 12월 30일 본관의 입회 아래 인수했으나 가옥은 12월 28일부 제338호 졸전으로 품신한 바와 같이 외무대신 서리 李完用이 대리공사 金에게 다시 어떤 훈령을 보낼 때까지 처분을 보류하라는 훈령을 보냈을 뿐 그 후 아무런 소식이 없어 새로 훈령을 받을 때까지는 인수가 어렵다고 말씀드리면서 위의 졸전과 같이 훈령을 청했던바 12월 31일부의 376호 훈령을 받고 그 취지를 金潤晶에게 통고하여 모든 처분을 완료했습니다. 경비와 여비 건은 12월 29일 미화 6천弗을 한국정부가 본관에게 보내왔으나 이에 대해 전에 지급하지 못한 봉급과 경비 가운데 5백弗을 지급한 것이 있어 요청액 가운데 이를 공제하라고 스티븐스 씨로부터 전보가 있어 이를 조사한바 사실이었기에 이 6천弗에 대해 계산한 결과 별지 을호 계산서와 같았으며 이는 전에 요청한 항목 가운데 중복된 것을 발견하여 결국 368弗 43仙의 잉여금을 발생케 한 것으로 이 돈은 본관이 갖고 있으니 이의 처분에 관해 어떤 훈령이 있어야 할 것입니다.

더욱이 한국공사관 가옥보관에는 다소의 경비가 필요함을 고려해야 할 것이며 참고를 위해 별지 병호와 같이 여러 지불수배서도 함께 보내오니 적절히 조치해야 할 것이며 또한 대리공사 金은 관원과 가족의 철수를 이 달 29일 이곳을 출발하여 귀국길에 오르기로 결정했으므로 이에 대해 양지하시도록 알려드립니다. 경구.

明治 39년 1월 8일

재미 임시대리공사 日置益
외무대신 加藤高明 귀하

※ 별지 목록 제1호

사무실 용품 목록
공사관 인장 7개, 금고에 들어있는 새것과 헌것 포함.

공문서 목록
기록책자 3권, 본국 외부에서 발송된 문서철 1권, 미 국무부에서 온 문서철 15권, 잡기 문서철 1권, 잡기문서 1묶음, 기록과 일기 14권, 조약책자 9권, 한국 항구에서의 외국인 거류지에 관한 규정집 1권, 전보 암호책자 5권, 한국어로 된 책 22권.

비품과 가구
양탄자 1장, 탁자 2개, 레밍턴 타자기 1대와 타자기 탁자 1개, 의자 5개, 책상 2개, 옷장 1개, 블록재(벽용) 1개, 지구의 1개, 유화 1점(액자에 들어있는), 편지봉인 1개, 공사관 스탬프 2개(유기와 고무로 된 것 각 1개씩), 편지함 1개(철사로 된 것), 잉크스탠드 1개, 스펀지 컵 1개, 문진 1개, 붓통 1개, 선풍기 1대, 책꽂이가 달린 책상 1개, 미국지도 1장, 마호가니 함 1개, 거울 1개, 휴지통 1개, 쌍으로 된 레이스커튼 3개, 한국국기 4개.

응접실 비품목록
의자 8개, 소파 2개, 비단커튼 1개, 화분대 1개, 소 탁자 1개, 대형 거울 1개, 얼룩마노 시계 1개, 얼룩마노 장식품 1쌍, 쌍으로 된 창문 장막 4개, 쌍으로 된 레이스커튼 5개, 쌍으로 된 장막 2개, 종려나무 3그루(화분에 있는), 양탄자 1장, 수놓은 비단커튼 2장(각기 3주름씩 잡은).

뒤 응접실 비품목록

소파 2개, 팔걸이의자 1개, 시계 1개(벽난로 선반), 꽃병 5개, 양탄자 1장.

현관 비품목록

모자걸이 1개, 커버 씌운 탁자 1개, 우산꽂이 1개, 그림 1점(액자에 들어있는), 명함접시 1개, 양탄자 1장.

식당 품목목록

식탁 1개, 의자 10개, 대형거울 1개, 구리로 된 차 포트 1개(스탠드 포함), 그릇장 1개, 쌍으로 된 칸막이 휘장 1개, 쌍으로 된 석고장식품 1개(유리덮개 밑의), 작은 탁자 1개, 물 여과기 1개, 대형거울 1개.

도자기와 은그릇목록

접시 15개, 숲 접시 17개, 굴 접시 10개, 은 포트 3개(홍차용 1개와 커피용 2개), 나이프 14개, 은 숲 국자 1개, 포크, 찻숟가락 9개, 식탁숟가락 9개, 설탕단지 2개, 은 우유단지 1개, 손가락 씻는 그릇 5개, 식탁용 마개 있는 와인 유리병 2개, 와인 잔 6개, 받침접시 18개, 과일접시 15개, 버터접시 1개, 컵 7개, 식후 컵 9개, 마개 있는 유리병 1개와 유리잔과 접시 6개, 맥주잔 6개.

북동쪽 모퉁이 침실 비품목록

철 침대 틀, 매트리스, 침대시트 1개, 탁자 1개, 거울 달린 옷장 1개, 벽시계 1개, 의자 1개, 수건걸이 1개.

남서쪽 모퉁이 침실 비품목록

나무침대 틀, 매트리스 시트 1개, 거울 달린 옷장 1개, 의자 3개, 수건걸이 1개, 유화 1점(액자에 들어있는), 쌍으로 된 레이스커튼 1개.

북동쪽 모퉁이 침실 비품목록

나무침대 틀, 매트리스, 침대시트 1개, 거울 달린 옷장 1개, 탁자 1개, 의자 2개, 바닥깔개 2장, 쌍으로 된 레이스커튼 2개.

3층 남쪽 앞 침대 비품목록

철 침대 틀, 매트리스, 침대시트 2개, 책상 1개, 의자 4개, 거울 달린 옷장 1개, 거울 1개, 수놓은 커튼 1개, 쌍으로 된 레이스커튼 5개.

서재 비품목록

다방면의 책 685권, 탁자 1개, 복사기 1대, 의자 1개, 세면대 1개(대리석 표면), 돌로 된 담배상자 2개.

지하층 비품목록

당구대 1개, 상아당구공 3개, 당구 큐 16개, 당구 큐 스탠드 2개.

주방 비품목록

주전자 1개, 머핀 빵 굽는 팬 2개, 프라이팬 5개, 잡다한 음식 만드는 팬 10개, 냉수기 1개, 수프포트 1개, 가스스토브 1개, 각종 도자기 기물 10개, 차 포트 2개, 나무물통 1개, 석탄그릇 1개, 소파 1개(허름한), 의자 3개, 탁자 3개, 자명종시계 1개, 부엌칼 2개, 냉장고 1개.

마부 복장목록

롱코트 1벌, 가죽 어깨망토 1개, 실크해트 2개, 꽃 모양의 모표 1개.

잡다 비품목록

잔디 깎는 기계 2개, 호스 1개, 괭이 1개, 삽 3개.

※ 별지 목록 제2호

光武 9년(1905년) 7, 8, 9월의 3개월 간 공관 수입지출 명세서

수입

미화 225원: 8월 30일 미국외부 경유, 미화 5백 원: 9월 9일 궁내부에서, 미화 2천 원: 11월 29일 일본공사관 경유, 미화 6천 원: 12월 29일 위와 같음. 총계 8,725원.

지출

미화 765원: 대리 金潤晶 봉급, 150원: 위 부인 봉급, 225원: 서기생 崔錫俊 봉급, 180원: 미국인 吉廉 월급, 195원: 남녀 종업원 급여, 115원: 거마비, 17원 55전: 지필묵 및 문방잡비, 22원: 수통(水桶) 보수비, 31원 70전: 석탄, 장작대금, 5원 75전: 수통 보수비, 5원: 페인트와 쇠못 대금, 11원 46전: 표백제와 여러 기구 대금, 25원 65전: 얼음대금, 3원: 순경꾼 비용, 7원 95전: 가스등비, 14원 93전: 전기등비, 15원 40전: 전화요금, 2원 50전: 정피(灯皮) 12개 대금, 2원 48전: 서재의자 보수비, 3원 60전: 조간, 석간 신문대금, 3원: 객실 탁상시계 보수비, 5원: 객실문 얇은 비단커튼 표백비용, 30원: 건물수리 단장 및 잡용비용, 33원: 미 국무장관 상사 때 화환대금, 50원: 대황제폐하 만수성절(萬壽聖節) 비용, 5원: 미국인 여교사 상사 때 화환대금, 10원: 서생 李寬永 숙질 입학보조금, 9원 17전: 수도요금, 6원: 우편요금. 총 사용금액 1,950원 14전, 잔여금액 6,774원 86전.

光武 9년 10월, 11월, 12월 공관 수입지출 명세서

잔여금액 6,774원 86전 가운데 사용금액

미화 765원: 대리 金潤晶 봉급, 225원: 서기생 崔錫俊 봉급, 150원: 대리 金潤晶 부인 봉급, 180원: 미국인 吉廉 월급, 195원: 남녀 종업원 급여, 83원 30전: 석탄 장작대금, 29원: 거마비, 24원 80전: 객실 및 후객실 화초대금, 16원: 전화요금, 3원: 순경꾼 비용, 3원 60전 조간, 석간 신문대금, 30원: 건물 수리단장 및 잡용비용, 12원 11전: 전기요금, 13원 80전: 가스요금, 5원 60전: 지필묵 및 문방잡비, 17원 57전: 이불, 수건 등 대금, 1,199원 56전: 전 대리 申泰茂 미청산분 청산, 95원: 서기생 崔錫俊 여비(桑港부임), 12원 50전: 위 서기생 6월 초 5일분 월봉, 212원 85전: 서기생 洪鍾懋 부채청산, 410원: 대리 金潤晶 복장(服章)비. 총 사용금액 3,683원 69전, 잔여금액 3,091원 17전.

관원 귀국비용

미화 400원: 대리 金潤晶 선거비(船車費), 120원: 위 사람 일당, 400원: 위 부인 선거비, 120원: 위 부인 일당, 400원: 서기생 崔錫俊 선거비, 60원: 위 사람 일당, 400원: 대리 자녀 선거비, 200원: 학도 金相彦 선거비, 632원 74전: 6개월 전보비(電報費). 총 사용금액 2,722원 74전.

잔여금액 368원 43전

이 가운데 195원: 전 대리 미청산 금액 가운데 중복계산된 금액, 28원 33전: 위 사람 미청산분 정산마감 후 남은 금액, 22원: 수리비 296원 50전 가운데 정산 후 남은 금액, 123원 10전: 현 대리 연말마감 후 남은 금액.

이상 금액 국가에 환급.

光武 9년 12월 30일
주차 미국 임시대리공사 金潤晶
서기생 崔錫俊

※ 별지 목록 제3호

Mr. C. M. Hong, Dr.
To amount of account, to July 31, 1905, for board, $57.50
To amount of account, date 8 days to date Aug. 8th, $5.35
$62.85
Rec'd payment Dec. 29th 1905.

(Signed) J. F. Robinson

Washington, D. C., Dec. 29th, 1905
Rec'd of Mr. Yun chung kim, for Mr. S. K. Ye the sum of twelve dollars and fifty cents.

(Signed) M. V. Burgess

Washington, D. C.
Mr. C. M. Hong,
To G. F. Day, M. D., Dr.
Amount of bill, $12.
Rec'd payment Dec. 29th, 1905.

(Signed) G. F. Day per Mrs. G. F Day

Washington, D. C., Sept. 30, 1905.
Mr. C. M. Hong,
To Geo. T. Keen, Dr.
To bill rendered, $35.

Rec'd payment Dec. 29. 1905.

(Singed) Geo. T. Keen

Washington, D. C., Sept. 29th, 1905

Mr. C. M. Hong,

To Saks & Co., Dr.

Acc't rendered $50.

Rec'd payment Dec. 29th, 1905.

(Singed) Saks & Co., per N. R. P.

Washington, D. C., April 16th, 1905.

Mr. C. M. Hong,

Am't rendered $8.

Rec'd payment Dec. 29th, 1905.

(Signed) M. McNulty

Washington, D. C., March 1, 1904.

Mr. S. K. Ye,

To Philip T. hall, Dr.

Bill rendered to date $8. 50

Rec'd payment Dec. 29th, 1905.

(Signed) Philip T. Hall

Washington, D. C., Aug. 31, 1905.

Mr. C. M. Hong,

To Minister Bros., Dr.

To bill of account, $15.

Rec'd payment Dec. 29th, 1905.

(Singed) Minister Bros.

Washington, D. C., 29th, 1905.

Mr. C. M. Hong,

To S. Ginsberg, Dr.

June 15th, 1 pair pants $9.
Rec'd. payment in full

(Singed) S. Ginsberg

Washington, D. C.
Korean Legation,
to Potomac Electric Power Co., Dr.
Amount of bill, $12.11.
Rec'd payment Jan. 2d, 1906.

(Singed) P. E. P. Co.

Washington, D. C.,
Korean Legation,
To Washington Gas Light Co., Dr.
Amount of bill, $13.80
Rec'd. payment Jan. 2d, 1906.

(singed) Wash. Gas Light Co.

Washington D. C., Dec. 30, 1905.
Korean Legation,
To Chas. G. Stott & Co., Dr.
Acc't. ren'd. $5.60
Rec'd. payment Jan. 4th, 1906.

(Singed) Chas. G. Stott & Co.

Washington, D. C., July 1st, 1905.
Korean Legation,
To A. A. Hercus, Dr.
Linen, pillow cases, etc. $17.57
Rec'd. payment

(Singed) A. A. Hercus

Washington, D. C., Dec. 29th, 1905

Korean Legation,

To Postal Telegraph-cable Company, Dr.

Amount of acc't ren'd. $622.74

Rec'd payment

(Singed) J. B. Motloy, Cashier

Washington, D. C., Jan. 3rd, 1906.

Rec'd of Mr. Yun Chung Kim, the sum of one hundred and eighty dollars in full for clerical duties performed at the Korean Legation.

(Singed) Henri Guillaume

Washington, D. C., Dec. 29th, 1905.

Korean Legation,

Bought of Walters & Co., Dr.

Acc't. of bill, $83.30

Rec'd payment in full,

(Signed) Walters & Co.

Washington, D. C., Dec. 29th, 1905.

Korean Legation,

Account with Wm. F. Downey, Dr.

Acc't rendered, $29.

Rec'd. payment in full,

(Singed) W. F. Downey, B. C. D.

Washington, D. C. Washington Florist Co.

Korean Legation,

To Washington Florist Co., Dr.

Amount of acc't. $24.80

Rec'd payment Dec. 29th, 1905.

(Singed) Wash. Florist Co.

Otto Rauer

Washington, D. C.

Korean Legation,

To C. P. Telephone Co. Dr.

Telephone rent $16.

Rec'd payment

(Singed) C. & P. Tel. Co.

Washington, D. C., Dec. 29th, 1905.

Korean Legation,

To J. I. Atchison, Dr.

Setting new furnace and sundry repairs, $167.75

Rec'd payment Dec. 29th, 1905.

(Singed) J. I. Atchison

H. O.

Washington, D. C., Dec. 29th, 1905.

Korean Legation,

To Fred. A. Volland, Dr.

For repairing roof flag pole and painting, $106.75.

Rec'd payment,

(Singed) Fred A. Volland

Washington, D. C., Dec. 29th, 1905.

Korean Legation,

Bought of walters & Co., Dr.

Amount of account to June 30, $259.85

rec'd payment Dec. 29, 1905.

(Singed) Walters & Co.

Washington, D. C.

Korean Legation,

To W. B. Moses & Sons, Dr.

Bill rendered, $211.49

Rec'd. payment Dec. 29th, 1905.

(Singed) W. B. Moses, Sons
By J. F. Myus.

Washington, D. C., Aug. 1st, 1905.

Korean Legation,

To Chas. G. Stott & Co., Dr.

Acc't rendered, $65.00

Rec'd payment Dec. 29th, 1905.

(Singed) Chas. G. Stott & Co.
Per G.

Washington, D. C. 29th, 1905.

Rec'd of Mr. Yun Chung Kim the sum of one hundred dollars in payment of Mr. Teh Moo Sin, note of July 17th, 1905, for clerical services at the Korean Legation.

(Singed) Henri Guillaume

Washington, D. C.

Korean Legation,

To Jos. R. Quinter & Son, Dr.

Acc't rendered, $38.70

Rec'd payment Dec. 29th, 1905.

(Singed) Jos. R. Quinter & Son

Washington, D. C., June 30, 1905.

Korean Legation,

Bought of Wm. A. Miller, Dealer in Ice,

To amount of account for Ice $45.90

Rec'd payment Dec. 29, 1905.

(Singed) Wm. A. Miller.

Washington, D. C., May 24, 1905.

Korean Legation,

To A. A. Hercus, Dr.

Towels, etc. $18.57

Rec'd payment Dec. 29, 1905.

(Singed) A. A. Hercus

Washington, D. C.

Korean Legation,

To postal Telegraph-cable Co. Dr.

Account rendered $120.87

Rec'd payment, Dec. 29, 1905.

(Singed) per J. B. Motloy, Cashier

Washington, D. C., July 1st, 1905.

Korean Legation,

To J. W. Hunt, Dr.

Sundry hardwares and paintings, $27.43

Rec'd payment

(Singed) J. W. Hunt, Dec. 29, 1905

Washington, D. C.

Korean Legation,

To Wm. F. Downey, Dr.

Amount of account rendered, $264.50

Rec'd payment Dec. 29, 1905.

(Singed) W. F. Downey, B. C. D.

Washington, D. C., Nov. 1, 1904.

Korean Legation,

To William H. Frey, Dr.

1724-14th St.

For repairs of range, $10.00

Rec'd payment,

(Singed) W. H. Frey

Washington, D. C., June, 1905.

Korean Legation,

To J. I. Atchison, Dr.

1314 Fourteenth St.

For sundry repairs, $12.00

Rec'd payment,

(Singed) J. I. Atchison, per H. A.

Washington, D. C., 1906.

Korean Legation,

To Otto Bauer, Dr.

719 Fourteenth St.

For plant and sodding, $14.25.

Rec'd payment,

(Singed) Otto Bauer

Washington, D. C., Dec. 29, 1905.

Korean Legation,

To M. Goldsmith & Son,

911 Pennsylvania Ave.

To account rendered, $11.00.

Rec'd payment,

(Singed) M. Goldsmith & Son

Washington, D. C. Nov. 30th, 1905.

Rec'd. of Yun Chung Kim, the sum of one hundred and eighty dollars for clerical duties performed at the Korean Legation.

(Singed) Henri Guillaume

Washington, D. C.

Korean Legation,

To Wm. F. Downey, Dr.

Am't. of account rendered, $115.

Rec'd payment Dec. 6th 1905.

(Singed) Wm. F. Downey

Washington, D. C., Dec. 6th, 1905.

Korean Legation,

To Chas. G. Stott & Co. Dr.

Acc't. rendered, $17.55.

Rec'd payment,

(Singed) Chas. G. Stott & Co.

Washington, D. C. December, 1905.

Korean Legation,

To J. I. Atchison, Dr.

Putting in new water closet, $22.

Rec'd. payment, Dec. 6, 1905.

(Singed) J. I. Atchison

H. O.

Washington, D. C., Dec. 6th, 1905.

Korean Legation,

Bought of Walters & Co., Wood and Coal Dealer, Dr.

Amount of bill rendered, $31.70

Rec'd payment Dec. 6, 1905.

(Singed) Walters & Co.

Washington, D. C., Dec. 6th, 1905.

Korean Legation,

To Jos. R. Quinter & Son, Dr.

By cash on account Aug. and Sept. $5.75

Rec'd. payment.

(Singed) Jos. R. Quinter & Son

Washington, D. C. Dec. 8th 1905.

Rec'd from Korean Legation five dollars for account from July 1st to October 1st.

(Singed) J. W. Hunt & Co.

Washington, D. C.

Korean Legation,

To S. Kann Sons & Co., Dr.

Amount of account rendered, $11.46

Rec'd payment Jan. 2d, 1906

(Singed) S. Kann Sons & Co.

M. M. M.

Washington, D. C., Dec. 31, 1905.

Korean Legation,

Bought of Wm. A. Miller, Dr.

To amount of account for Ice, $25.65

Rec'd. payment Jan. 2d, 1906.

(Singed) Wm. A. Miller

Washington, D. C.

Korean Legation,

To Wash. Gas Light Co. Dr.

Amount of bill, $7.95.

Rec'd payment,

(Singed) Wash. Gas Light Co.

Washington, D. C.

Korean Legation,

To Potomac Electric Co., Dr.
Amount of bill, $14.93.
Rec'd payment,

(Singed) Potomac Electric Power Co.

Washington, D. C.
Korean Legation,
To Chesapeake & Potomac Tel. Co., Dr
Amount of bill, $15.40
Rec'd payment.

(Singed) Ches. & Po. Tel. Co.

Washington, D. C. Water rent No. 8729.
To the District of Columbia, Dr.
Width of house 24 ft. height 4 stories, $9.17.
Rec'd payment,

(Singed) E. G. Davis

제493호 (암 33)

파리 발 39년 2월 15일 오후 12시 35분
本省 착 39년 2월 16일 오전 2시 15분
加藤 외무대신 ◁ 本野 공사

제23호
한국공사관의 기록을 인수함에 따라 6만元 가운데 집세를 제외한 나머지 돈을 한국공사에게 건넸음. 이 공사는 3월 중에 출발 귀국할 것임.

제 373호 (암 36)

39년 2월 17일 오후 3시 15분 발
통감부 鶴原 장관 ◁ 珍田 차관

제 7호
本野 공사 2월 15일부 내전 제 23호 특전

기밀수 제 422호

明治 39년 2월 19일 접수

통발 제 376호
이달 2일부 기밀 제 18호로 전해주신 재천진 한국영사관 부지 건에 관해 별지와 같이 伊集院 총영사에게 통첩했으므로 양해하시기 바람. 위는 재미제국대사관에도 통지할 필요가 있다고 사료되니 아무쪼록 가능한 조처를 취해주시고 이에 대해 회답해주시기 바람.

明治 39년 2월 15일
통감부 총무장관 鶴原定吉
외무차관 珍田捨己 귀하

※ 별지

천진 러시아조계 내에 있는 한국영사관 부지의 지권을 한국정부로부터 수령하여 귀관에게 보내라는 이달 2일부의 珍田 차관의 전언이 있어 바로 이 나라 정부에 교섭한바 이 지권은 전에 朴齊純이 가지고 귀국하여 궁내대신에게 인도해 보관 중이라는 것이었습니다.

이에 따라 다시 궁내대신에게 교섭한바 이미 작년 5, 6월 경 알렌

이 미국공사로 재임하고 있을 때 閔泳煥과 협의한 결과 황제의 칙허(勅許)를 거쳐 재미한국공사관 및 재北京, 天津 등의 공사관과 영사관의 지소(地所), 건물, 집기 일체를 漢城전기회사 총무 콜브란에게 교부해 그 회사가 궁내부로부터 받아야 할 채권을 계산했다는 것이며 이 지권과 기타 일체의 문건을 콜브란의 손에 넘겨 지금은 전연 궁내부의 소관을 벗어나 있다는 확답이 있었습니다.

이러한 내용들이 설혹 황제의 작은 책략에서 나온 것이라 해도 표면상의 사실이 이미 이와 같이 된 이상에는 새삼스런 방법이 없으므로 이를 양지하시기 바라며 또한 이러한 경위를 재北京 內田 공사에게도 직접 귀관이 통지해주시기 바랍니다. 경구.

明治 39년 2월 15일
통감부 총무장관 鶴原定吉
재천진 총영사 伊集院彦吉 귀하

전수 제2662호

明治 39년 2월 19일 접수

공 제8호

전 재독한국공사관 철퇴비 접수에 관한 건

재독한국공사관 철퇴의 건에 관해 작년 12월 24일부 기밀 제40호로 상신한 바와 같이 이곳 주차 전 한국공사 閔哲勳으로부터 별지 제1호 계획서에 따라 공관 철퇴비로 일금 2만5,960元 56戔의 지출을 청구해와 그달 19일 왕전 제515호로 귀관에게 알렸는바, 그달 23일 귀전 제234호로 한국정부가 본 공사관으로 한국공사 철퇴비 2만

5,960元을 전송했으나 실제로 소요되는 금액은 明治 38년 말까지 여비를 합해 2만 1천 7백여 元이라는 것을 그달 31일 귀전 제 236호로 앞의 전문과 거의 같은 의미의 전보를 받고 알았음.

이 금액에 대한 독일화폐 5만 3천 마르크는 그 후 관계은행에서 찾아 篠野 서기관이 閔哲勳에게 교부하고 별지 제 2호의 영수증을 받고 만약을 위해 이 금액은 한국정부의 계산으로는 초과하지만 청구액대로 송금해왔다는 뜻을 알렸음.

그때 閔哲勳은 篠野 서기관의 물음에 답하여 관원 禹麒源, 韓光河 및 趙鏞夏 등 3명을 데리고 1월 17일경의 선편으로 출발하겠다는 뜻을 진술했는바 그 후 아무런 귀국하는 낌새가 없어 어제 16일 다시 篠野 서기관이 그 사정을 물어보자 閔哲勳은 그동안 계속하여 병 때문에 의사의 권고에 따라 출발을 연기했고 그 연기를 받기 위해 본사(本使)를 방문(하려 했으나 병 때문에 방문)하지 못했으나 2월 상순이나 중순경 출범하는 독일 우편선으로 귀국길에 오를 것이라고 답변했음. 위의 한국공사관 철퇴비 접수에 관한 증빙서류 2통을 첨부 보고함. 경구.

明治 39년 1월 17일
재독 특명전권대사 井上勝助
외무대신 加藤高明 귀하

송 제46호

明治 39년 2월 19일 발
재한국 長谷川 통감대리 ◁ 대신

송 제46호

재미한국공사관 철퇴 전말 및 잉여금 처분에 관한 건

이번 재미국 日置 임시대리공사로부터 재미한국공사관 철퇴 전말을 별지와 같이 계산서류 갑, 을호를 첨부해 보고해옴에 따라 이를 이첩하며 별지 끝에 적힌 잉여금 368弗 43仙의 처분 및 공사관 가옥 보관 비용의 건에 대해서는 논의 후 회답바람.
또한 별지 및 부속서는 사용이 끝나는 대로 돌려달라고 하니 이를 전하는 바임. (별지 밀 제2379호 부속서 모두 첨부할 것)

기밀 제4호

明治 39년 2월 20일 발
재미 日置 대리공사 ◁ 加藤 대신

재미한국공사관 지소(地所), 건물, 집기에 관한 건

재미한국공사관 지소, 건물, 집기는 北京, 천진 등 청국 공사관·영사관의 경우와 마찬가지로 작년 5, 6월경 미국공사 알렌 씨가 한국 재임 때 閔泳煥과 협의한 결과 황제의 칙허를 거쳐 이를 漢城전기회사 총무 콜브란에게 교부하여 그 회사가 궁내부로부터 받아야 할 채권을 계산해 이와 동시에 지권 기타 일체의 문건을 콜브란의 손에 넘겨 지금은 전연 궁내부의 소관에서 벗어나 있다고 현임 궁내부 대신으로부터 통지가 있었다는 취지를 이번에 鶴原 통감부 총무장관이 전해와 이를 이첩하는 바임.

전송 제52호

明治 39년 2월 22일 발
鶴原 통감부 장관 ◁ 珍田 차관

재독공사관 철퇴비 접수에 관한 건

재독한국공사관 철퇴비 접수에 관해 한국공사 閔哲勳의 영수증 등을 첨부하여 재독 井上 대사로부터 별지와 같은 품신이 있었으므로 이 사본과 영수증 등을 보내니 이를 검토하시기 바람. (독에서 온 본문 사본 및 부속서류 첨부할 것)

57 wds No. 610

London, Feb. 26 1906 6:05 p.m.
Rec'd., Feb. 27 1906 4:15 p.m.
Kato, Tokyo.

NO. 16

In reference to your telegrams 370 and 372, I have been unable to send you letter referred to in my telegram 372, on account of delay in settling account of Corean Legation. Morgan again asks remuneration of eight hundred pounds sterling which I hope you will send by telegraph. After paying all debts of the Legation out of sum sent by you and money realized on sale of furniture there is residue about eighty eight pounds sterling which might do towards remunerating Morgan.

Hayasi.

▶ 위 번역문 제610호 (57단어)

런던 발 1906년 2월 26일 오후 6시 5분
東京 착 1906년 2월 27일 오후 4시 15분
東京 加藤 외무대신 ◁ 林 대사

제16호
귀전 제370호 및 제372호에 관하여 본관은 한국공사관의 계산청구에 대한 송금지연으로 졸전 제372호에 과한 서한을 보낼 수 없었음. 모건 씨는 본관이 귀관에게 전송해 주기를 희망했던 8백 파운드의 보수를 다시금 요청해 왔음.

귀하가 송금한 액수와 가구를 매각한 돈으로 이 공사관의 부채를 갚고 나면 모건 씨에게 지급할 돈으로는 약 88파운드가 남음.

전송 第463호

明治 39년 3월 1일 오후 0시 20분 발
京城 鶴原 장관 ◁ 차관

第11호
林 공사 앞으로 전전(轉電) 한바 있는 林 대사 내전 370호에 관해 별전 제12호와 같이 林 대사로부터의 전언이 있으니 지급 송금조치하기 바람.

(16호 전문)

전송 第464호 (60)

明治 39년 3월 1일 오후 0시 35분 발
京城 鶴原 총무장관 ◁ 珍田 차관

第12호
2월 26일 林 대사 내전 제16호 전문 전전함.

第634호

伯林 발 39년 3월 1일 오후 2시 05분
東京 착 39년 3월 2일 오전 5시 40분
加藤 대신 ◁ 井上 대사

第38호
전 이곳 주차 한국공사는 어제 28일 베를린을 출발했으며 3월 15일 네이플에서 출범하는 독일 선편으로 귀국할 예정임.

第677호 (암)

京城 발 39년 3월 6일 오후 5시 05분
東京 착 39년 3월 6일 오후 8시 45분
재東京 珍田 외무차관 ◁ 鶴原 총무장관

비 제1호
귀전 제11호에 관해 〈'모건'은 한국정부에서 필요하다면 언제든지 대리공사 사무를 보겠다는 의사를 표명한바 있으나 한국정부는 李漢應 자살 후 곧 재런던 공사관을 폐쇄했으므로 모건에게 대리공사를 임명한 바 없음. 단 재산 및 기록의 보관을 의뢰했을 뿐으로 이에 소요되는 비용은 이미 지불했으며 따라서 모건이 대리공사로서 요구하는 보수는 모두 거절해야 함.〉 위 재영대사에게 전보해주기를 청함.

전송 第505호 (암106)

明治 39년 3월 7일 오후 3시 20분 발
재영 林 대사 ◁ 西園寺

第42호
귀전 16호의 뜻을 통감부에 이첩했던바 다음과 같은 회전이 있었으므로 그 취지대로 모건에게 교섭할 것.
비 제1호 〈 〉 내 전문 넣을 것.

전송 第520号

明治 39년 3월 8일 오후 4시 20분 발
통감부 鶴原 장관 ◁ 차관

第17호
2월 19일부 송 제46호 첨부서류 지급 반려하기 바람.

수 第3364호

明治 39년 3월 8일 접수

통 第662호
재미한국공사관 철퇴 전말 및 계산서류를 첨부하여 재미 日置 임시 대리공사에게서 보고가 있어 그 내용을 이달 19일부 송 제46호 귀신으로 알려주시어 잘 알았음.

또한 그 보고서 끝에 기재된 잉여금 368弗 46仙 처분에 관해서는 관계자와 협의한 결과 구 공사관 건물의 관리에 필요한 비용으로 충당하기로 하여 제국대사관이 보관해달라는 요청이 있었으므로 이를 검토하여 적절히 조치하기 바라며 이에 대해 회답 주시기 바람. 경구.

明治 39년 3월 3일
통감 후작 伊藤博文
외무대신 加藤高明 귀하

수 제3667호

明治 39년 3월 13일 접수

통 제754호

지난달 19일부 송 제46호 재미한국공사관 철퇴 전말에 관한 귀신의 부속서류 사용이 끝나 이에 반려함. 경구.

明治 39년 3월 9일
통감부 총무장관 鶴原定吉
외무차관 珍田捨己 귀하

기밀수 제575호

明治 39년 3월 14일 접수

기밀 제24호

北京 한국공사관 토지, 가옥, 가구 처분에 관한 건

이곳 한국공사관 토지, 가옥, 가구 처분에 관해서는 금년 1월 5일부 기밀 제1호로 훈시를 요청한 데 대해 금년 2월 15일부로 통감부 鶴原 총무장관이 재천진 伊集院 총영사에게 통첩한 바에 따르면 작년 5, 6월경 미국공사 알렌 씨가 재임 중에 閔泳煥과 협의한 후 황제의 칙허를 거쳐 재미한국공사관과 함께 이곳 공사관과 천진영사관의 지소, 가옥, 가구 등을 모두 한성전기회사 총무 콜브란에게 교부함과 동시에 위 지권과 기타 일체의 문건을 넘겨 지금은 전연 궁내부의 소관을 떠나 있다는 말을 한국정부에게서 확답이 있었으므로 이제 와서는 어쩔 방도가 없다는 것임.

그러나 이것은 작년 12월 21일의 귀 훈령에서 林 공사가 한국황제에게 상주하여 물은 바에 따르면 그 재산은 한국정부의 소관에 속해 우리 공관에 인도해도 좋다고 했다는 내용과는 다른 것으로서 이를 통감부에서 전기한 한국정부의 회답을 승인할 경우에는 이곳의 전 한국공사관 토지, 가옥 및 천진의 영사관 부지 등은 한성전기회사의 사산(私産)으로 인정하는 것으로 따라서 당관과 천진영사관이 이를 인수 보관할 수가 없다고 사료됨.

그런데 현재 이곳에 체류 중인 전 한국대리공사 朴台榮의 출발 귀국 시기가 다가오는바 이 사람은 출발할 무렵 적절한 때에 이곳의 전 공사관 가옥, 가구 등은 자연이 당관에 보관을 의뢰할 수밖에 없다고 말하고 있음.

만약 별도로 보관인이 정해지지 않았을 경우에는 이를 정해 의뢰를 요청해 올 것으로 생각되나 그럴 경우 당관에서 이를 인수하는 것은 사리에 맞지 않으므로 사절할 생각인바 이것으로 하등의 지장이 없을 것인지 만약을 위해 여쭈오니 이 사정을 통감부에 이첩한 후 전보로 무엇이든 회시해주시기 바라며 이와 같이 상신함. 경구.

明治 39년 3월 5일
재청국 특명전권공사 內田康哉
임시외무대신 후작 西園寺公望 귀하

明治 39년 3월 15일 송
재한 鶴原 총무장관 ◁ 珍田 차관

기밀

재미·청 한국공사관 영사관 부지 기타에 관한 건

재미·청 한국공사관 및 영사관 부지 기타의 건에 관한 지난달 15일부 통발 제376호 회신에 의하면 재미·청 한국공사관 및 재천진의 조선 영사관의 지소, 건물, 집기 등은 38년 5, 6월 경 당시 한국 재임 중이던 미국공사 알렌 씨와 閔泳煥과의 협의 결과 황제의 칙허를 거쳐 그 일체를 漢城전기회사 총무 콜브란에게 교부해 그 회사가 궁내부에게서 받아야 할 계산에 포함시켜 셈을 했다는 현임 궁내대신으로부터의 통지가 있었다는 사실을 전해 듣고 이를 양해했음.

그러나 이보다 먼저 지난 37년 2월 19일 李興均과 콜브란·보스트위크와의 사이에 체결됐다는 전차사업에 관한 계약서에 의하면 그 제3조에 콜브란·보스트위크로부터 한제 혹은 한국정부에 대한, 한제 혹은 한국정부로부터 콜브란·보스트위크에 대한 모든 청구권은 본 계약의 조인에 의해 소멸하여 일체의 계산은 이와 더불어 완결된다는 규정이 있어 한제와 이 사람들과는 계산상으로의 관계는 이 계약의 조인과 함께 모두 소멸되었을 것이므로 만약 전기의 공사관 영사관 부지와 기타를 수령할 자격이 한성전기회사 총무에게 있다고 가정하더라도 한정이 그 회사에 대해 지불해야 할 금액은 계약의 기한, 즉 37년 5월 13일까지 모두 지불이 끝난 것으로서 그 후 이 회사는 한정에 대해 모든 대차관계가 정지되었을 것임에도 불구하고 위의 조인 후 17, 18개월이 경과한 작년 5, 6월경에 이르렀음에도 아직도 이 회사가 한정에 대해 어떤 채권을 갖고 재워싱턴, 北京, 천진에 있는 공관의 지소 기타를 이 회사에 인도했다고 하는 것은 받아들이기 매우 어려운 상황임.

이는 전게(前揭)한 귀신(貴信)에서도 본 바 있는 한정 측의 사략(詐略)임을 증명하기에 충분한 것이라고 인정되며 따라서 이와 같은 견해에 동의한다면 이 점을 내세워 이들의 지소 등이 사실 이미 궁내부의 소관에서 떠났는지 아닌지를 한국정부와 경우에 따라서는 재京城 미국영사에게도 조회하여 사실을 조사해야 할 것임.

그 결과는 자연히 한정의 사략이거나 혹은 미국인 측의 계약위반인 것으로 밝혀질 것이며 이에 준하여 적당히 조치한 다음 지난달 3일부 기밀송 제18호로 이첩한 內田 공사가 품의한 지소의 처분방안 등에 관하여 한국정부와 협의하여 그 결과를 지급 회시해주기 바라며 이를 요청함.

전송 제582호 (84)

明治 39년 3월 15일 오후 3시 0분 발
재청 內田 공사 ◁ 대신

제49호

기밀 제24호 귀신의 건은 약간 조사를 요하는 것이 있어 통감부에서 한국정부와 교섭을 거듭하고 있을 것이지만 이의 해결에는 시간이 걸리겠으며 만약 그 전에 한국대리공사가 귀국하면 한국공사관의 재산은 어쨌든 귀관이 보관할 것.

재천진 한국영사관의 재산에 관해서도 마찬가지로 보관하도록 본대신의 훈령이라고 伊集院 총영사에게 통고할 것.

明治 39년 3월 16일 발
통감부 鶴原 총무장관 ◁ 珍田 차관

기밀

재청 전 한국공사관 영사관 지소, 건물, 집기 등에 관한 건

재청·미 전 한국공사관 영사관의 지소, 건물, 집기 등이 미국인에게 권리이전의 건에 관한 사실을 밝혀내기 위해 전에 이미 추적 조회한바 있으나 이번에 이에 관해 內田 주청공사에게서 별지 사본과 같은 요청이 있었기에(이 재산은 모두 한국정부의 소관에 속하므로 재청일본공사관이 보관하는 것은 조금도 곤란하지 않음 운운) 황제께서 林 공사에게 분부하신 점(38년 12월 21일 林 공사 발 제530호 전보 참조)에 관해 앞의 전보로 말한 의문점과 관련시켜 조사하여 지급으로 회답해줄 것을 거듭 요청함.

추가하여 內田 공사 및 伊集院 총영사에게는 본건에 대해 약간의 조사를 요하는 것이 있으므로 이 문제가 해결되기 전에 한국대리공사가 귀국할 경우 어찌되었든 그 재산을 보관하도록 훈령했음. (별지 기밀 24호 사본 첨부)

전문 수 제815호

파리 발 39년 3월 18일 오후 6시 10분
본성 착 39년 3월 19일 오전 8시 50분
西園寺 외무대신 ◁ 田付 임시대리공사

제41호
(전략) 閔 공사는 어제 17일 이곳을 출발하여 귀국길에 올랐음. 원문은 재외한국공사관의 전신부호의 인계에 관한 말씀이었음.

기밀송 제10호

明治 39년 3월 19일 발
재미 日置 대리공사 ◁ 西園寺 대신

재미 전 한국공사관 지소, 건물, 집기에 관한 건

재미 전 한국공사관의 지소, 건물, 집기 소속의 건에 관해 지난달 20일부 기밀송 제4호로 鶴原 통감부 총무장관의 요청에 따라 이첩했으나 그 후 우리 측이 이에 관해 약간 조사를 요하는 것이 있음을 발견하고 현재 통감부에서 한정과 교섭 중에 있는바 그 결과는 추후에 통지할 것이며 그에 따른 어떤 지시가 있을 때까지는 이 지소, 건물, 집기는 여전히 한국정부의 소속물로 간주하도록 지시하는 바임.

전송 제830호

明治 39년 3월 20일 오후 2시 발
재한 鶴原 총무장관 ◁ 珍田 차관

제24호
閔泳爀은 이달 17일 파리를 출발하여 귀국길에 오를 것이라고 재불 임시대리공사로부터 전보 있었음.

수 제3926호

明治 39년 3월 20일 접수

공 제16호

한국공사관 철퇴에 관한 건

이곳 한국공사관 철퇴에 관해서는 지난달 8일부 공 제4호로 보고한 바 있는데 전 재미 한국대리공사 金潤晶은 지지난 30일 가족을 이끌고 이곳을 출발하여 귀국길에 오름에 따라 이 공사관의 가옥은 작년 12월 31일부 제376호의 훈령에 의거 우선 월 10불의 급료로 적당한 경비원을 고용해 관리하도록 했으므로 이를 양해해주시기 바라며 이 고용인의 급료 및 기타 관리에 필요한 비용은 모두 지난번 이 공사관 철퇴비용으로 보내준 금액에서 지불하고 남은 돈으로 현재 당관이 보관하는 미화 368불 43선 가운데서 지불하기로 했으니 이에 대해서도 양해해주기 바람.

들은 바를 전하면 앞의 공사관 가옥은 한제(韓帝)의 사유재산에 속해 정부로서는 이의 처분에 관해 아무런 훈령도 발할 수가 없었기 때문에 오랜 동안 필요한 수리도 못하고 사용해와 이미 황폐한 곳도 적지 않으며 앞으로 계속하여 현재와 같이 방치할 경우 필연적으로 더욱 많은 피해가 발생할 것으로 생각되므로 차제에 이를 매각하거나 혹은 수리하여 임대하거나 어떤 것이거나 간에 처분법에 관해 지급으로 명확한 훈령을 내려주실 것을 요청함. 경구.

明治 39년 2월 1일
재미대리공사 日置益
외무대신 加藤高明 귀하

수 제3987호

明治 39년 3월 20일 접수

공 제17호

재불 전 한국공사관 고용외국인 1명 연체봉급 청구에 관한 건

재불 전 한국공사관의 퇴거 때 본관은 한국공사를 면회하여 동 공사의 철수 전에 지불을 요하는 사항을 자세히 본관에게 제출해달라고 요청하고 특히 동 공사관 관원에 관한 계산에 대해 주의해 두었던 바, 그 후 이 공사가 제출한 계산서 안에는 오래 전부터 동 공사관에 고용된 불국인 살타렐(Saltarel)에 대한 봉급이 기재되지 않아 이 점에 관해 동 공사에게 주의를 촉구하고 질문했음.

이에 대해 동 공사는 살타렐은 불국정부를 통해 한국정부에 연체봉급의 청구를 바라고 있어 이 사람에 대한 계산은 본관이 본국정부를 거쳐 청구할 필요가 없다고 확언함에 따라 본관은 그대로 작년

12월 29일부 졸전 제223호로 한국공사가 청구한 대로의 금액을 청구하기에 이르렀던 것임.

그러나 그 후에 이르러 살타렐은 자신의 청구는 일본공사의 손을 거쳐 한국정부에 제출하는 것이 편리하다는 불국외무성의 의견에 따라 본관에게 다시 그 청구를 중개해달라고 간청해 와 본관은 이 사람의 연체봉급에 관해 한국공사에게 그 과정을 상세히 설명하여 이미 공사로부터 이 사람의 청구에 관해 본관이 중개할 필요가 없다는 확언을 들었기 때문에 일단 본국정부에 일정한 금액을 청구한 이상 지금 다시 이 사람의 청구를 중개하는 것은 몹시 곤란하게 생각되므로 이 사람의 청구는 어디까지나 불국관헌을 통해 하는 것이 편리할 것이며 다만 이 사람이 불국관헌을 통해 보낸 청구서 사본을 본관에게 보내오면 본관은 공공연하지 않게 이를 본국 정부에 전달하여 혹시 될 수 있다면 이 사람의 청구목적이 이루어지도록 진력하겠다고 답변했음.

그러자 이번에 별지 사본과 같이 자신의 청구서 사본을 제출해 자신의 희망이 달성되도록 본관이 조치해달라고 요청할 뿐만 아니라 불국외무대신도 본관에게 이 사람의 목적이 달성되도록 적절한 편의를 봐달라고 내밀하게 의뢰해왔음.

또한 이 사람의 청구에 다소 과분하다는 의심이 들기도 하나 대체적으로 적절하다고 인정되어 위 청구서를 복사하여 보내니 상세한 것은 이것으로 참고하시기 바람. 또한 본건에 대해 불국공사로부터도 어떤 요청이 있을 것으로 사료되는바 이것까지 참고하여 본인의 희망이 이루어지도록 도와주시기 바라며 이를 품의 요청함. 경구.

明治 39년 2월 8일
재불 특명전권공사 本野一郎

외무대신 加藤高明 귀하

추가하여 한국공사관 철퇴에 관해서는 며칠 안으로 이 공사관 철퇴를 실행한 후 상세하게 보고할 것임을 덧붙여 말씀드림.

송 제76호

明治 39년 3월 23일 발
鶴原 장관 ◁ 차관

재불 전 한국공사관 고용 외국인의 연체봉급 청구에 관한 건

재불 전 한국공사관 고용 외국인 살타렐이 연체봉급 청구를 원하고 있는데 대해 재불 本野 공사로부터 부속서를 첨부하여 별지 사본과 같이 알려왔는바, 한국정부와 교섭하여 그 결과를 회시하여주기 바람. 또한 부속서는 회답을 보낼 때 반려해주기 바람. (별지 수 제3987호 사본 및 부속서까지 첨부할 것)

수 제652호

明治 39년 3월 27일 접수

기밀 제10호

재불한국공사관 철퇴에 관한 건

재불한국공사관 철퇴 건에 관해서는 여러 번 전신의 왕복을 거듭해 대체적인 경과는 이미 아시고 계실 것으로 생각하는바, 이달 15일 졸전 제23호로 보고한 바와 같이 이 공사관의 기록, 인장 등은 이달 10일 당 공관에 인계했고 12일 한국공사 閔泳瓚에게 귀국여비를 교부함으로써 한국공사관의 철퇴 건은 낙착을 고하게 되어 그 경과를 다시 다음과 같이 보고함.

작년 12월 재불한국공사관 및 영사관 폐쇄 철퇴에 관한 훈령에 접하자 곧 한국공사와 영사에게 이에 대한 교섭을 시작하려 했으나 당시 한국공사는 미국여행 중이어서 바로 교섭할 수가 없어 그의 귀불(歸佛)을 기다리던 차 작년 말에 이르러 모두 귀불(歸佛)함에 따라 공사를 만나 재영 林 공사 앞 훈령 제368호의 취지를 전했으며 그 결과는 작년 12월 22일 졸전 제222호와 같음.

그러나 그 후 며칠이 지나 별지 갑호 사본과 같이 한국공사에게서 귀국여비와 그 밖의 것으로 3만 985원 54전의 돈을 요구해와 이를 작년 졸전 제223호로 이 금액의 비목대요(費目大要)를 통보했는바, 금년 1월 초순 横濱(차타드)은행에서 6만 프랑의 전신환을 받았으나 한국공사의 청구액에 충당하지 않았으며 그 후 이 돈에 관한 훈령이 없어 이는 한국공사와 관련 없는 것이라고 상상하기에 이르렀으나 그래도 명확하지 않아 다시 금년에 졸전 제6호로 이에 관해 훈령을 청해 바로 훈령을 접하고 그 취지에 따라 閔 공사와 교섭한바 지금까지 한국정부로부터 경비, 기타봉급 등의 지급이 연체함에 따라 다른 데서 융통해왔으며 출발 전에 그 부채를 갚을 필요가 있기 때문에 전기(前記)의 금액으로는 도저히 출발하기 곤란하다고 주장하고, 또한 1월 10일 상해 발 이 공사 앞 전보에 따르면 7만 원을 송금했다는 통보가 있었으며 이 전보는 발신인의 이름은 없지만 궁내부에서 보낸 것이라고 확언하고 따라서 실제 송금액은 겨우 6만 프랑밖에 안 돼 그 사이에는 대차가 있으니 다시 한 번 본국정부를 통해 한국정부에 증액을 청구해달라고 간청함에 따라 다시 졸전 제9호를 보냈던 것임.

이에 대해 귀전 제11호 및 14호와 같이 알려주신 대로 다시 閔 공사에게 증액 가능성이 없을 뿐만 아니라 더 이상 출발을 늦추는 것이 일신상 오히려 좋지 않을 수도 있다고 말하자 동 공사는 마침내 본관의 뜻을 받아들여 한국에서 이미 송금한 돈을 받고 부족분은 귀국한 뒤 다시 한국정부에 청구하기로 하고 귀국을 결심함과 동시에 공사관 서류, 인장, 전신암호 글자를 당관에 넘겨주는 것을 승낙하여 이달 10일 모두 인계하였음.

이와 함께 본관은 한국공사관 가옥 임대주와 가구류 임대주를 당관으로 불러 앞으로 동 공관의 집세 및 가구 사용료는 당관에서 지불한다고 통고하고 종래의 계약서 조항들을 본바 가옥은 금년 6월 말로 만기가 되며 가구 사용료도 임대주의 호의로 금년 1월부터는 월정(月定)으로 내기로 약속함에 따라 이 두 개의 임대료 담보로서 어림셈으로 7천 7백 프랑을 제하고 나머지 5만 2천 3백 프랑을 이달 12일에 閔 공사에게 인도했으며 이때에 이 돈에는 전에 노청은행을 통해 받은 역환(逆換)한 돈도 포함돼 있음을 알리고 만약 이것들에 대한 지불로 여비에 부족함이 생길 경우에는 그만큼의 금액을 다시 한국정부에서 지출할 것이므로 그러한 경우에 처하게 되면 다시금 요청해달라고 말하자 이에 대해 閔 공사는 아무런 대답도 없이 그대로 돈을 받았음.

또한 이 공사는 귀국을 결심했으면서도 출발 전에 여러 가지 처분해야 할 일들이 있어 3월 중에는 출발하기가 어렵다고 말했음.

이 공사는 앞서 말한 돈을 받으면서 영수증에 공사가 처음 청구한 금액은 당연히 한국정부가 지불할 의무가 있다는 문자를 쓰려고 해 본관은 이러한 영수는 수긍할 수 없으므로 단지 5만 2천 3백 프랑만의 영수증으로 고쳐 쓰라고 하자 공사는 그렇게 하면 귀국 후 본국정부로부터 나머지 돈을 받기 어렵다고 주장해 다시 공사의 청구금액에 관해 우리 정부와 본관과의 전보 왕복과정을 약술한 각서 모양의 서한을 이 공사에게 교부하였음(별지 을호 사본).

재파리 한국 명예총영사관에 관해서는 서류 기구 등은 일절 인도해야 할 것들이 없다고 함에 따라 그 뜻을 별지 병호 사본과 같이 동 총영사에게 문서로 작성하게 했음.

또한 露清은행 역환 건에 대해서는 앞의 한국 명예총영사 루구나가 미리 요청함에 따라 이 총영사에 대해 이번에 한국정부에서 일정금액을 보내왔으나 이 돈은 閔 공사에게 이미 인도되었기에 공사와 협의하도록 요청한바 그렇게 하겠다는 회답이 있었기에 이를 보고함. 경구.

明治 39년 2월 19일
재불 특명전권공사 本野一郎
외무대신 加藤高明 귀하

덧붙여 집세와 기타 가구 임대료에 대해서는 기간만료 후 정산하여 다시 보고하겠음.

※ 별지 갑호 사본

주불대한공사관 소관 전후 각 항목별 계산액

光武 6년 6월 제3호 보고
비국(比國 인접국) 겸주(兼駐)비 부족액 320元

光武 6년 8월 제4호 보고
비국 겸주비 중 잡비 5백 元, 비국 추가경비 450元, 공관 이전 때 구 건물집기 손상 변상비 230元

光武 9년 7월 제5호 보고
참서관(參書官) 1명 복장(服章)비 규칙에 따른 것 530元
합 2,030元

光武 9년 9월 제8호 보고
비국 여비 양차(兩次) 작년 분 1천 元, 이태리국 여비 양차 작년분 2천 元, 화란국 여비 작년 분 1천 元, 본관 경비 결액(缺額) 작년 분 905元 10錢. 합 4,905元 10錢

光武 9년 9월 제9호 보고
본 공사부인 귀국 때 선거(船車)비 금년 7월 1천2백 元, 참서관 1명 귀국 때 선거비 8백 元, 위 일비(日費) 2백 元, 위 가봉(加俸) 166元 66錢, 비국 여비 양차 금년 분 1천 元, 참서관 영국 왕복비 금년 5월 李漢應 흉변 후 2백 元. 합 3,566元 66錢

光武 9년 10월 제10호 보고
가을 3개월 봉급경비 부족액 금년 분 5,550元. 명세는 별록

이상 균경보부재안(均經報部載案)
올 3개월 봉급경비 부족액 금년 분 6,250元. 명세는 별록

합 1만1천8백 元

미국 왕복여비 금년 11월 궁내부 전칙(電勅)에 따라 1천 元, 참서관 1명 귀국 때 봉급 금년 7월의 8일분 44元 46錢, 참서관 1명 런던경유

파리 귀환 외부전훈에 따라 28元, 참서관 1명 파리경유 런던 귀환 외부전훈에 따라 28元, 합 1천1백元 46錢

본 공사 귀국 선거비 1천2백元, 위 일비 350元, 위 가봉 7백元

참서관 2명 귀국 선거비 1천6백元, 위 2명 일비 4백元, 위 2명 가봉 333元 32錢, 본 공관 집세 2개월분 3천元.

합 7,583元 32錢

이상 도합 3만985元 54錢

光武 9년 12월 28일

※ 별록

가을 3개월 금년 7, 8, 9월분 봉급

전권공사 閔泳瓚 2천1백元, 3등 참서관 金明秀 5백元, 서기생 姜泰顯 450元. 합 3,050元

경비

차가비(借家費) 1천5백元, 실비(實費) 6백元, 잡비 120元, 거마비 180元, 전비(電費) 450元, 고인비(僱人費) 3백元, 합 3,150元.

공합 6천2백元, 지출액 650元, 실결액(實缺額) 5,550元.

겨울 3개월 금년 10, 11, 12월 분 봉급

전권공사 閔泳瓚 2천1백元, 3등 참서관 金明秀 5백元, 동 姜泰顯 5백元, 합 3천1백元

경비

차가비 1천5백元, 실비 6백元, 잡비 120元, 거마비 180元, 전비 450元, 고인비 3백元, 합 3,150元.

공합 6,250元

光武 9년 12월 31일

※ 별지 을호

파리 1906년 2월 10일
일본공사

친애하는 동료에게

한국정부와 합의한 우리 정부의 훈령에 따라, 본관은 귀하 및 귀하의 직원들이 한국으로 귀국하는 데 필요로 하는 총비용을 알고자 하는 바입니다. 귀하는 본관에게 1905년 12월 28일 귀하의 정부에 청구할 수 있을 것으로 예상한 30,985엔 54센에 이르는 비용목록이 포함된 견적서를 제출했습니다.

1905년 12월 29일자 본관의 전보에 대한 답신으로 우리 정부는 귀하에게 전해주도록 본관에게 6만 프랑을 보내왔습니다.

이 금액은 당신이 청구한 금액과는 일치하지 않기에, 본관은 다시 귀하의 요구대로 필요한 추가비용을 귀하에게 보내기 위하여 귀하의 정부와 교섭이 이루어질 수 있도록 東京에 전문을 보냈습니다.

외무대신 加藤 각하께서는 본관에게 이달 1일자 지급통신문을 통해, 현재로서는 한국정부가 귀하에게 추가로 비용을 보낼 수 없으니, 만약 귀국정부에 대해 행사할 수 있는 권리가 있을 경우, 귀하가 귀국한 이후 한국정부가 귀하에게 결산할 수도 있음을 알려왔습니다.

이와 같은 사정으로 인하여, 유감스럽게도 본관은 단지 귀 정부가 본관에게 보낸 6만 프랑만을 전해드릴 수 있을 뿐입니다. (끝 인사말)

※ 별지 병호

파리 1906년 1월 12일

대신께

금월 10일자 서신으로 귀하의 비서가 본관에게 문의 요청한 데 대한 답신으로 본관은 귀 공사관에 그 어느 것도, 문서 자료든 옛 파리 소재 총영사관의 비품이든 간에, 인계할 것이 없음을 알려드리는 바임. (편지 인사말)

전 총영사
서명: Ch. Roulina

기밀송 제41호

明治 39년 3월 30일 발
재한 伊藤 통감 ◁ 대신

재불한국공사관 철퇴에 관한 건

재불한국공사관 철퇴에 관해 별지와 같이 전 불국주재 本野 공사로부터 보고가 있었기에 보내니 이를 보신 후 회답하여 주시기 바람.
(별신 접수 제652호 및 부속문서는 모두 그대로 첨부할 것)

수 제4698호

明治 39년 4월 일 접수

공 제33호

전 한국공사관 가옥 등 보관에 관한 건

이달 15일부 제49호 훈령에 따라 이곳 한국공사관 가옥 및 가구 그 밖의 물품을 오늘 점검한 후 접수했음. 당관이 (가옥을) 보관함에 있어서는 야간 경비원 등 3명을 고용하여 관내에 거주케 해야 하며 이들의 급료로 매월 약 26불과 보관상 필요한 다소의 잡비가 드는 바, 이것들은 먼저 당관에서 입체지불할 것이니 한국정부가 추후 갚도록 해줄 것.

또한 앞에서 언급한 훈령 가운데 이른바 한국과의 교섭이 마침내 결정되어 만약 이들 재산이 우리의 보관에 귀속하도록 확정될 경우에는 이를 여하히 활용할 것인가의 문제가 생길 것으로 사료되는 바, 이 가옥에 대해서는 이미 京漢鐵路全辨 大臣 唐紹儀로부터 동 공사(公司)의 유럽인 거처로 쓰겠다고 요청해 왔고 이곳 주재 멕시코 대리공사도 이것을 차용하겠다고 상담해와 통감부에 이첩했으며 이에 대해 추가로 어떤 지시를 해주시도록 요청하는 바임. 경구.

明治 39년 3월 26일

재청 특명전권공사 內田康哉

임시외무대신 후작 西園寺公望 귀하

외무부
정무국
파리 1906년 1월 25일

한국정부가 귀하에게 지불해야 할 금액의 결산과 결재에 관한 이달 22일자 귀하의 서한에 대한 답변으로, 본관이 파리주재 전 한국공사인 민 공을 만나 공사관 폐쇄와 관련하여 공에게, 우리 정부의 지시에 따라, 이번 기회에 한국정부가 해결해야 할 모든 청산들, 특히 공사관 직원 급료의 완벽한 목록을 본관에게 제출할 것을 요구했다는 사실을 알려드립니다. 본관은 특히 귀하가 예전에 본관에게 언급한 귀하의 급여연체 건에 대하여 공의 주의를 환기시켰습니다.

며칠 후 공이 본관에게 목록을 제출했을 때, 귀하에 대한 계산이 보이지 않아 본관은 공에게 이를 다시 상기시키고 왜 귀하의 급료가 목록에서 누락됐는지를 문의했습니다. 공은 귀하가 프랑스영사를 통해 한국정부에 직접 귀하의 청원을 내겠다고 했기 때문에 위의 목록에 귀하의 급료를 포함시킬 필요가 없었다고 답변했습니다.

그러므로 본관은 우리 정부에 위 목록에 올라있는 금액만을 요청했습니다. 이러한 상황을 고려할 때 우리 정부에 대하여 귀하의 요구를 전달하는 것이 본관으로서는 가능하지 않다는 것을 쉽게 이해할 수 있을 것입니다.

전날 귀하가 본관에게 보낸 자료들을 여기에 함께 동봉하여 돌려드립니다. (끝인사)

서명: Motono

사 본

외무부
정무국
파리 1906년 1월 22일

한국공사관 전 비서 Saltarel 씨가 파리주재 일본공사 Motono 씨에게 보낸 편지에 동봉한 진정서

지난 12월 31일까지 저는 파리소재 한국공사관 비서 급료와 관련해 1905년 4월 1일부터 현재 9개월 치의 봉급을 받지 못하고 있습니다. 즉 9개월×월당 300엔=2,700엔이며, 이 총금액 중 한국공사께서는 제게 예산부족으로 인하여 10월 19일에 단지 200엔만을 지불했을 뿐입니다. 미불금 잔액은 2,500엔입니다.

제 직위는 폐지되었습니다. 공정한 보상금이 지불되는 것만이 정당한 일입니다. 저는 항상 제 의무를 이행했습니다. 한국정부는, 파리에서 제가 1901년부터 맡아온 이 직무를 계속 유지했을 것입니다. 극동아시아 사건들의 영향으로, 제 급료는 인상되었을 것이며 당시 한 달에 1천 프랑을 받은, 1900년 파리박람회 주재대표와 사무총장 자격으로 제게 지불된 것과 같은 급료수준이 유지되었을 것은 분명합니다.

이는 또한, 일본정부가 정의라는 차원에서도 무시할 수 없는, 전적으로 개인에 관계된 문제이기도 합니다. 저의 경우를 일본정부가 묵살해서는 안 될 것입니다. 저는 한국의 충복으로서 제 의무를 다했습니다. 저는 한국에 여전히 충실하고 있습니다. 저는 장기간 일본에 체류했고 일본의 충실한 친구로 늘 남아있었습니다. 수많은 증거가 이러한 사실들을 증명하고 있으며 단지 한 가지만 예를 들자면, 1890년 온전한 주권국가로서, 일본은 저를 멕시코영사로서, 모든 권한을 부여하면서 최초의 영사 인증서를 제게 주었습니다.

프랑스주재 한국공사관 비서로의 임명은 궁정의 승인과 함께 1901년 5월 13일 서울에서 조인된 법규에 의하여 이루어졌습니다. 그 어떤 합법적인 통지도 이 상황이 12월 말까지 바뀌게 해주지 못했습니다. 파리주재 한국공사 각하께서는, 대한제국 황제와 정부는, 저의 지위를 늘 인정하면서 저를 항상 안심시켰습니다.

이후 발생한 사건들이 한국공사관을 일본제국 정부가 가져갔기에, 비서직 중지라는 정식 통지 이후, 저에게 직위폐지에 대한 정당한 보상금을 지불하는 것이 당연합니다.

저는 보상금으로, 1만 5천 엔을 제시하면서도 여기에 제시한 액수가 상당히 미미하다고 생각합니다.

- 이미, 미지급 급료 2,500엔.
- 최소한으로 계산하여, 전체 급료 3년 치에 해당하는 직위폐지 보상금을 계상할 수 있습니다. 급료가 월 400엔이니 연간 4,800엔으로 3년은 14,400엔.
- 서울에서 파견된 비서로서, 저는 비서 여행 보조금의 권리가 있습니다.
- 귀국비용, 즉 증기선 800엔, 교통비 200엔, 한 달 급료 400엔. 계 1,400엔. 총계 18,300엔

저의 상황은 베를린과 워싱턴과 같은 다른 공사관에서 근무하는 외국인 비서들과는 그 상황이 비슷할 수가 없습니다. 이 비서들은 분명히 최고의 대우를 받을 만합니다. 그러나 그들이 요구하는 대우를 제 주장과 혼동해서는 안 됩니다. 이 비서들은 현지에서 전권공

사에 의해 채용된 반면 저는, 참고로 1901년 05월 08일 1881법 서울공보가 이를 증명하듯, 서울에 있을 때 제국정부의 승인을 얻어 법령의 의해 공식 임명되었습니다.

서명: Saltarel

사 본

외무부
정무국
파리 1905년 12월 15일

파리주재 한국공사관 비서 Saltarel 씨가 외무장관이며 의장인 Rouvier 각하께 1905년 12월 15일에 낸 청원서 사본

장관님,

1901년 5월 3일자 칙령에 의거하여 한국공사관 비서로서 이날부터 임무를 수행한 프랑스 시민 저 P. M. Saltarel은, 극동아시아에서 발생한 사건들의 결과로 인하여 현재의 제 직위가 위태롭게 되었고, 그 결과 제 수입에 엄청난 손해를 입고 있음을 알려드리는 바입니다.

봉투 안에 동봉한 서류들은 제 상황을 각하에게 정확히 설명하고 있습니다.

저는 각하께 요청하는바, 서울주재 프랑스공사관이나 혹은 유관기관들을 통하여, 제게 지불되어야 할 봉급 연체금이 지체 없이 불입될 수 있도록, 그리고 직위폐지로 인한 정당한 보상금이 한국정부에 의해 주어지도록 필요한 중재명령을 내려주시기 간절히 바라는 바입니다.

제가 맡고 있던 직책을 유지하는 것은 대한제국 황제의 통치행위와 의지에 속하는 영역 안에 있었습니다. 저는 그것에 대한 명백한 확신을 갖고 있습니다.

자국민의 기득권을 존중하는 일본정부로서는, 프랑스에 대하여 우의와 공정성을 증명해 보일 필요를 갖고 있을 것입니다. (끝인사)

이 서신에 동봉된 기록들은, 다른 부서가 필요에 의해 수정한 것을 제외하고는, 제가 Motono 씨에게 1월 22일 제출한 진정서와 일치하며, 같은 날짜의 서신과 함께 원본을 동봉합니다.

서명: P. M. Saletarel
1906. 01. 29

사 본

외무부
정무국
파리 1905년 12월 26일

이 날짜로 귀하의 편지를 수령했음을 확인해 드리는 바입니다.

제국공사관의 비서로서 귀하가 받아야 할 급료 연체금의 지불요구를 관련 당사자들에게 정당하게 주장하고 요구할 수 있도록 하기 위하여, 본관은 이 서신으로써, 귀하가 맡아 현재까지 매일 정식으로 수행한 직무에 대하여 지난 4월 1일부터 현재까지의 총급료를, 서울에서 본관에게 송금한 예산이 부족하여 귀하에게 더 이상 지불할 수가 없었기에, 지난 10월 19일 선금으로 지급한 200엔을 제외하고는, 모두 귀하에게 마땅히 지불되어야 한다는 사실을 증명하고 확인해드리는 바입니다.

한국공사
서명: Y. C. Min.
파리주재 대한제국 공사관 비서
P. M. Saletarel 씨에게

사 본

외무부
정무국
파리 1906년 1월 22일

공사님,

공화국 외무부의 조언에 따라, 파리주재 한국공사관에서 비서자격으로 수행한 직무와 관련, 한국정부가 제게 지불해야 할 금액의 결산과 결제를 얻기 위하여 각하께 서신을 올립니다.

제 요구의 증거자료로 여기 동봉한 서류들을 보시게 될 것입니다.

1. 서신 한 통, 이 서신은 한국공사가 제 청원의 정당성을 인정하고, 결과적으로 지난 4월 1일부터의 공사관 비서 급료, 즉 2,700엔의 액수를 제게 지불해야 한다는 것을 밝히고 있습니다. 선불금으로 받은 200(엔)을 감한 것입니다.
2. 제가 작성한 진정서 한 부는, 제게 지불되어야 할 금액과 제가 일본제국 정부에 대하여 정당하게 요구할 수 있을 것이라 생각되는 보상금 내역을 자세히 보여줍니다.

각하께서는 저를 충분히 이해하시고, 또한 일본정부의 정의와 영광을 파리에서 대리하시고 계시므로, 저의 요구를 충분히 납득하실 것으로 믿습니다.

귀하께서 여기 함께 동봉한 서류들을 검토해주시기를 희망하며. (끝 인사말)

서명: Saltarel

수 제4697호

明治 39년 4월 5일
일본주재 프랑스공화국 공사관
도쿄 1906년 4월 4일

대신 귀하,

프랑스 외무대신 각하께서 지난 2월 9일자 지급통신문을 통해, 지난해 11월 17일의 일본과 한국 간의 협정(을사조약)에 의거 직책이 폐지된 프랑스주재 한국공사관 비서 Saltarel 씨가 각하께 문의한 요청을 제국정부에게 부탁하는 임무를 본관에게 부여했습니다.

이 프랑스 시민은 일본제국정부에 대하여 자신의 연체된 급여의 지급과 더불어 미미한 액수의 보상금을 청원했습니다. 그는 프랑스 국적 탓에, 그의 요구가 한국공사 민 공의 청구에 첨부되는 것을 원하지 않았기에, 우리 국민인 Saltarel 씨는 일본정부로부터 보상받는 자들의 명단에 속하지 않았고, 이러한 이유로 Rouvier 씨의 조언에 따라 자신이 직접 Motono 씨에게 낸 청원이 거부되는 일이 발생하였습니다. 하지만 파리주재 일본대표부는 Saltarel 씨가 처한 상황에 대하여 일본정부가 주의를 환기하도록 하는 데에 동의했습니다.

따라서 Saltarel 씨는 자신의 요구를 일본정부에 공식적으로 전달하고자 우리 외무부에 요청했으며, Rouvier 각하께서는 18,500엔에 달하는 전술한 청구액을 검토하여 그것이 정당하고 적절하다고 판단, 본관에게 일본대신 각하와 이 문제를 협의하라는 훈령을 내리면서, 귀국의 공정한 판단을 희망하셨습니다.

본관은 각하께 별첨으로 Motono 씨와 당사자 간에 이 문제와 관련하여 교환된 서한 사본을 전달하는 바입니다. (끝 인사말)

J. Harmand

수 제4667호

明治 39년 4월 16일 접수
J. Harmand(주일불국공사)
외무대신 西園寺 후작 각하

작년 11월 17일의 일한협약에 의해 폐관이 된 재불한국공사관 서기관 살타렐 씨가 출원(出願)한 건에 대해 본사(本使)에게 제국정부에 조회하라고 지난 2월 9일부의 공신(公信)으로 불국의 외무대신으로부터 지시가 있었음.

이 불국인의 출원은 봉급의 연체액 및 근소한 배상금을 제국정부에 청구하는 것이었음.

이 살타렐 씨는 외국인이기 때문에 그 청구가 한국공사(프랑스·민)의 청구서에 첨부되지 않았고 따라서 일본국 정부로부터 배상받는 인원에도 포함되지 못하였으며 또한 같은 이유로 이 사람이 외무대신의 권고에 따라 직접 本野 공사에게 제출한 청구도 거절당했음. 그러나 불국주재 일본국 대표자는 이 살타렐 씨의 경우에 관해 제국정부에 대해 적절한 조치를 취해주도록 요청할 것을 승낙했음.

따라서 살타렐 씨는 자신의 청구를 공식적으로 제국정부에 이첩해달라고 불국외무대신에게 출원했고 동 대신은 1만 8천 5백 圓의 이 사람의 청구를 조사하여 이를 정당하다고 인정함에 따라 각하의 공정한 정신에 의뢰하여 이에 대한 절차를 밟아 주도록 요청하라는 대신의 지시가 있었으며 별지 本野 공사와 관계인 사이에 오고 간 서한의 등본을 전송해왔음.

본사는 이에 각하에게 경의를 표하는 바임. 경구.

1906년 4월 4일

송 제90호

明治 39년 4월 6일

鶴原 장관 ◁ 차관

재청한국공사관에 관한 건

미국 및 청국에 있는 한국공사관 영사관의 부지 기타의 건에 관해서는 지난달 15일부 기밀송 제34호로 조회한 대로 조사를 요하는 사항이 있으므로 재미・청 공사관의 지소, 건물, 집기를 추후 어떤 지시가 있을 때까지는 한국정부의 소유물로 간주하도록 지시한 적이 있는바, 이번에 재청국 內田 공사로부터 별지 사본과 같이 경비원 고용비용과 기타 보관비의 회수 및 대여에 대해 품의해 왔음.

이에 대해 회시하기 바람. (별첨 수 제4698호 첨부할 것)

수 제4823호

明治 39년 4월 7일

공 제32호

한국공사관 철퇴비 잉여금에 관한 건

한국공사관 철퇴비 잉여금 368불 43선의 처분에 관해서는 1월 8일부 공 제4호 및 2월 1일부 공 제16호로 사정을 개진하고 지급으로 어떤 훈령이든 보내달라고 요청했으나 아직 아무런 훈령도 접하지 못한바 이번 재한국 경성의 스티븐스 씨로부터 별지 사본과 같이 철퇴비 잔액 가운데 1백 불을 남겨놓고 나머지는 보내라는 전보가 있어 잔액 268불 43선, 실 송금액 536圓 86錢을 스티븐스 씨 명의의 橫濱 正金은행 구좌로 보냈으니 적절히 처리해주기 바람. 경구.

明治 39년 3월 14일
재미대리공사 日置益
외무대신 후작 西園寺公望 귀하

※ 별지 사본

京城 발 明治 39년 3월 9일
Japanese Legation
Washington, D. C.

Retain Hundred dollars Corean balance send rest me will explain.

Stevens

송 제91호

明治 39년 4월 10일 발
(大急 오늘 중 발송할 것)
伊藤 통감 ◁ 대신

재미한국공사관에 관한 건

재미한국공사관 철퇴비 잉여금 건에 관해 지난달 3일부 통감 제662호로 한 회답을 양해하여 이를 재미 日置 대리공사에게 이첩했으나 이것과 길이 어긋나 별지 사본과 같은 품의가 있었기에 이를 넘기니 처리하기 바람. (별지 수 제3926호 사본 첨부할 것)

송 제34호

明治 39년 4월 11일 발
재미국 日置 대리대사 ◁ 대신

재미한국공사관 철퇴비 잉여금에 관한 건

재미한국공사관 철퇴 건에 관해 금년 1월 8일부 공 제4호로 요청한 것을 양해하여 이를 통감부에 이첩한바 이 공사관 철퇴비 잉여금 368불 43선의 처분에 관해 통감부에서 관련당국과 협의한 결과 구 공사관의 건물보관에 필요한 비용으로 충당하기 위해 귀 대사관에서 보관하라는 통감부의 회답이 있었으며 이는 이번에 접수한 지난달 14일부 공 제32호 귀신 잉여금 환송에 관한 스티븐스 씨의 전보와는 모순되는 점이 있어서 현재 통감부에 문의 중에 있으나 우선 이 이첩금, 즉 공 제32호로 보낸 536圓 86錢은 한국정부에 전교조치할 것이니 양지하기 바람.

추신. 금년 2월 1일부 공 제16호 귀신은 통감부에 이첩했음.

제5003호

1906년 3월 9일 송
明治 39년 4월 11일 수
珍田捨己 외무차관 ◁
미국 미주리 주 센트루이스 명예영사
J. E. Smith

본관은 일본과 한국의 권한이 위임된 대표들이 작년 11월 17일 서울에서 조인한 조약에 관해 알려주는 귀하의 지난 2월 8일의 서한을 받았음을 알려드리는 영광을 가졌습니다. 이 조약에 의거 일본의 외교상, 그리고 영사상의 대표들은 외국에서의 한국국민과 이익을 보호할 책무를 가지게 됐습니다.

본관은 이 조약에 의거 나에게 부과된 추가적 임무를 이행하고, 나의 능력의 최선을 다하여 의무를 이행해야 한다는 귀하의 지시를 명심하는 바입니다. 경구.

송 제95호

明治 39년 4월 14일

鶴原 총무장관 ◁ 차관

재불 전 한국공사관 고용 외국인 연체봉급 청구에 관한 건

재불 전 한국공사관 고용 외국인 살타렐로부터 연체봉급을 교부하라는 청원에 관해서는 지난달 23일부 송 제76호로 전 불국주재 本野 공사가 상신했기에 이를 이첩한바 있으나 이번에는 우리나라 주재 불국공사로부터 별지 번역문과 같은 조회가 있었으므로 한국정부에 교섭하여 그 결과를 통보해주기 바람. (별신 수 제4697호 번역문 사본 및 원문 사본 첨부할 것)

송 제96호

明治 39년 4월 17일

한국통감 ◁ 대신

재미한국공사관 철퇴비 잉여금에 관한 건

재미한국공사관 철퇴비 잉여금의 보관에 관해서는 지난달 6일부 통 제662호로 잉여금 368불 43선에 대해 관련당국과 협의한 결과 구 공사관 건물보관을 위한 필요경비에 충당하기 위해 제국대사관에서 보관하도록 전언하라고 했는바, 그 후 지난달 9일에 스티븐스 씨로부터 그 잉여금 가운데 1백 불을 남기고 나머지는 보내라는 전보가 있음에 따라 그 공제잔액 268불 43선, 실 송금액 536圓 86錢을 대리공사가 보내왔으므로 이를 전송하니 한국정부에 전교해주기 바람.

또한 전기 통 제662호의 귀 서한의 취지와 스티븐스 씨 전보의 취지는 약간 모순되고 있다고 생각되는바, 이에 대해 무언가 지시해주기 바라면서 조회하는 바임. 경구. (별지 수 제4823호 부속서 첨부할 것)

기밀수 제790호

明治 39년 4월 18일 접수

통발 제105호

지난달 30일부 기밀송 제41호로 보내주신 재불한국공사관 철퇴에 관한 서류는 잘 썼으므로 이를 반송하오니 잘 챙겨 받아주시기 바람, 경구.

明治 39년 4월 14일
통감부 총무장관 鶴原定吉
외무차관 珍田捨己 귀하

수 제5422호

明治 39년 4월 19일 접수

공 제34호

재미한국공사관 대지, 건물, 집기에 관한 건

재미한국공사관 대지, 건물, 집기의 처분은 北京, 천진 등의 경우와 같이 작년 5, 6월 경 漢城전기회사 총무 콜브란에게 넘겨져 이 회사는 궁내부에게서 받아야 할 계산에 이를 포함시켜 계산했으며, 지권과 그 밖의 모든 문건이 콜브란의 손에 넘어가 현재는 전혀 궁내부의 소관에서 떨어져 있다는 한국 궁내대신의 통지를 받고 鶴原 통감부 총무장관이 이를 각하에게 보고했다는 내용의 지난달 21일부 기밀 제4호 귀신을 통한 훈령은 잘 받았음.

그러나 이는 작년 12월 31일부 제376호 귀전의 취지에 의거 한국의 공유재산으로서 현재 당관이 보관하고 있는 사정은 지난달 1일부 공 제16호 졸신으로 보고한바 있는데 훈령하신 대로 이 대지, 건물, 집기 모두가 궁내부의 손에서 떠나 미국시민인 콜브란의 소유가 되었으므로 당관이 이를 보관, 비호할 책임이 없다고 인정되지만 현 소유자라는 콜브란 측에서 전혀 아무런 요청도 없고 지금까지 당관이 보관하고 있었다는 점에서 앞으로 이를 어떻게 취급해야 할 것인지에 대해 훈령해주시도록 상신함. 경구.

明治 39년 3월 26일
재미 임시대리공사 日置益
외무대신 후작 西園寺公望 귀하

송 제103호

明治 39년 4월 20일 발
鶴原 장관 ◁ 珍田 차관

재미한국공사관 처리 및 기타에 관한 건

재미한국공사관 대지, 건물 등의 처리에 관해 추가로 어떤 지시를 해주기 바람.

이에 대해서는 이미 한국정부 소속의 것으로 간주하여 보관하도록 재미국 공사관에 지시한 것은 이달 6일부 송 제90호에 의해 이미 알고 있는바, 이번에 재미 日置 대리공사에게서 지난번 훈령과 엇갈린다고 별지와 같이 이들 물건의 취급에 대해 품의해 왔기에 참고하시도록 이첩함.

또한 본건에 관해 지난달 15일부 기밀 제34호로 조회한 건에 대해 가능한 한 지급으로 조사하여 회시해주기 바람. (별지 수 제5422호 사본 첨부할 것)

기밀 제44호

明治 39년 4월 24일 발

鶴原 장관 ◁ 珍田 차관

재영한국공사관 철폐 시말 보고의 건

재영한국공사관 처리에 관련한 모건의 보수에 대해서는 귀전 비 제1호의 취지를 바로 재영 林 대사에게 전보로 알렸는바, 이번에 이 대사로부터 본건과 기타 한국공사관 철폐 후의 처분방안을 별지와 같이 보고해 왔기에 알려드림.

별지 끝단의 잉여금 처분방안에 관해서는 어떤 회답이 있기를 바람. 또한 별지는 이에 대한 회답과 함께 반려해주기 바람. (별지 기밀수 제800호 첨부할 것)

第5765號

1906년 3월 20일 발송
明治 39년 4월 24일 접수
珍田 외무차관 앞

일본국 영사가 외국에 있는 한국의 재산과 이익을 담당하도록 한다는 일한조약에 관해 본인에게 통지해준 지난달 8일부의 귀하의 서한을 받은 것을 영광으로 생각합니다.

이에 따라 본인은 이러한 앞으로의 책무를 떠맡게 된데 대해 큰 기쁨을 맛보게 될 것이며 본인이 맡은 임무를 본인의 최선을 다해수행할 것입니다. 경구.

명예영사 Waynman Dixon

受 第5931號

1906년 3월 22일 발송
明治 39년 4월 25일 접수
珍田 차관

지난달 8일부(제1호)의 귀하의 영광스러운 공문서를 지체 없이 받았습니다. 작년 11월 17일 서울에서 조인된 이 조약은—12월 13일부의 귀하의 영광스러운 공문서를 통해 지난 1월 22일 받아보았는바—본관에게 가장 조심스러운 주의력을 갖게 했으며 특히 일본의 외교 및 영사 대표가 외국에서의 한국의 재산과 이익을 담당한다는 대목에서 그러하였습니다.

따라서 본관은 한국과 맺은 이 조약에 의해 부과된 이 새로운 추가적 임무를 이행하기 위해 본인의 전력을 경주하는 데에 실패하지 않을 것입니다. 경구.

로테르담 명예영사 J Buey Ough

수 제5932호

明治 39년 4월 25일 접수
1906년 3월 23일 발송
외무대신

본관은 일본과 한국 쌍방의 권한을 위임받은 대표자 간에 작년 11월 17일 서울에서 조인된 조약 제1조에 의해 일본의 외교 및 영사 대표가 외국에서의 한국의 재산과 이익을 담당하게 되었다고 본관에게 알려준 존경하는 귀하의 2월 8일자 제1호 공문서를 받았습니다.

본관은 이 훈령에 따르겠으며 한국과 맺은 이 조약에 의해 부과된 이 새로운 추가된 임무에 대해 본관의 최선의 능력을 다할 것입니다. 경구.

아브레 명예영사 M. R. Lungstaft.

제2부

수 제6342호

明治 39년 4월 25일 접수
1906년 3월 24일 발송
외무대신 앞

제 282호

각하,

각하께서 본관에게 보내주신 지난 2월 8일자 문서를 수령했음을 통보해드리며, 그 내용인즉, 1905년 11월 17일 서울에서 조인된 협정에 따라, 이제부터는 일본영사와 외교관들이 한국인들의 보호와 외국에서의 한국의 이권을 담당하게 된다는 새로운 사실에 유의하였음.

지시문건에 대하여 각하께 감사드리며, 이 기회에 이 서신에 동봉하여, 토리노 상업박물관과 상공회의소의 1906년 1월분 소식지를 보냄. (끝 인사말)

일본제국 영사관
제노바 - 튜렌느
제노바 1906년 3월 24일

수 제6443호

明治 39년 5월 5일 접수
나폴리 1906년 3월 25일 발송
존경하는 고무라 쥬타로
일본외무대신 각하 앞, 동경

각하,

1905년 11월 17일 서울에서 서명된 조약에 의거하여 대한제국은 일본제국의 보호하에 들어감.

상기협약에 의하여, 일본의 외교관들과 영사들은 해외에서의 한국인들과 한국의 자산 및 이해관계를 전담함.

동시에, 이제부터는 본관이 서둘러 다른 뉴스들도 담당하게 됨을 대신각하께 보고 드리는 바임. (끝 인사말)

Dispatch No. 52

Japanese Consulate, Liverpool.
24 March 1906.
To His Excellency Mr. I. Chinda
His Imperial Japanese Majesty's
Vice Minister for Foreign Affairs
Tokio

Your Excellency,

I beg to confirm my dispatch No. 51, and have the honour to acknowledge the receipt of your dispatch dated 8th of February, informing me of the agreement between Japan & Corea, whereby the latter Country was definitely placed under the protection of the Japanese Empire, the English translation of which I have duty received.

Your Excellency's reference to Article 1 has been carefully noted, and the additional and new duties in regard to the protection of Corean subjects will be discharged, I can assure your Excellency, to the best of my ability.

With much respect & consideration, I have the honour to remain,

Your excellency's obident servant.

P. G. Y. Hemeligh
Hon. Consul.

▶ 위 번역문 수 제6444호

明治 39년 5월 5일 접수
1906년 3월 24일 발송
東京 珍田 외무차관 앞

제52호
본관은 본관이 보낸 제51호 공문서를 (받았는지) 확인해 주실 것을 요청합니다. 그리고 본관에게 한국이 한정적으로 일본제국의 보호하에 놓인다는 일한조약에 관해 알려주신 2월 8일자 공문서는 잘 받아 보았습니다. 이 조약의 영문 번역문은 틀림없이 받았습니다.

각하의 (조약) 제1조에 대한 언급은 면밀하게 기술되었고 한국의 재산보호에 대한 추가적이고 새로운 임무들은 이행될 것이며 본관은 이를 위해 최선을 다할 것을 각하에게 보증할 수 있습니다. 경구.

리버풀 일본 명예영사
P. G. Y. Hemeligh

수 제6567호

明治 39년 5월 9일 접수

통발 제269호

스티븐스 씨의 전보에 따라 재미대리공사가 한국공사관 철퇴비 잉여금 가운데 1백 불을 남기고 나머지 돈 268불 43선을 보낸 실 송금액 536圓 86錢을 4월 17일부 송 제96호의 귀신으로 전송해 준 것 정히 영수했으며, 바로 한국정부에 전교한바 目賀田 재정고문이 별지 영수증을 보내왔기에 이를 봉투에 넣어 보냄.

또한 본건에 관해 지난 3월 3일부 통 제662호로 말씀드릴 당시에는 관계자와 협의하여 위의 전 금액을 제국대사관에 보관 의뢰하기로 결정했으나 그 후 우리 측에서 수용할 필요가 발견되어 스티븐스 씨가 그러한 뜻의 전보를 보내게 되었던 것임. 이러한 저간의 사정을 알아주시기 바라며 회답을 보내는 바임. 경구.

明治 39년 5월 5일
통감부 총무장관 鶴原定吉
외무성 차관 珍田捨己 귀하

수 제6641호

明治 39년 5월 9일 접수
1906년 3월 20일 발송
외무장관 앞

제33호

각하, 1905년 11월 17일 서울에서 조인된 일본과 한국 간의 협정 제1조항에 근거하여, 대표영사로서 한국인들의 보호업무를 추가로 담당하게 되었다는, 지난 2월 8일자 각하의 훈령을 수령했음을 통보하는 바임.

본관은 이 점에 유의하여, 앞으로 이 문제들에 관하여 본국정부의 모든 새로운 지시에 따를 것임. (끝 인사말)

일본제국 영사관 팔레르모(시칠리아)
이태리 팔레르모 1906년 3월 20일

송 제50호

明治 39년 5월 11일 발송
재미국 靑木 대사 ◁ 대신

재미한국공사관 철퇴비 잉여금에 관한 건

재미한국공사관 철퇴비 잉여금의 건에 대해 통감부에서 이곳으로 보낸 서면과 스티븐스가 귀 대사관에 보낸 전보와의 사이에 모순이 있는 듯하다는 뜻과 함께 귀 대사관이 보낸 돈을 통감부에 전해 주는 것에 관해서는 지난달 11일부 송 제32호로 알려준 대로인바, 이번에 통감부에서 이에 관해 目賀田 재정고문의 수령증을 첨부한 별지 사본과 같은 회답이 있었기에 이에 대해 아시기 바라며 이 금액 수령증을 첨부하여 보내드림. 경구. (별지 수 제6567호 사본 및 부속 수령증도 첨부할 것)

기밀수 제1006호

明治 39년 5월 23일 접수

통발 제363호

금년 3월 15일부 기밀 제34호, 같은 달 16일부 기밀 제35호의 귀신에 의거 재미·청의 한국공사관 건물, 부지 및 집기의 소속에 관해 관계자와 그동안 여러 번 교섭과 문의, 설득을 벌였으나 상대방은 단지 콜브란에게 양도한 사실은 틀림없다고 고집하고 있어 더 이상 교섭을 벌이더라도 당장은 처리방법을 찾을 가능성이 없고 더 이상 계속하여 이 공관을 굳이 제국의 관헌이 보관할 필요도 없다고 생각되므로 그대로 상대방의 요청을 승낙하는 것이 오히려 시의에 맞다고 사료됨.

이에 이의가 없다면 재미대사, 재청대사, 재천진영사에게 이 취지를 훈령하여 한정(韓廷)으로부터 이 재산을 수취할 수 있는 정당한 권한을 부여받은 자에게 인도하도록 전달해주시기 바라며 동시에 우리 측에서는 바로 한국조정에 대해 정당한 수취인을 파견하거나 지명하도록 조회하려고 하니 이에 대해 어떤 회보가 있기를 바람. 경구.

明治 39년 5월 17일
통감부 총무장관 鶴原定吉
외무차관 珍田捨己 귀하

수 제1068호

明治 39년 5월 28일 접수

통발 제380호

재불한국공사관 고용 외국인 살타렐의 연체봉급 지급요청 건에 관한 송 제95호 귀신의 취지를 한국정부에 조회했던바, 이번에 별지와 같은 회답이 있었기에 원문과 번역문 사본을 봉투에 넣어 보내니 적절히 조치해주기 바람. 경구.

최근 본건에 관한 송 제76호 귀신 부속서류는 용무가 끝났기에 반송함.

明治 39년 5월 23일
통감부 총무장관 鶴原定吉
외무차관 珍田捨己 귀하

※ 별지

원문

敬覆者 前駐法公使館 參書官 薩泰來의 積滯俸給 交付一事로 貴 第三十六號 來文을 接准하온바 查 光武五年(西曆 一千九百一年) 五月三日에 法國人 薩泰來로 駐法 大韓公使館 參書官을 敍任而 該員의 職任이 年期의 定限과 外 他 所訂한 契約이 無하고 但 某年月日에 奉旨 敍任하므로 揭載官報而已오 同年八月二十一日에 美國人 禮覃은 駐美 大韓公使館 參書官으로, 德國人 海路萬은 駐德 大韓公使館 參書官으로 幷敍任하와 其官報에 揭載한 一此亶由於 閔公使 停滯錯誤之失이오나 本國政府側 該員之 應領俸給外에 尙 計三個朔 加俸條를 業已准數償淸하였으니 本政府가 不可擔任其責賠矣라 大抵該

員解任電訓이 已達於該公館而 薩氏之尙諉以正式視務云者를 本政府가 必無隨聲應諾之理으且以 該公使之停滯電訓하여 未卽聲明으로 轉欲歸責於政府하여 每朔 四百圜式 三個年 加俸을 更爲請求云者는 尤 不可認遵이오 決不可容施者라 然而薩氏의 體面을 不可不念이옵고 薩氏의 爲自己陳述하므로 亦 難恝然하와 前日 飭撥金額外에 三個月 俸給을 更擬加撥하여 自光武九年(西曆 一千九百五年)四月 至同年十二月 合計 金貳千七百圜內(同年 十月 閔公使 所撥金 貳百圜을 扣除則) 該員應領 總額 實計 金 貳千五百圜을 准令支撥하겠삽기 玆에 函覆하오며 別紙 附屬書類는 繳交하오니 照亮하오셔 轉行 通知하심을 爲盼

光武十年五月十九日
議政府參政大臣 朴齊純
統監府總務長官 鶴原定吉 각하

▶ 위 번역문 　　　　　　　　　　　　　　　　　　　　별지

敬復. 전 주불공사관 참서관 살타렐의 연체봉급 교부의 건인 제36호 귀한(貴翰)을 받았음. 그런데 광무 5년(1901년) 5월 3일 불인 살타렐을 주불대한공사관 참서관에 임명했으나 그 직임(職任) 및 임기 등의 정한(定限)과 그 밖의 것에 대한 계약 등은 없었고 단지 몇 년 몇 월 며칠 칙지(勅旨)에 의거 임명한다는 내용을 관보에 게재했을 뿐임.

같은 해 8월 21일 미국인 예담(禮覃)을 주미대한공사관 참서관에, 독일인 해로만(海路萬)을 주독대한공사관 참서관에 각각 임명

할 때에도 당시의 관보에 게재한 사실뿐으로 살타렐 씨 임명의 경우도 전혀 이와 다를바 없었음.

그 후 光武 9년(1905년) 7월 본 정부에서 그 사람 등의 해임을 의결하고 그달 17일 외무대신이 불, 독, 미 3국 공사에게 훈령하여 이들 용빙원(庸聘員) 등의 직무를 즉각 해면하고 봉급은 본봉 외에 3개월분을 지급한다고 당사자들에게 알리도록 했는바, 미·독 양 공사관에서는 지시한 대로 시행했음.

당시 각 관의 봉급경비는 해관(海關)의 돈으로 모두 지불했으며 주불공사관에도 光武 9년도 6개월분 봉급 및 경비를 그해 7월 해관에서 보냈으며 살타렐 씨의 봉급도 그 안에 포함되어 있었음. 그 후 이 공사관 철수 때에도 일체의 필요경비를 산출하여 그해 7월부터 12월까지의 지불액을 마련하여 파리에 보냈던 것임.

그런데 지금 귀 서한 별지 중 살타렐의 청구서와 閔 공사가 살타렐에게 준 서면을 참조할 때 당시 閔 공사는 살타렐 씨에게 해임 훈령을 바로 전달하지 않고 그해 10월에 2백 환을 급여하고 그밖에 동 씨의 봉급 4월부터 6월까지 분은 아직 동 씨가 받지 않은 것으로 알고 있었는데 이는 閔 공사의 착오에서 나온 것으로 본국정부는 동 씨가 정당하게 받아야 할 봉급 외에 3개월분의 봉급까지 이미 틀림없이 지불했기 때문에 아무런 책무가 있을 이유가 없으며 동 씨의 해임 훈령이 그 공관에 전달된 후에도 정식으로 직무를 보았다는 동 씨의 주장에 대해 본 정부는 이를 그대로 인정해야 할 이유가 없음.

또한 동 공사가 훈령을 정체시키고 바로 알려주지 않은 책임을 본 정부에 돌려 매달 4백 圓씩 3개년 분의 가봉을 새로 청구하는 것은 애초부터 승인될 수 없는 일임. 다만 살 씨의 체면도 고려해야 할 필요가 있고 그렇다고 동 씨 자신의 진술을 받아들일 수도 없으므로 전에 지불한 금액 외에 3개월분의 봉급을 다시 급여해 光武 9년 4

월부터 그해 12월까지의 합계 2천7백圓 가운데 그해 10월 閔 공사 지불한 2백圓을 제해 즉 동 씨가 수령할 총액 2천5백圓을 지불하겠기에 이에 회답과 함께 별지 부속서류를 반송하니 이와 같이 양해해주시기 바람. 경구.

光武 10년 5월 19일
의정부 참정대신 朴齊純
통감부 총무장관 鶴原定吉 각하

전송 제1290호

明治 39년 5월 28일 오후 5시40분 발
京城 鶴原 장관 ◁ 차관

제54호
5월 17일부 363호 귀신에 관해 청·미국의 재산을 콜브란에게 양도했다는 것이 사실일 경우 이 재산을 콜브란의 대표자에게 인도하는 것은 현재로는 인정할 수 없음.

이는 (우리가) 인도해야 할 한정(韓廷)의 정당한 수취인이 어떠한 절차에 의해 선정되는지 알지 못하며 또한 한정에서 콜브란에게 이 재산을 양도할 때 어느 정도의 대가로 견적을 냈는지, 그리고 어떠한 조건으로 양도했는지 이번에 반드시 밝혀내야 하며 이를 위해 한정 또는 경우에 따라서는 미국총영사와 콜브란 등에 대해 조사한 뒤 전보해 주기 바람.

제1665호 (암)

京城 발 39년 5월 30일 오후 2시
東京 착 39년 5월 30일 오후 7시 55분
珍田 외무차관 ◁ 鶴原 총무장관

제31호
귀전 제54호 전반에 관해 이쪽의 제363호에서 정당한 청취인(請取人)이란 한정으로부터 그 재산을 양수(讓受)했다는 것을 증명받은 청취인을 가리키는 것으로 자연히 콜브란의 대표자라는 것을 증명하여 청취하는 것을 말하며 후반의 견적 대가 및 조건은 이곳 부에서 조사중임.

전송 제1119호

明治 39년 6월 5일 송
재불 栗野 대사 ◁ 대신

전 재불한국공사관 고용 외국인 살타렐 봉급 기타에 관한 건

전에 재불 전 한국공사관에 용빙(傭聘)되었던 살타렐의 연체봉급 및 배상금 지급신청 건에 관해 금년 2월 8일부 공 제17호로 알려준 취지는 양해하여 이를 당시 통감부에 이첩하여 한국정부에 교섭하도록 조치했으며 이번에 한국정부로부터 별지 역문 사본과 같은 회답이 있었다고 통감부에서 알려온바 자세한 것은 별지를 통해 아시기 바람.

또한 지난달 4일에 전한 바와 같이 우리나라 주재 불국공사로부터도 조회가 있었으므로 이 전문과 같은 내용의 회답을 보내니 그리 아시기 바라며 이와 같이 회답함. 경구. (별지 수 제1068호 부속 朴齊純의 서한 역문 사본 첨부할 것)

송 제37호

明治 39년 6월 5일 송
재한국 불국공사 ◁ 대신

전 재불한국공사관 고용 외국인 살타렐 봉급 기타에 관한 건

전에 재 귀국 전 한국공사관에 고용되었던 살타렐 씨의 연체봉급 및 배상금 지급신청 건에 관한 지난달 4일부 귀 서한을 통한 조회의 취지는 잘 알았음.

이에 대해서는 일찍이 栗野 공사로부터 연락이 있었고 이 연락에 따라 통감부를 거쳐 한국정부에 조회했으며 이번에 별지 역문 사본과 같이 이 정부에서 회답해 왔다고 통감부에서 연락해 왔는바, 자세한 것은 별지를 통해 아시기 바람. 이 회답을 통해 본 대신은 이에 거듭 각하를 향해 경의를 표함. 경구. (별지 수 제1068호 부속 朴齊純의 서한 역문 사본을 첨부할 것)

송 제123호

明治 39년 6월 4일 송
鶴原 장관 ◁ 차관

재미·청 전 한국공사관 등의 재산인도에 관한 건

재미·청 전 한국공사관 및 천진 전 한국영사관 재산인도에 관한 5월 16일부 제363호로 연락한 내용은 잘 알았으며 이에 대해 이의가 없으므로 각기 필요한 훈령을 발할 것이니 양지하시기 바라며 이에 회답함.

전송 제48호

明治 39년 6월 4일 송
재청국 阿部 대리공사 ◁ 대신

재청 전 한국공사관 재산인도에 관한 건

재귀지 전 한국공사관 재산처리에 대해서는 제49호 전보로 당분간 보관하도록 지시한바 있으나 그 후 통감부에서 여러 가지 한정(韓廷)과 교섭한 결과 결국 한정이 이 재산을 콜브란에게 양도한 것으로 인정되므로 이 재산은 콜브란의 대표자로서 한정으로부터 이를 양수(讓受)했다는 증명을 받은 자에게 인도하도록 지시함.

송 제54호

明治 39년 6월 4일 송
재천진 奧田 사무대리 ◁ 대신

재天津 전 한국영사관 재산인도에 관한 건

재귀지 전 한국영사관의 재산보관에 관한 훈령은 금년 3월 중에 內田 공사의 이첩에 따라 양지하고 있을 것으로 알고 있는바, 그 후 통감부에서 한정과 교섭한 결과 결국 한정이 이 재산을 콜브란에게 양도한 것으로 인정되므로 이 재산을 콜브란의 대표자로서 한정으로부터 이를 양수했다는 증명을 받은 자에게 인도하도록 지시함.

전송 제58호

明治 39년 6월 4일 송
재미국 靑木 대사 ◁ 대신

재미 전 한국공사관 재산인도에 관한 건

재귀지 전 한국공사관의 건물, 대지, 집기 등의 처리에 관해 금년 3월 19일부 기밀송 제10호로 다시 지시를 요청해 와 한국정부의 것으로 간주하여 보관하도록 지시한바 있으나, 그 후 통감부에서 한정(韓廷)과 교섭한 결과 결국 한정이 이 재산을 콜브란에게 양도한 것으로 인정되므로 이 재산은 콜브란의 대표자로서 한정으로부터 이를 양수했다는 증명을 받은 자에게 인도하도록 지시함. 경구.

수 제11179호

明治 39년 6월 5일 접수

공 제48호

구 재불조선공사 미불계산에 대한 전 조선총영사 루리나의 청구 건

구 재불조선공사관 철퇴 전에 한국공사가 전 조선총영사 루리나의 손을 거쳐 노청은행을 통해 역환(逆換)을 조선에 보낸 일이 있었고 그 정산은 閔 공사 철수 때 모두 끝냈으나 이번에 다시 루리나가 노청은행의 청구에 따라 이 역환에 대한 일보(日步) 수수료와 전신료 미불액으로 합계 398프랑 25상팀을 요구해 왔음.

이는 閔 공사가 떠난 후인 지금 당장 이곳에서 지불할 것인지 아닌지를 결정할 계제가 아니므로 별지 사본과 같이 이 건에 관한 일체의 서류를 첨부하여 보내니 조선정부와 협의하여 회답해주시기를 품의함. 경구.

明治 39년 4월 30일
재불 임시대리공사 田付七太
외무대신 후작 西園寺公望 귀하

추신. 재파리 조선공사관 임차료 개산(槪算) 7천 7백 프랑을 당관이 보관하고 있음은 금년 기밀 제10호로 알려드린 대로이나 이 가옥은 그 후 이달 15일부터 남에게 다시 임대계약을 맺음에 따라 당초 조선공사가 임대한 기간, 즉 오는 7월까지의 임차료는 새 임대인이 변상하게 되어 보관 중인 임차료에 여유가 생기게 되었음. 그런데 작금에 이르러 여러 가지 소액의 배상금 청구가 있어 정당하다고 인정되는 것은 이 잉여금에서 지불하고 최후의 정산은 이 가옥 임대기간이 만료된 뒤 하겠음.

따라서 본문의 노청은행에 대한 미불액이 혹시 지불할 필요가 있는 것으로 인정된다면 이 잉여금에서 지불할 수 있다고 사료됨.

더욱이 본문의 398프랑 25상팀에 대해서는 그 지불기일까지의 이자가 부가로 청구될 것이므로 될 수 있는 대로 조속히 회답해주시기 바라면서 이와 같이 첨가하여 상신함.

※ 별지

파리 1906년 4월 27일

파리주재 일본공사님,

본관은 오늘 아침 귀하가 본관 대리인과 가진 회담을 인정하는 바입니다. 그와 합의한 대로, 본관은 아래 자료를 귀국정부에 전달할 수 있도록 귀하에게 보내드립니다.

1. 비용명세서
2. 이달 17일과 24일자의 서신 2통

상기 자료들은 노청은행에서 온 것으로서, 본관의 예산계정에서 귀하를 398.25프랑의 채무자로 정한 자료입니다.

귀하의 요구대로, 본관은 귀하에게 다음 7월 31일에, 본관의 영수증과 함께, 그 시점에서 노청은행이 본관에게 요구하게 될 이자를 합산하여 제시해드릴 것입니다. (끝인사)

서명: 전 한국영사 Roulina

송 제128호

明治 39년 6월 7일 송
鶴原 장관 ◁ 차관

전 재불한국공사 미불계산에 관한 건

전 재불한국공사의 미불계산에 대해 전 한국총영사 루리나가 청구한 것과 관련해 이번에 재불 田付 임시대리공사에게서 부속서류를 첨부하여 별지 사본과 같이 품의해 온바 지급으로 한국정부와 교섭하여 회시해주시기 바라며 이를 조회함. (별지 수 제11179호 부속서 전부 사본 첨부할 것)

제1796호 (암)

京城 발 39년 6월 9일 오후 4시
東京 착 39년 6월 9일 오후 10시 20분
珍田 외무차관 ◁ 鶴原 장관

제32호
미국, 청국에 있는 한국공관 재산에 관해서는 귀전 제54호에 의거 인도조건, 대가 등에 관해 한국정부에 조회 중에 있음.

그런데 방금 귀송 제123호 귀신은 그 재산을 인도하도록 각 공관에 훈령했는바 그럼에도 불구하고 귀전 제54호가 지시한 조사는 계속 필요한 것인지 회전해주시기 바람.

전송 제145호

明治 39년 6월 11일 오후 2시 5분 발
京城 鶴原 장관 ◁ 차관

제56호
귀전 32호에 관하여. 왕전 54호의 건은 콜브란이 갖고 있는 여러 가지 특권 등에 관계가 있다고 생각되었기 때문에 인도하라는 훈령과 관계없이 조사해주기 바람.

수 제12248호

明治 39년 6월 25일 접수

공 제58호

전 한국공사관 가옥, 재산 보관에 관한 건

이달 4일부 송 제48호로 이곳(北京)의 전 한국공사관 재산은 통감부가 한정(韓廷)과 교섭한 결과 콜브란에게 양도한 것으로 인정할 수밖에 없게 됨에 따라 이의 대표자로서 한정에서 양수했다는 것을 증명받은 자에게 이를 인도하라는 지시는 잘 알겠음.

그런데 이 콜브란의 대표자는 어떤 인물이며 또 언제쯤 이곳에 와 그 재산의 인도를 요구할 것인지, 이 재산의 보관형편상 미리 알아야 하겠음.

또한 지난 3월 26일부 공 제33호로 보고드린 대로 이 재산을 당관에서 보관한 이래 보관비가 1개월에 20불이 들어 일시 전용지불한 바 이를 반환해주도록 조치해주기 바라며 또한 앞으로 인도시기에 대한 확실한 예상을 하지 못한다면 보관비를 만 1년분을 어림으로 정하여 당관에 전도(前渡) 하도록 통감부에 조회해주시기를 요청함. 경구.

明治 39년 6월 14일
임시대리공사 阿部守太郞
외무대신 자작 林董 귀하

수 제12280호

明治 39년 6월 25일 접수

통발 제587호
이달 7일부 송 제128호로 말씀하신 전 재불한국공사의 미지불 계산에 관한 건을 한국정부 관계자와 교섭한 결과 이 노청은행 역환의 일보 수수료 및 전신료 미불액을 아직도 한국정부가 지불해야 하는 것이라면 재불제국공사관에서 보관하고 있는 잉여금 가운데서 지출해달라고 회답해 왔는바, 이러한 취지를 田付 임시대리공사에게 통첩해주시기 바라면서 회답의 말씀드림. 경구.

明治 39년 6월 20일
통감부 총무장관 鶴原定吉
외무차관 珍田捨己 귀하

明治 39년 6월 26일 접수

공 제86호

독일국에서의 한국의 이익대표에 관한 건

재외한국공사관 및 영사관의 권한과 직무는 작년 11월 17일 조인된 일한협약에 의해 우리 외교관 및 영사관의 손으로 옮겨짐에 따라 독일에 있는 한국공사관 및 영사관이 철퇴된다는 훈령에 의거 그해 12월 12일부로 이를 독일정부에 통고함과 함께 이 일한협약에 근거하여 앞으로 각 영사가 한국에 관한 영사사무를 관장하라는 훈령을 이 나라 주재 제국 각 영사에 전달했다는 내용은 작년 12월 24일부 기밀 제40호로 보고한 대로임.

그 후 브레멘주재 명예영사 마르크스 네슬러의 보고에 따르면 이 영사가 지난 3월 30일부로 브레멘 원로원에게 한국의 영사업무의 집행에 관해 통첩하자 그 당국자는 이와 같이 정치적으로 중요한 의미를 갖는 사건에 대해서는 제국의 대재상의 지령을 기다려야 한다고 회답해온바(별지 제1호 사본 참조) 이는 본건에 관해 이 나라 외무성이 지방당국자에게 아직 아무런 통첩절차를 취하지 않았기 때문인 것으로 보임에 따라 다시 외무대신 폰치르슈키 씨에게 공문으로 베를린, 브레멘, 뮌헨주재 제국 명예영사가 한국영사 사무의 대표자임을 지방의 당해 관청에서 승인하도록 조치를 취해달라고 조회했음(별지 제2호 사본 참조).

이 결과로 이번에 브레멘 정청 및 프로이스·바바리아 양국 정부가 각기 공보로 일반 공중에 대해 제국영사가 일한협약에 의거 한국영사 사무도 관장하게 되었다고 고시하였음(별지 제3호 사본 참조).

이상 이 나라에서의 한국의 이익대표에 관한 건을 참고로 보고함. 경구.

明治 39년 5월 18일
재독 특명전권대사 井上勝之助
외무대신 후작 西園寺公望 귀하

※ 별지 사본 번역 생략

송 제142호

明治 39년 6월 27일 발송
鶴原 장관 ◁ 차관

재외한국공관 재산인도 때까지 요하는 보관비에 관한 건

재청·미 한국공사관 및 재천진 한국영사관 재산을 콜브란의 대표자에게 인도하는 것에 대해서는 각기 필요한 훈령을 발한바 있거니와 이달 4일부 송 제123호로 연락한 건에 관해 이번에 재청 阿部 대리공사에게서 이의 인도 때까지 요하는 보관비 건에 관해 별지 사본과 같이 요청해 왔는바, 이에 대해 어떤 회시를 해주기 바람.

또한 이 회답을 재미대사관과 재천진 총영사관에도 이첩하여 똑같이 취급하도록 편의를 주려는 바 이를 양해해주기 바라며 이를 조회함. (별지 수 제12248호 사본 첨부할 것)

송 第74호

明治 39년 6월 27일 발송
재불 栗野 대사 ◁ 대신

재불 전 한국공사 미불계산에 관한 건

재불 전 한국공사 미불계산의 건에 관해 올해 4월 30일부 공 제48호로 요청한 취지는 잘 알았으며 이를 통감부에 이첩하여 한국정부와 교섭하도록 조치한바 노청은행에 대한 역환의 일보 수수료 및 통신료 미불액은 당연히 한국정부에서 지불해야 할 것이기 때문에 귀 대사관에서 현재 보관하고 있는 잉여금 가운데서 지출해 달라고 한국정부에서 회답해왔다는 뜻을 이번에 통감부에서 알려왔는바 이를 양지하기 바라며 이에 회답함. 경구.

수 第2166호

京城 발 39년 7월 16일 오후 4시 40분
本省 착 39년 7월 16일 오후 8시 35분
林 외무대신 ◁ 鶴原 총무장관

제45호

귀전 제70호(제70호는 재본방 한국공사관 부지 관계임) 구 한국공사관 대지와 건물을 콜브란에게 인도한 건에 대해서는 궁중의 (인도) 요청에 대해 아직 회답을 하지 않았고 따라서 현재도 현안 중인바, 통감으로서는 이 궁중의 요청에 대해 다른 의견을 갖고 있으므로 추후 어떤 다른 요청이 있을 때까지 현상대로 우리 관헌의 보관에 맡기고 이와 관련된 경비 등은 한국정부로 하여금 지출하도록 조치하겠으니 이를 양해하시기 바람.

원서(原書)는 〈재본방(本邦) 구 한국공사관용 토지 대차계약 소멸 일건〉임.

수 제2216호

京城 발 39년 7월 17일 오후 0시 40분
本省 착 39년 7월 17일 오후 7시 30분
珍田 외무차관 ◁ 鶴原 장관

제47호
귀전 제71호(71호는 재본방 한국공사관 부지 관계의 건임)의 건은 지난번부터 한국정부에 교섭한바 그 대지를 유학생 감독을 위해 계속 사용을 희망하고 있음에 따라 다시 계약을 맺기 위해 東京에서 적당한 위임자를 지명해 달라고 요청했으나 아직 그 수속이 이루어지지 않아 계속 독촉을 받고 있으며 어떤 회답이든 접하는 대로 통지하겠음.

앞의 전 제45호는 귀전 제70호의 내용과 엇갈리는 점이 있으나 이는 재미·청 구 한국공사관 건물과 기타의 인도에 관한 우리 측의 의견으로 양해해주시기 바람.

원서는 〈재본방 구 한국공사관용 토지 대차계약 소멸 일건〉임

수 제16378호

明治 39년 9월 13일 접수

공 제78호

전 한국공사관 보관비에 관한 건

금년 6월 14일부 공 제58호로 이곳 전 한국공사관의 보관비로 지금까지의 전용비용 반환에 관해 콜브란에 인도할 시기가 확정되지 않았을 경우에는 1개월에 약 20불꼴로 1년분을 어림하여 당관에 전도(前渡)해주도록 통감부에 조회해달라고 요청했으나 아직 아무런 회답을 접하지 못했음.

이는 어떻게 되었는지요. 될 수 있는 대로 조속히 처리해주도록 거듭 조회해주시기를 요청함. 경구.

明治 39년 9월 3일
재청 특명전권공사 林權助
외무대신 후작 西園寺公望 귀하

송 제180호

明治 39년 9월 14일 발송
鶴原 장관 ◁ 차관

재외한국공관 재산 인도할 때까지 요하는 보관비에 관한 건

재외한국공관 재산 인도할 때까지 요하는 보관비의 건에 관해서는 이미 재청 阿部 대리공사에게서 소관사본 첨부하여 금년 6월 27일부 송 제142호로 조회한바 있는데 이번에 林 공사에게서 거듭하여 별지 사본과 같이 요청해온바, 이 송 제142호의 내용에 대해 차제에 지급으로 어떤 회시를 해주도록 조회하는 바임. (별지 수 제16376호 첨부할 것)

수 제17249호

明治 39년 9월 29일
외무대신 林 자작 각하
재일본 프랑스공사 에프. 쿠지에

서한으로 말씀드리는 것은 전 파리 한국공사관 참사관 살타렐 씨가 청구한 건에 관한 것으로 이에 대해 지난 6월 4일부 귀 서한으로 알마레 씨에게 전한 내용은 즉시 알마레 씨가 프랑스 외무대신에게 통지했는바, 이 대신은 살타렐 씨가 이번에 청구한 봉급 3개월분의 수당과 함께 1905년 4월부터 12월까지의 봉급액 가운데 작년 10월 본인에게 건네진 2백 圓을 뺀 잔금 2천5백 圓을 합쳐 모두 3천4백 圓을 잠정 승낙하며 이를 가능한 한 조속히 수령하기를 희망하고 있다고 알려왔음.

이에 대해 본사는 어떤 회답을 보내야 하는바 될 수 있는 대로 조속히 처리하여 주시도록 의뢰하면서 본사는 이에 각하에게 경의를 표하는 바임. 경구.

1906년 9월 28일 東京에서

明治 39년 10월 2일 접수

통발 제1685호

재청 및 재미한국공사관 및 영사관의 건물, 가구는 작년 11월 이 나라 공사의 철퇴 후 우리 관헌의 보관 아래에 속해 있는바 그 후 이 재산 모두를 콜브란·보스트위크 회사의 부채로 인계했다는 문제가 제기된 것에 관해 그 내용이 몹시 의심스러워 재차 궁중과 교섭 왕복을 거듭함과 함께 다시 그 요점을 알아보던 차 이달 9일 伊藤 통감이 황제폐하를 내알현(內謁見) 할 때에 직접 폐하에게 주문(奏聞) 한 바 그 전말은 별지 필기발췌와 같음.

이에 따르면 그 진상은 어쨌든 폐하가 친히 계자(啓字: 임금의 재가 도장)를 찍어 이들 건물 기구 등을 콜브란·보스트위크 회사의 계산에 인계한 사실은 의심할 혐의가 없으며 앞으로 이 회사에서 이의 인도를 요구할 시기가 있을 것이므로 그때까지 현상대로 우리 관헌의 보관 아래에 두고 그 비용은 조선정부에서 부담할 수밖에 없다고 사료되는바 이와 같은 경위를 양지하기 바라며 별지 첨부하여 말씀드림. 경구.

明治 39년 9월 28일
통감부 총무장관 鶴原定吉
외무차관 珍田捨己 귀하

※ 별지

明治 39년 9월 9일 伊藤 통감 알현 시말서 발췌

國分 서기관 통역 및 필기

(전략)

통감: 北京 및 미국에 있는 귀국 공사관의 건물은 공사 철퇴 후 우리 관헌이 보관 중에 있는데, 이 건물이 콜브란·보스트위크 회사에 차용금 변제를 위해 넘겨주었다는 것을 제국정부에서 들어 알았다. 이에는 대단한 의혹이 있는바 왜냐하면 콜브란·보스트위크 회사에 대한 채무는 이미 결산이 끝난 것으로 알고 있는데 아직 궁중에 채무가 있다는 것은 받아들일 수 없다. 또 지금까지 그 회사에서 우리 관헌에게 한 마디도 건물의 소유권에 대해 언급한 적이 없을 뿐만 아니라 이 회사의 소유로 귀속되었다고 인정할 만한 이유를 발견하지 못했기 때문이다.

폐하: 그러한 의혹은 지극히 당연하나 사실은 이와 다르다. 작년 6, 7월경의 일로 미국공사에게서 콜브란·보스트위크 회사에 대한 채무변제 독촉을 받아 몹시 다급해졌는데 閔泳煥은 크게 분개하여 우리 재외공사라는 것들은 헛되이 자리나 차지하고 있을 뿐으로 국가가 위급한 때에 하등 외교상 필요한 활동을 하지 않고 속수방관하고 있으니 이러한 외교관을 타국에 주재시키는 일은 무용하므로 차라리 공사관을 채무(변제)로 인도하고 공사를 철퇴시킨 뒤 후일 또는 파견의 필요가 생겼을 때 차옥(借屋)하여 이를 보내는 것도 불가(不可)하지 않다고 주장하며 증서를 만들어 짐(朕)에게 계자(啓字)를 요구해 그 소유권을 그 회사에 인도했다. 확실히 기억 못하지만 12, 13만 원에 대한 채무 가운데 인계

됐으며 이 회사는 이와 같은 계자가 날인된 문서를 소지하고 있으면서도 이에 필요한 지권을 상해에 있는 閔泳翊의 손에 보관되어 있어 이를 받기 위해 閔泳翊에게 교섭하는 것 같은데 閔은 폐하에게 직접 건네는 외에 가령 어느 누가 위임받았다 하더라도 절대로 이를 넘겨줄 수 없다고 거절하여 이 회사가 아무리 교섭을 벌여도 인도하지 않아 콜브란 등은 크게 당혹하고 있다고 한다. 따라서 만약 그들이 이 지권을 받았을 때에는 바로 일본관헌에게 이를 제시하고 가옥인도를 요구할 것이며 다만 오늘날까지 가만히 있는 것은 앞에 말한 閔과의 교섭이 얽혀있기 때문일 뿐 굳이 다른 이유는 없다. 그런데 콜브란 회사의 채무가 과연 어떠한 계산에 의거한 것인지 명확하지 않은 데다 지금도 궁중에서 지불하지 않은 것이 있다며 끊임없이 청구하고 있는데 이 회사 창립 이래 궁중에서 교부한 돈은 아주 거액이며 지금 얽혀있는 돈만도 70만 원에 달해 일찍이 李容翊이 이 회사에게 수지계산을 분명히 하라고 엄히 꾸짖은 결과 미국공사와 불화를 일으켜 3년 동안 이 공사를 보고도 서로 인사를 나누지 않을 정도였다. 이 회사에 대해 자본금은 공급했으나 일찍이 1리(厘)의 이익도 배당받은 일이 없으며 어느 때인가 위원을 보내 직접 장부계산을 하게 해달라고 요구했더니 미국공사는 이 위원에게 계산은 극히 명석하여 의심을 품을 이유가 없다면서 위원을 질책하고 철권으로 등을 치며 옥외로 쫓아낸 일이 있다.

(이하 생략)

송 제196호

明治 39년 10월 4일 발송
鶴原 장관 ◁ 차관

살타렐에게 급여해야 할 금액에 관한 건

재불 전 한국공사관 고용 불인 살타렐이 연체봉급과 배상금 급여신청 건에 관해 朴齊純의 서한 원문과 역문을 첨부하여 금년 5월 23일부 통발 제380호로 회시한 취지는 양지했음.

이는 당시 이곳 외무대신이 우리나라 주재 불국공사에게 이첩한 바 살타렐은 朴齊純이 제의한 급여금액을 승인한다고 별지 역문과 같이 이번에 그 나라 대리공사로부터 연락이 온바, 사열한 후 가능한 한 그렇게 되도록 해주시기 요청함. (별지 수 제17249호 역문 사본 첨부할 것)

제3150호 (암345)

北京 발 39년 10월 8일 오후 4시 4분
東京 착 39년 10월 9일 오전
林 외무대신 ◁ 林 공사

제263호

이곳 전 한국공사관 부지, 건물 등은 통감부가 한정(韓廷)에 여러 가지 교섭한 결과 결국 한정이 콜브란에게 양도한 것으로 인정할 수밖에 없게 됨에 따라 이 사람의 대표자로서 한정으로부터 양수했다는 사실을 증명하는 자에게 인도하라는 6월 4일부 송 제48호 귀신으로 훈령한 것에 대해 이 대표자는 어떠한 인물이며 언제쯤 인도를 청구해 올 것인지 보관형편상 알고 싶으며 또한 지금까지 쓴 보관비를 보내달라고 같은 달 품청했음에도 지금까지 아무런 회훈(回訓)을 접하지 못했음.

머지않아 이곳에 개설될 인도차이나은행 지배인 카세나브는 지난번에 이 가옥을 빌리겠다고 요청해옴에 따라 콜브란에게 교섭하라고 대답한바 이 사람은 바로 재京城 불국영사에게 전보를 보냈음.

그런데 영사의 회답에 따르면 콜브란상회는 10월 1일부 서면으로 그 가옥과는 아무런 관계도 없고 또 이의 임대 등에 관해 누구에게 신청해야 하는지도 모른다고 언명했으며 통감부와 미국 총영사관에서 얻은 보도도 역시 같은 의미였음.

원래 본건 재산은 작년 본성 내전 제435호와 같이 본관이 조선에 있을 때 조선황제를 알현하여 듣고 안 바로는 조선정부의 소관에 속하며 따라서 당관의 보관 하에 인도해도 된다는 회답이 일단 있었으며 그 후 돌연 궁내부에서 이를 한성전기회사에 부채가 있어 천진영사관 부지와 함께 사장 콜브란에게 인도했다고 말하기 시작했는데 그 당시 鶴原 장관도 의심을 품은 바와 같이 이는 조선황제의 농간으로서 이번에 콜브란 상회의 언명으로 드디어 날조가 확실히 밝혀졌음. 따라서 통감부가 이 새로운 증거에 의거 관계당국에 엄중 항의해야 할 것임.

기밀송 제74호

明治 39년 10월 13일 발송
鶴原 장관 ◁ 珍田 차관

한국재외공관 재산에 관한 건

한정(韓廷)이 미국인 콜브란과 보스트위크에 양도했다는 재청한국공사관 건물, 가구 등의 건에 관해 이번에 재청 林 공사에게서 별지 사본과 같은 전보가 왔음.

이와 관련 지난달 28일부 통발 제1685호로 보내신 서한이 있으나 재차 통감의 의향을 알고자 하니 이에 대해 회시해주시기 바라며 또한 그 전보에서 언급된 보관비의 건은 금년 6월 27일부 송 제142호 및 지난달 14일부 송 제180호로 조회한 적이 있는바 지급으로 송금해주시도록 요청하며 조회하는 바임.

추가로 별지 가운데 〈본성 내전 제435호〉라는 것은 작년 12월 재한 林 공사가 내 앞으로 보낸 제53호 전보를 전전한 것임. (별지 전수 제3150호 전신번호, 발신자, 수신자 및 월 일 생략하여 사본 첨부할 것)

수 제18858호

明治 39년 10월 29일 접수

통발 제2036호

금년 6월 27일부 송 제142호에서 재北京 한국공사관 보관비로 금년 3월 이후 재北京 제국공사관에서 입체지불한 것과 앞으로의 보관비를 합해 전후 약 1년을 예상하여 240불을 조선정부에서 받아 보내달라는 재北京 제국대리공사의 요청에 대한 조회 및 본건에 관한 지난달 14일부 송 제180호로 거듭하여 조회한 뜻은 양지했음. 이에 대해 조선정부에 여러 번 독촉한 끝에 이번에 그 금액에 상당한 240圓을 조선정부에서 별지 제일은행 외환권으로 보내왔는바 이를 사수한 후 적절히 처리해주시기를 의뢰함. 경구.

明治 39년 10월 24일
통감부 총무장관 鶴原定吉
외무차관 珍田捨己 귀하

전수 제18859호

明治 39년 10월 29일 접수

통발 제2086호

이달 4일부 송 제196호로 재불 전 한국공사관 고용 불국인 살타렐에 대한 연체봉급 지불의 건에 관해 재일본 불국대리공사의 서한을 첨부하여 조회하신 데에 따라 조선정부에 조회한바, 이번에 이 나라 정부가 요청한 대로 3천4백圓을 보내겠다는 것으로 별지와 같이 제일은행의 외환으로 전송하여 불국공사관을 경유 본인에게 보내도록 조치한다 함.

또한 불국대리공사의 서한에 따르면 이 돈의 수령 건에 대해 본인은 '잠정 승낙' 운운했으나 조선정부는 이 돈을 살타렐에 대한 정당한 채무로 인정할 이유는 없지만 이 사람의 재직 중의 공로에 대해 특별 전의(詮議)를 거쳐 지불하기로 한 것이므로 차후 본인이 어떠한 것을 요청하더라도 이 이상 돈을 급여하는 사안은 일절 전의하기 곤란하다는 것을 불국공사에의 회답에 이 뜻을 전해주고 본인에게서 마지막 지불(Finae settlement)이라는 영수증을 받아줄 것을 첨부하여 요청함.

明治 39년 10월 25일
통감부 총무장관 鶴原定吉
외무차관 珍田捨己 귀하

송 제72호

明治 39년 11월 7일 발송
재한국 불국대리공사 ◁ 林 대신

살타렐에 관한 한국정부의 급여금에 관한 건

서한으로 진정하신 전재 귀국 한국공사관에 고용됐던 살타렐 씨의 조선정부에 대한 급여금 요구 건에 관해서는 금년 9월 28일부 귀 서한에 의해 살타렐 씨가 3천 4백 圓을 잠정적으로 승낙한다고 알려왔다는 것을 양지하고 이를 바로 통감부에 이첩하여 조선정부에 전달 조치하도록 한바, 이번에 조선정부에서 이 돈을 보내왔다고 통감부에서 알려옴에 따라 이를 전해드리니 본인이 적절하게 조처하도록 해주기 바람.

또한 이에 대해 살타렐 씨가 잠정적으로 승낙한다는 귀 서한을 본 조선정부는 이미 작년 6월 4일부 송 제37호에 첨부했던 조선 의정부 참정대신 朴齊純의 서면에서도 밝힌 바와 같이 살타렐 씨에 대해 하등의 채무도 부담할 것이 없다고 확인하면서 다만 이 돈의 지급은 오로지 특별 전의(詮議)를 거쳐 동씨의 재직 중의 공로에 보답하는 급여일뿐이며 이것으로 본건을 마무리한다는 뜻을 분명히 하고 이번에 동 씨가 본건에 관해 한 것과 같은 청구를 다시 할 경우 조선정부는 더 이상 전의를 하지 않을 것이라는 것과 동 씨가 이 돈을 영수할 때 다시는 이와 같은 청구는 하지 아니한다는 뜻을 쓴 영수증을 제출하도록 통감부가 이첩하고 있으므로 이를 양지하시고 조치해주시기 바라면서 본 대신은 이에 귀하에게 경의를 표하는 바임. 경구. (금권 첨부할 것)

송 제108호

明治 39년 11월 9일 발송
재청 林 공사 ◁ 林 대신

재北京 한국공사관 보관비의 건

재귀지 전 한국공사관 보관비의 건에 관해 금년 6월 14일부 공 제58호 및 9월 3일부 공 제78호로 요청한 취지는 양지하고 있음.

이에 대해서는 통감부에 이첩하였는바 이번에 통감부에서 귀관이 이미 입체하여 지불한 비용 및 금후의 보관비를 합하여 전후 약 1년의 견적(見積)액 240圓 정을 조선정부에게서 받아 보내왔기에 이를 전송하니 이미 입체지불한 분을 뺀 잔액으로 앞으로의 비용에 충당하도록 하기 바람. 경구.

추가로 이에 대한 영수서를 조속히 보내주기 바람. (금권 첨부할 것)

明治 39년 11월 12일 접수

통발 제18호

한정(韓廷)이 미국인 콜브란·보스트위크 회사에 양도했다고 하는 재청한국공사관 건물, 가구 등 건에 관해 재청공사가 사실과 다르다는 새 증거를 발견했다고 보고한 것에 근거하여 지난달 13일부 기밀 제74호로 조회하신 것은 양지했음.

이에 대해 통감은 같은 달 23일 古谷 비서관을 먼저 불국 총영사관에 보내 총영사 벨랑(Belin)씨에게 콜브란·보스트위크 상회가 재北京 한국공사관의 부동산 임차에 관해 불국영사에게 제공한 서면의 사본 등을 보여달라고 요구한데 대해 이 총영사는 이를 쾌락하고 별지 갑호(1, 2)와 같은 왕복문서의 사본을 증명하여 이 비서관에게 주었음.

이로써 재북경 林 공사가 보고한 사실의 근저는 점차 더 명확해졌으며 통감은 이를 근거로 지난달 30일 알현하는 자리에서 폐하에게 직접 주문(奏聞)한 결과 폐하는 재외 구 공관의 건물을 그 회사에 인도하기 위해 계자(啓字)판을 찍어 교부한 사실은 틀림없으나 당사자가 이를 부인하고 있는 데야 아무리 변명한들 전혀 무익할 것이며 결국 사실의 진위는 앞으로 계자판을 찾아내 입증하는 것 외에는 짐의 입장으로서는 지금 피차 설명할 여지가 없다는 말씀이었음.

이에 대해 통감은 이미 콜브란·보스트위크 회사와는 관계가 없으니 이들 재외공관을 지금과 같이 그대로 두는 것은 보관비 등 적지 않은 비용이 들므로 오히려 이것들을 매각하여 그 돈을 한국정부에 수납하도록 하는 것이 도리어 득책이 된다고 주언(奏言)했음.

이에 대해 폐하는 전적으로 동의를 표하고 이를 칙허(勅許)하겠다고 해 통감은 바로 이를 착수하시도록 주청드려 본건이 결정되었음. 또한 통감은 만일을 위해 일단 콜브란에게서 언질을 받아두는 것이 필요하다고 판단, 4일 古谷 비서관을 보내 직접 콜브란과 교섭한바 그 문답은 별지 을호 필기와 같은데 드디어 이로써 궁정과 이 회사가 어떤 관계인지 아주 명백해졌으며 따라서 이 회사는 앞으로 이들 건물의 처분에 관해 하등 용훼할 구실이 없으며 이제는 북경, 워싱턴, 천진에 있는 조선 구 공관은 제국대사 또는 공사가 매각 또는 임대 중에서 어떤 조치를 하든 괜찮으며 이 양자 중 편의에 따라 처분하기 바람. 다만 이 경우 매각대금의 평가 또는 임대계약 등의 일은 아주 명확한 방법으로 하여 사후 한국인이 우리에게 한 점의 의혹도 품는 일이 없도록 주의해주기를 희망하는 바임.

또한 앞에 말한 3개소 공관에 대한 지권은 모두 상해에 있는 閔泳翊 씨의 손에 보관되어 있다는 사실은 황제폐하의 말씀과 콜브란의 이야기에 비추어 거의 명확하므로 재상해 우리 총영사로 하여금 직접 閔泳翊 씨에게 황제의 칙허를 받은 사실을 설명하고 지권 인도를 요구하되 혹시 이 사람과 피차 이견이 생겨 이의 교부가 되지 않을 경우 굳이 이를 받아낼 필요는 없음. 이의 유무에 구애 없이 단연코 처분할 수 있으므로 이 사람에게는 이후 그 문권을 일절 무효화시키는 신고로 끝내는 것이 좋을 것으로 사료되어 이에 대해 별지 첨부하여 상신함.

明治 39년 11월 7일
통감부 총무장관 鶴原定吉
외무차관 珍田捨己 귀하

※ 별지 갑호

1906년 10월 22일 서울

주서울 프랑스총영사 벨랑이
서울의 콜브란 및 보스트위크에게
1906년 9월 29일 서울

근계

北京에 세워진 프랑스 은행인 인도차이나은행은 그곳의 전 한국공사관 건물과 대지를 꼭 매입하거나 임대하기를 원했습니다.

그런데 이 은행은 한국황제가 이 재산을 귀하에게 담보로 양도했다는 말을 들었다고 합니다. 만일 귀하가 이를 인정하는 위치에 계시다면 이 은행은 우리를 통해 그 재산을 얼마에 임대할 수 있는지, 또는 매입할 수 있는지를 알고자 합니다. 경구.

J. 벨랑

1906년 10월 22일 서울

콜브란 · 보스트위크 개발회사 대리인
콜브란과 보스트위크
1906년 10월 1일 서울
G. 베르도 씨에게
한국 서울주재 프랑스총영사.

근계

지난달 29일부 귀하의 서한에 답변 드리자면 北京에 있는 전 한국공사관을 인도차이나은행이 사용하기 위해 매입하거나 임대하겠다는 것에 대해 우리는 이 재산이 우리의 보호 하에 있지 않다고 말하지 않을 수 없으며 그렇기 때문에 귀하가 요청한 정보를 드릴 수가 없습니다. 우리는 문제의 재산에 대한 임대나 매입을 누구에게 신청해야 하는지를 알지 못합니다. 경구.

콜브란 · 보스트위크 개발회사를 대신하여
E. A. 엘리엇.

※ 별지 을호

明治 39년 11월 4일 오후 1시 통감의 명을 받들어 古谷 비서관은 콜브란을 京城 西小門 밖의 주택으로 방문하여 재北京 전 한국공사관 매매 또는 임대에 관해 금년 10월 1일부로 콜브란·보스트위크 회사원 엘리엇이 불국총영사 앞으로 보낸 회답은 콜브란이 양해한 것인지, 또한 전 조선 재외공사관의 건물에 관해 이 회사와 조선정부 간에 어떤 교섭이 있었다면 그 사실을 알고 싶다고 요청하자 콜브란은 이 요청을 쾌락하고 대요 다음과 같이 회답했음.

귀하의 뜻은 잘 알겠음. 엘리엇이 서명한 회답은 졸자(拙者)의 양지하에 보낸 것으로 본건에 관해 통감 각하께서 흉금을 열고 물어보심으로 졸자도 숨김없이 사실대로 회답하는바, 먼저 황제 폐하에게서 졸자에게 거액을 대금(貸金)하시겠다는 말씀을 듣고 졸자는 영업상의 일이라면 상당한 담보를 제공할 경우 폐하의 말씀에 응하겠다고 회답을 드리자 재北京 및 워싱턴의 전 한국공사관을 담보로 하겠다고 하여 졸자는 이에 약간 기괴하다는 생각이 들어 공사관은 조선정부에 속하는 재산이 아닌가, 만약 그렇다면 이것을 담보로 하여서는 대금을 할 수 없다고 말씀드리자 전적으로 폐하의 사유재산이라고 확답함에 따라 그렇다면 가권(家券)을 졸자 앞으로 보내주시면 폐하께서 말씀하신 액수를 조달해 드리겠다고 회답했음.

그러나 다시 이 가권은 수일 내에 보낼 것이니 당장 지불을 요하는 작은 액수의 돈을 대여해 달라고 해 머지않아 가권을 보내주겠다는 약속이라면 작은 돈은 무담보로 조달해 드리고 이어서 가권을 받은 뒤 요구하시는 금액을 대여하겠다고 회답하고 이와 같이 실행했음. 그러나 그 후 가권은 오늘까지도 아직 졸자의 수중에 들어오지 않았고 따라서 거액의 대금(貸金)은 아직 이루어지지 않았음. 사실을 밝힌다면 이와 같은 것임.

이에 대해 古谷 비서관은 폐하에게서 대금요구를 받은 것이 대략 몇 달 전의 일인가와 또 콜브란이 무담보로 빌려준 금액을 참고로 알고 싶다고 물었더니 다음과 같이 회답함.

대금의 요청은 지금으로부터 약 1년 이전의 일이고 무담보로 조달해 드린 것은 현금으로 폐하에게 드린 것과 폐하를 대신해 계산을 지불한 것을 합하여 3만 원에 달하는 것으로 기억함. 이 금액도 가권을 준다고 말하기에 빌려준 것이지만 지금까지 주지 않는 것을 보면 필경 영원히 보내주는 일이 없을 것이라고 생각함.

古谷 비서관은 다시 재외공관 가운데 공사관과 같은 것은 일국의 외교 대표자가 집무하고 또 거주하는 곳으로 보통 국가재산이어야 하는데 이것을 군주의 사유재산이라는 것은 아주 이례적인 일이며 이 이례에 속하는 공사관의 가권을 과연 어디에 보관하고 있을 것이라고 생각하느냐고 묻자 다음과 같이 회답함.

그러함. 이례 가운데에서도 심한 것으로 아마도 한국 외에는 이와 같은 예는 없을 것임. 따라서 앞에 말한 바와 같이 졸자도 매우 미심쩍은 생각이 들어 여기저기 탐색했으나 졸자가 아는 한에는 폐하의 개인 돈으로 마련했다는 것은 의심할 필요가 없으며 졸자가 조사한 바에 따르면 재워싱턴의 공사관은 좋은 위치에 있어 폐하가 구입했을 때에 비해 오늘에는 가치도 증진했을 것으로 믿음. 그러나 이 가권은 황실에도 정부에도 없으며 졸자의 탐문에 잘못이 없다면 상해에 있는 閔 모가 보관과 관계가 있음. 다만 이는 졸자 혼자의 추측이므로 확언할 수가 없으니 원컨대 졸자를 위해 통감에게 상신해 주기 바람.

폐하는 어디까지나 이 공관을 폐하의 사유재산이라고 주장하고 있기 때문에 졸자는 전적으로 영리의 목적으로 이를 담보로 하여 대금(貸金)하기로 결심한 것에 불과할 뿐 아무런 정치적 의미도 없음.

古谷 비서관은 또한 만일을 위해 확인하는 것인데 귀하의 말대로라면 통감이 이 공관의 매각 또는 임대 등의 처분에 관해 한국궁정에게 충고한 결과 이 궁정이 앞으로 이를 처분한다 해도 귀하나 귀 회사는 아무런 이의도 제기할 수 없을 것 같은데 이에 대한 의견은 어떤가. 콜브란은 이 질문에 대해 바로 다음과 같이 회답함.

졸자 등은 가령 이의를 제기하고 싶어도 가권을 갖고 있지 못하기 때문에 아무 것도 할 수가 없으며 단지 한제(韓帝) 폐하께서 무담보로 조달하신 3만 원의 원금이자를 갚지 않으면 앞으로 졸자 등은 폐하에게 돈을 대여할 수가 없는 결과를 낳게 될 뿐임.

이후는 잡담으로 옮아갔음.

明治 39년 11월 20일 발송
재청 林 공사 ◁ 林 대신

재청국 구 한국공사관에 관한 건

재北京 전 한국공사관의 건에 관해 지난번 제263호 귀전으로 알려온 사실을 통감부에 이첩한바, 통감부는 이를 재京城 불국총영사에게 문의한 결과 알려온 사실이 명확한 것으로 밝혀짐에 따라 伊藤 통감은 한국황제를 은밀히 알현한 때에 이 건에 관해 여쭌바 황제는 재외공관을 콜브란·보스트위크 상회에 양도하는 계자판에 날인한 것은 사실이나 당사자가 양도를 인정하지 않는 데는 어쩔 수 없다고 말하고 결국 통감이 상주한 방법을 칙허(勅許)함에 따라 재北京 구 한국공사관은 각하의 편의에 따라 매각하거나 임대하는 데 지장이 없음.

다만 매각대금의 평가나 임대계약 등은 아주 명확한 방법에 의거 처리하도록 통감부에서 요구하고 있으므로 이를 양지하여 처리하여 주시기 바람. 경구.

明治 39년 11월 20일 발송
재상해 永瀧 총영사 ◁ 대신

기밀

재외한국공관 지권 회수에 관한 건

北京, 워싱턴의 구 한국공사관 및 천진의 동 영사관은 한국황제가 직접 京城의 미국의 콜브란·보스트위크 상회에 양도하기 위해 황제가 이 양도증서에 계자판을 날인했다고 하나 지난번 이래 여러 가지 조사를 한 끝에 콜브란·보스트위크 상회는 이 양도를 부인하고 있음이 판명되어 계자판 날인은 어쩌면 사실이라 하더라도 양도는 끝내 성립되지 않았음이 확실함.

그 결과 伊藤 통감이 한국황제에게 상주하여 결국 본건 한국재외공관은 재미대사, 재청공사 및 천진총영사가 매각 또는 임대처분하도록 결정해 이 사실을 본 대신이 훈령을 발하고자 하는 바임.

그런데 앞의 3개소 공관의 지권이 어쩌면 귀지 한인 閔泳翊의 손에 보관되어 있는 것으로 알려져 있는바 이에 대해서는 한국황제도 언급한 적이 있어 거의 확실한 것으로 인정되므로 귀관이 閔泳翊에게 이들 공관의 처분방법을 이미 칙재(勅裁) 받았다는 사실을 설명하고 지권의 인도를 청구할 것.

만일 이 사람과 서로 이견이 있어 교부를 승낙하지 않을 경우 그 때부터 이 지권이 실효되도록 신고할 것을 건의할 것.

기밀송 제26호

明治 39년 11월 20일 발송
재미 靑木 대사 ◁ 林 대신

기밀송 제22호

재천진 加藤 총영사 앞 (각 통)

구 한국재외공관에 관한 건

재워싱턴(천진 앞에는 귀지라고 할 것) 전 한국공사관(천진 앞에는 '영사관'이라고 할 것) 건물 등 처분에 관한 건은 지난 6월 4일부 제58호(천진에는 '제54호'라고 할 것)로 알려드린바 있으나 그 후 조사한 결과 한국궁정과 콜브란·보스트위크 상회와의 사이에는 본건에 관해 아무런 관계도 성립해 있지 않음이 판명됨에 따라 伊藤 통감이 한국황제에게 상주한 결과 각하(천진에는 '귀관'이라고 할 것)의 편의에 따라 공사관(천진에는 '영사관')을 매각 또는 임대해도 무방함.

다만 매각대금의 평가 또는 임대계약 등은 아주 명확한 방법으로 조치하여 달라고 이번에 통감부에서 요청이 있었으므로 이를 양지하여 될 수 있는 대로 그렇게 조치하여주기 바람. 경구. (천진에는 '조치할 것'이라고 할 것)

송 제223호

明治 39년 11월 29일 발송
鶴原 통감부 총무장관 ◁ 차관

전 재불한국공사관 고문 살타렐에 대한 봉급 송부에 관한 건

전 재불한국공사관 고문 살타렐에 대한 연체봉급 지불 건에 관해 지난달 25일 통발 제2086호로 보내준 금액 3천4백圓을 이달 7일 재일본 불국 임시대리공사에게 전송하며 본인에게 교부해달라고 요청한바, 이 돈을 정히 받아 본인에게 보냈으며 영수증은 본인이 제출하는 대로 보내주겠다는 회답을 동 대리공사가 보내왔기에 이를 양지하시도록 알려드림.

수 제20542호

明治 39년 12월 3일 접수

송 제216호

전 한국공사관 보관비의 건

이달 9일부 송 제108호로 이곳 전 한국공사관 보관비로 약 1년분의 견적으로 240圓을 보내주신 데 대해 별지 영수증 및 이미 지불한 계산서, 증빙서 일체를 보내니 통감부 경유로 한국정부에 전송해주시기 바람.

또한 전에 말씀드린 바와 같이 이 보관비는 1개월에 약 양은(洋銀)

으로 20불을 요해 지난 1년 동안 240불이 들었는바 이번에 한국정부에서 보낸 액수는 일본금화여서 오늘의 환율 85불 전후로 바꾼 액수는 양은 205불 20선으로 1년분의 액수에는 양은 34불 80선의 부족이 생겨 이 부족을 보충하기 위해서는 우리 돈일 경우 41圓을 가까운 시일 내에 추가 송금하도록 통감부에 이첩해주기 바라며 아직 이 부지, 건물에 대해 콜브란 상회는 아무런 관계가 없음을 언명하고 있으므로 조속히 어떠한 조치를 취하도록 통감부에 조회하기 바란다고 왕전 제 263호로 제의한 바 있으나 이에 대해서도 조속히 회답해줄 것을 아울러 요청함. 경구.

明治 39년 11월 20일
특명전권공사 林權助
외무대신 자작 林董 귀하

송 제229호

明治 39년 12월 5일 발송
鶴原 총무장관 ◁ 차관

재北京 구 한국공사관 보관비 영수증 발송 기타의 건

재北京 제국공사의 청구와 관련, 그곳 구 한국공사관 보관비 양은(洋銀) 240불의 송금을 금년 6월 27일부의 송 제142호 및 9월 14일부 송 제180호로 요청한바 10월 20일부 통발 제2036호로 방화 240圓을 보내와 이를 공사에게 전했는바 이번에 별지 영수증 및 이미 지불한 계산서와 증빙서를 일괄하여 공사가 보내왔기에 이를 보내니 검사하여 가능한 한 처리하여 주기 바람.

또한 양은 240불에 대해 방화 240원을 보낸 결과 요스음의 환율 85불 50선으로 환산할 때 양은 205불 20선이 되어 1년 액수로는 양은 34불 20선의 부족을 낳게 되므로 이 부족액 보충을 위해 방화일 경우 41원을 가까운 시일 내에 추가송금해 주도록 이 공사가 요청해 왔으므로 한국정부에 조회하여 가능한 한 조속히 송금조치하기 바람. (별신 수 제10542호 부속영수증, 기타 부속서 모두 첨부할 것)

수 제4101호 (암)

北京 발 39년 12월 15일 오후 6시 40분
본성 착 39년 12월 15일 오후 10시 30분
林 외무대신 ◁ 林 공사

제334호

이곳 전 한국공사관 지소, 건물 처분에 참고하기 위해 매입원가를 문의한데 대해 鶴原 총무장관의 회답에 의하면 마르텔이 말하는 바로는 10만 냥이라는 것으로 현재 인도차이나은행 지배인 카세나브가 이 지소, 건물을 원해 이를 사겠다고 하니 10만 냥이면 매각할 생각인바 건물은 이미 별로 값이 나가지 않으므로 이 지소와 함께 이 값이면 적당하다고 판단되니 미리 양해해주시기 바람.

기밀수 제2603호

明治 39년 12월 17일 접수

기밀 제73호

재외한국공사관 지권 되찾기에 관한 건

지난달 20일부 기밀송 제48호로 北京, 워싱턴에 있는 구 한국공사관과 천진에 있는 이 나라 영사관 등의 지권을 閔泳翊이가 보관하고 있다는 의심이 있어 閔에 대해 인도요구를 하라는 지시에 따라 소관(小官)은 먼저 은밀하게 사실의 유무를 알아보는 것이 좋다고 생각하여 친하게 지내는 한인 徐相集에게 내밀하게 위촉하여 閔에 대해 지권의 유무를 물어보도록 한바 閔은 전혀 관여하지 않아 물론 지권도 보관하고 있지 않다고 복명해옴에 따라 훗날의 증거를 확실히 하기 위해 별지 사본 제1호와 같은 서면으로 공공연하게 지권의 유무를 질문하고 있으면 양도를 요구하고 없으면 이 지권이 실효한 것임을 통고한바, 다음 날인 8일부로 별지 사본 제2호와 같은 회답이 있었음.

그 내용은 앞서 徐의 복명과 같이 이 사람은 애초부터 이 지권의 매수 등에 간여하지 않았고 지권 등도 보관하고 있지 않다고 하므로 이제는 더 이상 이곳에서 찾을 길이 없다고 판단됨. 그동안 왕복서신 사본 첨부하여 회답함. 경구.

明治 39년 12월 10일
재상해 총영사 永瀧久吉
외무대신 자작 林董 귀하

※ 사본 제1, 2호 생략

전송 第3200號

明治 39년 12월 16일 오후 3시 45분 발송
재청 林 공사 ◁ 林 대신

第243號
귀전 334호에 관해 伊藤侯의 뜻으로 와 협의한바 10만 냥에 매각하는 것에 이의가 없으므로 매각조치한 후 대금은 직접 또는 우리 측을 경유하여 통감부에 보내기 바람.

기밀송 第81號

明治 39년 12월 19일 발송
鶴原 총무장관 ◁ 차관

구 재외한국공관 지권 돌려받기에 관한 건

지난달 7일부 통발 제18호 말미에서 요청한 구 재외한국공관 지권 돌려받기 건에 관해 재상해 永瀧 총영사에게 훈령한바 이번에 별지 사본과 같은 이 총영사의 보고가 있었음. 자세한 것은 별지를 통해 아시기 바라며 이에 대한 회답 있기를 바람. (별신 수 제2603호 부속서 사본 전부 첨부할 것)

기밀송 제82호

明治 39년 12월 19일 발송
鶴原 총무장관 ◁ 珍田 차관

재北京 구 한국공사관 지소 등 매각에 관한 건

재北京 구 한국공사관 지소, 건물 처분의 건에 대해 별지 사본과 같은 그곳 林 공사의 전보가 있었기에 東京에 머물고 있는 伊藤 통감과 협의한바 10만 냥에 매각하는 데에 통감도 이의가 없어 매각조치하고 매각대금은 직접 또는 외무성 경유로 통감부에 보내도록 이 공사에게 훈령했으니 이를 양지하시기 바람. (별지 林 공사 내전 수 제4101호 사본 첨부할 것 〈단 본문만 복사할 것〉)

수 제21567호

明治 39년 12월 20일 접수

통발 제2635호

송 제2329호로 재北京 한국공사관 보관비에 관한 건의 지불영수서를 첨부하여 요청한 취지는 이를 양지하여 이 영수서를 한국정부에 보내 보관비 부족금액의 보충에 대해 조회한바, 이번에 이 정부에서 이 금액 41圓을 보내왔기에 별지 제일은행 외환권으로 보내니 이를 적절히 처리하여 주시도록 요청함.

明治 30년 12월 17일
통감부 총무장관 鶴原定吉
외무차관 珍田捨己 귀하

송 제124호

明治 39년 12월 28일 발송
재청 林 공사 ◁ 林 대신

재北京 구 한국공사관 보관비 부족액을 보내는 건

재귀지 구 한국공사관 보관비 부족액을 보내는 건에 관해 지난달 20일부 송 제36호로 요청한 취지를 통감부에 이첩한바, 이번에 통감부에서 귀신이 첨부한 영수증을 한국정부에 보내 귀신이 요청한 부족액 우리나라 돈 41圓을 이 정부에게서 받아 외무성으로 보냈기에 전송하니 이를 챙겨주기 바람. (별신 수 제21567호 부속금권 첨부할 것)

수 제4267호 (평)

北京 발 39년 12월 29일 오후 1시 24분
본성 착 39년 12월 29일 오후 5시 15분
林 외무대신 ◁ 林 공사

제350호
전 한국공사관 부지, 건물 및 가구 일체를 10만 냥에 인도차이나은행에 매각하여 오늘 계약에 조인했음. 대금은 불입되는 대로 보내겠으며 계약서도 며칠 안에 우송하겠음.

전송 제3294호

明治 39년 12월 31일 오후 3시 발송
京城 鶴原 총무장관 ◁ 珍田 차관

제213호
林 공사 내전 제350호 전문 전전함.

수 제538호

明治 40년 1월 10일 접수

공 제110호

전 한국공사관 부지, 건물 등 매각의 건

이곳 전 한국공사관 부지, 건물에 대해 통감과의 협의를 거쳐 10만 냥이라면 매각해도 괜찮다는 훈령에 따라 이곳 인도차이나은행 지점 지배인(카세나브)에게서 이 부지, 건물의 매입요청을 받고 10만 냥이면 매각하겠다고 답변했음. 또 이 공사관 부속의 가구가 다소 있으나 각별히 값나가는 것이 없다고 판단되어 이것도 모두 그 값에 주겠다고 한바 지배인은 본국에 전품(電禀)하여 이를 사기로 했음.

그리고 이른바 거래화폐인 양(兩)에 관해서는 우리 공사관은 正金은행 北京출장소의 조사에 따르는바, 중국인들 사이에는 보통 경족은(京足銀) 또는 경평은(京平銀)을 사용하나 외국인 사이에는 대개 공겁은(公砝銀)을 쓰고 있으며 공겁은의 환율이 높음에 따라 본건의 매매대금은 공겁양으로 하기로 정했고 상대방도 이의가 없어 12월 29일 이미 보고드린 대로 매매계약서에 서로 서명을 끝냈음.

계약서는 모두 5통을 작성하여 우리 측이 3통을 받아 1통은 우리

영사관이 보관하고 2통은 별지와 같이 보내니 그 가운데 1통은 통감부에 회부해주기 바람.

본건 부지 및 건물에 관한 지권 또는 기타 종래의 증서는 전 한국 공사관이 당관에 준 인계서류에는 없고 혹시 조선에 있지 않을까 알아봤으나 어쨌든 현재에는 찾을 수 없어 상대방의 요청에 응해 제4조를 두기로 한바, 이는 매입자에게 필요한 안전보장을 위해 당연하다고 사료되어 이를 양해한 것이며 지권 기타 본건 재산과 관계가 있는 증빙서류를 발견했을 때에는 즉시 당관으로 보내도록 통감부에 통지해주시기 바람.

계약 기타의 조항에 관해서는 만일을 위해 正金은행이 西班牙공사관 소유지를 매입할 때의 계약도 참조했으므로 별로 곤란한 점은 없을 것으로 판단됨. 대금 10만 냥은 2, 3일 안으로 상대방이 보내오면 이를 받는 대로 이곳 正金은행을 통해 본 성으로 보내겠음.

이상 보고함. 경구.

明治 39년 12월 29일
재청 특명전권공사 林權助
외무대신 자작 林董 귀하

※ Agreement(계약서) 원문

The following Agreement entered into by:

His Excellency Mr. Hayashi, Envoy Extraordinary and Minister Plenipotentiary of His Majesty the Emperor of Japan, duly authorized by the Japanese Government acting on behalf of His Majesty the Emperor of Corea or of the Corean Government, owner of the estate hereinafter, of the one part;

and Mr. Casenave, Minister Plenipotentiary,

Manager of the Peking Branch of the "banque de l'Indo-Chine" acting on behalf of the "Banque de l'Indo-China", 15bis rue Laffitte, Paris,

of the other part;

whereas it is agreed:

1.

H. E. the Minister of Japan, on behalf of his Government, hereby agrees to sell, transfer and hand over to the "Banque de l'Indo-Chine", who accepts, all rights of ownership on the estate formerly occupied by the Corean Legation in Peking, lying in the Legation Quarter, West of the Jade River, and consisting in:

a) the compound situated as on the annexed plan and covering the area therein described;
b) the buildings standing in the said compound, in their present condition;
c) the furniture therein contained;

this estate having been the matter of the transaction of November 1901, between Mr. Charles Denby, acting on behalf of his farther, Colonel Denby, the former American Minister in Peking, and former owner, of the one part, and Mr. Martel acting on behalf of H. M. the Emperor of Corea or of the Corean Government, of the other part,

2.

The "Banque de l'Indo-Chine" will have the free disposal and enjoyment of the said estate, as owner, from this day.

3.

H. E. the Minister of Japan declares the said estate to be free from all liabilities, mortgages, or other charges.

4.

As the title-deeds of the said estate are not found, and as H. E. the Minister of Japan is therefore unable to hand over such documents to the "Banque de l'Indo-Chine". he hereby declares to stand liable, on behalf of his Government, all and any risks which may result from the absence of such title-deeds to the detriment of the property-right in regard to the said estate.

On the other hand, if the title-deeds are ever found, they will at once be handed over to "Banque de l'Indo-Chine" by the Japanese Government.

5.

The price agreed upon for the transfer of the aforesaid property is one hundred thousand (100, 000) Kungfa taels, payable at once after registration of this Agreement at the French Legation in Peking. The registration fees to be paid by the "Banque de l'Indo- Chine".

This Agreement is executed in quintuplicate and signed in Peking by the contracting parties, the twenty ninth day of December nineteen hundred and six.

(서명) K. Hayshi

Casenave

▶ 위 번역문

아래 계약은 이 재산의 소유자인 대한제국 황제 또는 대한제국 정부를 대리한 일본정부에 의해 정당하게 위임받은 일본제국의 특명전권공사 하야시(林) 각하를 한 당사자로 하고:

그리고 파리 라피떼 가(街) 15-2호 인도차이나은행을 대리하여 전권을 가진 인도차이나은행 北京지점 지배인 카세나브 씨를 다른 당사자로 하여 맺어지며:

다음과 같이 계약한다.

1.

일본공사 각하는 그의 정부를 대신하여, 이 계약에 의거 翡翠江 서쪽의 외국공관지구에 있는, 재北京 한국공사관이 전에 점유하고 있던 모든 재산의 소유권을 인도차이나은행에게 매각하고 이전하여 넘겨주는바 이 재산에는 다음 사항을 포함한다.

a) 첨부된 도면상에 있고 그곳에 적혀있는 지역을 망라한 구역.
b) 전기(前記)한 구역에 세워진 건물과 현재 상태.
c) 공사관 내의 가구.

이 재산은 1901년 11월 이의 전 소유주인 전 北京주재 미국공사, 코널 덴비를 대리한 그의 아들 찰스 덴비를 한 당사자로, 한국황제 또는 한국정부를 대리한 마르텔을 다른 당사자로 하여 소유권이 이전됐다.

2.

인도차이나은행은 이날부터 전기한 재산의 소유주로서 이 재산을 자유롭게 처분하고 사용할 수 있다.

3.

일본공사 각하는 전기한 재산이 일체의 채무, 저당 또는 책임에서 자유롭다는 것을 선언한다.

4.

전기한 재산의 권리증서가 발견되지 않고 있으며 그리하여 일본공사 각하가 그러한 서류를 인도차이나은행에 이양함이 불가능해짐에 따라 일본공사는, 일본정부를 대리하여, 이러한 권리증서의 부재로 인해 전기한 재산에 대한 고유권한에 손상을 입힐 수도 있는 여하한 모든 위험성에 대하여 책임질 것을 선언한다.

5.

전기한 재산의 양도에 대한 합의가격은 10만 냥 공겁은(公砝銀)으로 하고 매입금은 재北京 프랑스공사관에 계약서가 등기되는 대로 지불한다. 등기수수료는 인도차이나은행이 지불한다.

이 계약서는 1906년 12월 29일 北京에서 5부가 작성되어 당사자가 서명하다.

케이. 하야시(K. Hayashi)
카세나브(Casenave)

※ 약도 생략

수 제753호

明治 40년 1월 14일 접수

공 제1호

이곳 전 한국공사관 부지 및 건물을 인도차이나은행에 매각한 대금 공겁은 10만 냥은 지난해 12월 31일 영수하여 시가인 1백 圓당 61량 8분으로 바꿔 방화 15만 8,415圓 84錢을 별지 橫濱 正金은행 이곳

지점의 외환권으로 보내니 이를 통감부에 전해주시기 요청함. 경구.

明治 40년 1월 3일
특명전권공사 林權助
외무대신 자작 林董 귀하

송 제6호

明治 40년 1월 14일 발
長谷川 통감대리 ◁ 林 대신

재청 전 한국공사관 부지, 건물 매각의 건

재청한국공사관 부지, 건물 등 매각의 건에 관해 이번에 林 공사가 매매계약서를 첨부하여 별지 사본과 같이 보고해와 이를 이첩하니 자세한 내용은 이를 통해 양지하시고 한국정부에 적절히 통지하여 주시기 바람. 또한 대금 10만 냥은 당성이 접수하는 대로 보내겠으니 이것도 아울러 양지하시기 바라며 별지 첨부하여 알려드림. (별지 수 제538호 사본 및 부속계약서 1통을 첨부할 것)

송 제8호

明治 40년 1월 21일 발

長谷川 통감대리 ◁ 林 대신

재청 구 한국공사관 건물, 부지 등 매각대금 전송(轉送)의 건

재北京 구 한국공사관 부지, 건물 등 매매계약 체결의 건에 관해 이 달 14일부 송 제6호로 알려드렸는바 이번에 이 매각대금 공급은(公砝銀) 10만 냥을 지난해 12월 31일 수령하여 이에 대한 방화(邦貨) 15만 8,415圓 82錢(1백 圓당 63량 8분으로 바꿈)을 재청 林 공사가 별지 금권 1장으로 보내왔기에 이를 전송하니 이를 검수하여 한국정부에 교부하도록 요청함. (별신 수 제753호 부속금권 첨부할 것)

기밀수 제223호

明治 40년 1월 25일 접수

기밀 제43호

전 재영 한국총영사 모건 보수금에 관한 건

본건에 관해 최근에 전신 및 기밀통신(금년 3월 15일부 제11호)으로 여러 번 말씀드린 적이 있으며 이 보수에 관한 본인의 청구를 지난 3월 한국의 관계당국이 승인했다는 취지의 반전을 접하고 이 사실을 그 사람에게 일단 통지했음.

그러나 아직 본건에 관해서는 지난번 각하가 귀국했을 때 친히 관계당국자와 협의한 바에 따라 본사의 부임에 즈음한 내시에 의하면 통감부와 교섭한 결과 그 사람은 다소 지급받을 가망성이 있다고 했음에도 지금까지 아무런 결정이 되었다는 귀보를 접하지 못했음.

그런데 만약 약간의 보수금을 지급할 여건이 된다면 너무 시일을 끄는 것은 좋지 않다고 생각됨. 뿐만 아니라 앞의 기밀통신에서 말씀드린 바와 같이 재영한국공사관 철폐에 관해 수지계산한 결과 당관이 보관하고 있는 잉여금 2구좌 합계 영화 88파운드 10실링을 될 수 있는 대로 빨리 처분하는 것이 좋겠다고 생각돼 혹시 이 돈을 모건의 보수금의 일부로 충당하는 것도 시의의 조치라고 사료됨.

따라서 차제에 본건에 관해 적절한 훈령이 있기를 요청하는 바임. 경구.

明治 39년 12월 15일
재영 특명전권대사 남작 小村壽太郎
외무대신 자작 林董 귀하

수 제2230호

明治 40년 2월 12일 접수

공 제5호

전 한국공사관 보관비 반환의 건

이곳 전 한국공사관 보관비 부족액으로 이번에 41圓을 우편환으로 보내온바 이를 정확히 받았음. 그러나 아시는 바와 같이 이 공관은 지난해 12월에 매각됨에 따라 금년 1월부터 보관비가 필요 없게 되었으므로 전에 받아 놓은 것과 이번의 것을 합해 다음과 같이 별지 우편환 1장으로 돌려보내니 이를 한국정부에 반환해주시기 요청함. 경구.

明治 40년 2월 2일
재청 특명전권공사 林權助
외무대신 자작 林董 귀하

기(記)
洋銀 72불 10선: 지난번 보고 때 잔고, 洋銀 39불: 별지 수취서에 따른 지불액 공제 잔금, 33불 10선

이의 圓화 35圓 98錢: 1월 28일 시가 1원 당 92선, 일금 41圓: 이번에 부족분으로 보내와 받은 것, 합계 금 76圓 98錢. 이 가운데 80錢을 우편환 요금으로 공제, 실 송금액 금 76圓 18錢정

이상.

(우편환권 공제인은 近藤錦太郎으로, 수신인은 西村賤夫으로 했으니 양지하시기 바람)

통감부에는 괄호 안 2줄은 필요 없음.

기밀송 제4호

明治 40년 2월 14일 발송
재한 長谷川 통감대리 ◁ 林대신

전 재영 한국총영사 모건에 대한 보수금에 관한 건

전 재영 한국총영사 모건의 보수금 청구 건에 관해 작년 3월 6일 비제1호 귀전으로 요청한 취지를 당시 바로 재영 林 대사에게 전전하

면서 본인에게도 통지하라고 조치한 일이 있는바, 아직도 본건에 관해 만약 약간의 보수금을 지불할 여건이 된다면 재영한국공사관 철폐에 관한 수지결산의 결과 잔여금 2구좌 합계 영화 88파운드 10실링을 재영대사관이 보관하고 있어 이 돈을 모건의 보수금의 일부로 충당하겠다고 小村 대사가 품의해온바, 이에 대해 논의하여 회답해 주기 요청함.

송 제30호

明治 40년 2월 23일 발송
木內 총무장관 대리 ◁ 珍田 차관

재청 전 한국공사관 보관비 반송의 건

작년 12월 17일부 통발 제2634호로 보내준 재청 전 한국공사관 보관비 부족액 41圓을 바로 재청 林 공사에게 전송한바, 이번에 이 공사에게서 이 공사관이 지난해 12월에 매각됨으로서 이 돈이 필요 없게 되었다면서 전에 보낸 보관비의 잔액과 함께 별지 사본의 계산출입과 같이 합계 76圓 18錢의 지출비용 영수증 2장을 첨부하여 반송해왔기에 이를 전송하니 한국정부에 반환 조치하여 주시기 요청함. (별지 수 제2230호 별기 사본 및 이 전신 부속영수증 2장은 그대로 첨부할 것. 돈은 第一은행환을 첨부할 것)

수 제3096호

일본주재 프랑스대사관
동경, 1907년 2월 27일
외무대신 자작님

본 대사관은 보상금 명목으로 살타렐에게 한국정부가 지급한 3,400엔(8,721프랑)을 본국 외무대신 각하에게 보냈고, 외무대신 각하는 당사자에 의해 발급된 영수증을 방금 본관에게 보내왔습니다.

본관은 이 서류를 동봉하여 각하께 전해드리는 바입니다. 서류에는, 11월 7일자 서신에서 각하께서 원하시던 바에 따라, 살타렐은 "파리주재 한국공사관 비서로서 요구한 배상청구 청산금으로서 임금완제"라는 문구를 작성하여 첨부했습니다. (끝 인사말)

외무대신 하야시 자작 귀하

송 제37호

明治 40년 3월 1일 발송
木内 총무장관 대리 ◁ 珍田 차관

살타렐에 대한 한국정부 급여금 수령증 보내는 건

살타렐에 대한 한국정부의 급여금 건에 관해 작년 10월 25일부 통발 제2086호로 이 돈 3천4백 圓을 첨부하여 보내온 것을 양지하여 바로 재본방(本邦) 불국공사에게 전송했던바, 이번에 제라르 대사에게서 별지 살타렐의 수령증을 보내왔기에 이를 전송하니 사수하시기 바람. 이 대사의 서한에는 살타렐의 별지 수령서는 한국공사관 서기관으로서의 요구잔액을 모두 수령한 것이라고 쓰고 있음을 첨가해 알려드리니 이를 양지하시기 바람. (별지 수 제3096호 부속 살타렐 수령증 첨부할 것)

송 제4호

明治 40년 3월 1일 발송
재本邦 불국대사 ◁ 대신

살타렐에 대한 한국정부의 급여금 수령증에 관한 건

서한으로 말씀하신 귀국인 살타렐 씨에 대한 한국정부 급여금을 그 사람이 수령한 건에 관해 지난달 27일부 귀 서한으로 이 사람의 수령증을 보내주신 것 등 잘 받아 통감부에 이첩하여 한국정부에 전송하도록 조회했으니 이를 양지하시기 바라며 이를 회답하는 바임. 본 대신은 이에 거듭하여 각하에게 경의를 표하는 바임. 경구.

기밀송 제5호

明治 40년 3월 26일 발송
재미 靑木 대사 ◁ 林대신

재미 전 한국공사관 처분에 관한 건

재귀지 전 한국공사관 건물 등 처분 건에 관해 작년 11월 20일부 기밀송 제26호로 이를 임대 또는 매각하도록 요청한바 있거니와 이번에 통감의 의뢰도 있으므로 지급으로 이 건물의 매수희망자를 찾아 그 이름과 가격 등을 전보해주도록 요청함. 경구.

기밀수 제981호

明治 40년 4월 16일 접수

통발 제1722호

전 재영 한국 명예영사 모건에게 보수금으로서 전 재영한국공사관 철퇴에 관한 수지계산 잔여금 2구좌 계 영화 88파운드 10실링의 지급에 관해 금년 2월 14일 기밀송 제4호로 요청한 취지를 얼마 전 한국정부에 조회한바 이 정부에서도 모건의 공로를 인정해 보수금을 주는 데 대해 이의가 없으므로 小村 대사의 요청대로 이 금액을 이 사람에게 지급해도 지장이 없다는 이 정부의 회답을 접했기에 이를 재영 小村 대사에게 통첩하기 바라며 이와 같이 회답함.

明治 40년 4월 12일
통감 후작 伊藤博文
외무대신 자작 林董 귀하

전송 제935호

明治 40년 4월 19일 오후 6시 10분 발
伊藤 통감 ◁ 대신

제46호

이번 달 12일부 통발 제1722호에 관해 한국정부는 본건 금액을 모건에 대한 보수금액으로 할당할 뿐 그밖에는 아무것도 지급할 생각이 없는 것인지 이에 대해 회답해주기 바람.

수 제1451호 (암)

京城 발 明治 40년 4월 22일 오후 06시 15분
본성 착 明治 40년 4월 22일 오후 11시
林 외무대신 ◁ 伊藤 통감

제22호

귀전 제46호에 관해 한국정부는 모건에게 대리공사를 명한 적이 없고 단지 재산 및 기록의 보관을 의뢰했을 뿐으로 그 비용은 모두 지불이 끝났으나 다행히 한국공사관 철퇴에 관한 수지결산 결과 잔액이 있다고 해 호의적인 보수로서 그 사람에게 주는 것을 승낙했을 뿐 그 이상의 요구에 응할 의무가 없고 또한 이를 지출할 방도도 없으며 본건에 관해서는 스티븐스가 사정을 양지하고 있으므로 이 사람에게 문의하기 바람.

수 제6430호

明治 40년 4월 29일 접수

공 제28호

구 재불한국공사의 부채에 대한 전 한국영사 루리나 씨의 요청 건

구 한국공사 金晩秀 씨는 佛國주차 때인 1902년 본국정부에서 송금이 오지 않자 관비(館費)의 지급을 위해 전 한국영사 루리나 씨를 보증인으로 하여 노청은행에서 불화 3만2천 프랑을 대출받은 적이 있는바 그 후 이 공사는 이의 반액을 이 은행에 갚았으나 나머지 반액에 대해서는 아무런 조치도 취하지 않음에 따라 당시 한국주차 노국공사가 이 차재(借財)에 대해 한국정부에 교섭하여 한국정부는 이 공사에게 이 원금과 이자를 노청은행에 지불할 것을 보장한 바가 있음.

루리나 씨는 당시 한국정부가 보장한다는 것을 그때의 주한불국공사 드 쁘랑쉬로부터 통지를 받고 크게 안심하고 이 차재에 관한 자신의 책임이 실제로는 이미 소멸됐다고 생각하고 있던 차 뜻밖에도 그 후 한국정부가 이 부채를 갚지 않았기 때문에 루리나 씨는 여러 번 노청은행으로부터 독촉을 받아 그때마다 재한 불 공사를 거쳐 한국정부에 요청했으나 지불을 미루는 사이 전쟁이 있었고 이어서 불국공사관이 철퇴하여 오늘에 이르게 된 것임.

그리하여 루리나 씨가 이번에 당관에 이와 같이 요청한 것으로서 본건은 이미 한국정부로부터 외교절차를 밟아 지불보증을 받아 놓은 것이므로 작년 한국공사관이 불국에서 철퇴할 때에는 특별히 이 부채에 관해 당관에 요청하지 않았으나 지금에 이르러서도 아직까지 한국정부에서의 지불이 없어 노청은행으로부터 자주 독촉을 받음에 따라 차제에 우리 정부가 한국정부에 대해 이의 지불을 교섭해주도록 당관에서 품의해주기 바란다는 것임.

따라서 당관은 이것이 이미 불국정부를 거쳐 한국정부와 교섭한 사건일 뿐만 아니라 그 성질상으로 보아서도 당관이 간여할 이유가 없어 일단 사절했었음에도 이 분이 여러 번의 간청도 있고 하여 결국 당관은 본건에 대해 하등의 책임을 지는 것은 불가능하며 단지 그 사정을 우리 정부에 보고하는 것뿐이라는 것을 약속했음.

따라서 본건에 관한 모든 출원사본 일체를 첨부하여 보내니 만약 본건에 관해 재東京 불국대사에게서 어떤 요청이 있을 경우 참고하시기 바람. 경구.

明治 40년 4월 18일
재불 특명전권대사 栗野愼一郎
외무대신 자작 林董 귀하

송 제55호

明治 40년 5월 2일 발송
통감부 鶴原 총무장관 ◁ 차관

구 재불한국공사의 부채에 대한 전 한국영사 루리나 씨의 요청의 건

구 재불국 한국공사 金晩秀 씨 불국주차 중의 부채에 대해 전 한국영사 루리나 씨가 요청한 건에 관해 주불 栗野 대사로부터 별지 사

본과 같은 통보가 있었기에 관계당국에 이첩하기 바람. (별지 수 제 6430호 및 부속서 사본 첨부할 것)

※ 별지 1

Rue Lafayette 44번지
대한제국 총영사관
파리 1907년 1월 4일
파리주재 일본대사님께

대사님,

1902년 이래 한국정부는 노청은행에 19,000₣의 부채를 안고 있습니다. 이 채무액은 이미 일본정부가 전 공사 민영찬을 통하여 상환하려 했으나 문제가 해결되지 않았습니다.

저는 이 일이 해결될 수 있기를 앙망합니다. 본인은 전 한국총영사의 자격으로 본인이 대리했던 한 국가의 부채가 미결상태인 점이 안타까워 귀하의 협력을 구하고자 합니다. 아무런 조건 없이 합법적으로 지불해야 할 부채가 발생한 지 꽤 오랜 시간이 지났습니다.

본인이 어떠한 조치를 취해야 할지 대사님의 고견을 구합니다.

대사님께 존경을 표하면서.

※ 별지 2.

파리 1907년 1월 4일
동경주재 Gerard 프랑스 대사님께

대사님,

1902년 공사급료를 받지 못한 파리주재 한국공사 김만수 씨는, 빚지고 있는 한국공사관의 제반 비용으로 지출하기 위해 필요한 32,000₣의 금액을 쓸 수 있도록 해달라고 본관에게 요청해 왔으며 본관은 노청은행에게 본관의 보증하에 일부 자금을 앞당겨 대출이 가능하도록 부탁을 했었습니다.

1902년 9월 27일자 서신으로 Collin de Plansy 씨는 본관에게 연락해 온바, "귀하의 보증에 따른 32,000₣(이중 절반은 김만수 공사에 의해 노청은행에 상환되었음)은 제국정부에 의해 이자와 함께 상환될 것이라는 약속을 러시아공사관이 제국정부에게서 받았다"고 하셨습니다.

1902년 12월 29일자 서신으로 Collin de Plansy 씨는 본관에게 알려오기를, "본인은 어제 귀하의 지난 11월 13일자 서신을 받았고 여기에 귀하의 보증 하에 김만수 공사에게 은행에서 대출해 준 금액과 관련된 노청은행의 서신이 첨부되어 있다"고 하셨습니다.

본관은 이 자료의 사본을, 은행에 여전히 남아있는 부채액의 상환을 한국정부를 상대로 추적하고 있는, 러시아공사에게 전했습니다.

1904년 12월 8일자 Bawlow 씨의 서신내용은, "1902년 7월 25일, 8월 9일자 한국외무대신의 지급통지문 내용에 의하면 김만수 씨의 부채는 여하튼 허락되었고, 인정되었다"는 분명한 사실확인이 있었습니다.

앞의 사실들로 미루어, (대출연체는) 분명한 사실일진대, 노청은행이 만족하는 방향으로 이 일이 해결될 수 있도록, 대사님께서, 지시를 내려주시기를 간청합니다.

※ 별지 3

대한제국 총영사관
44, Lafayette 거리
파리 1907년 1월 24일
파리주재 일본제국 대사님께

각하,

본관은, 각하께서 본관에게 11일자로 발송한 서신을 잘 받았습니다. 파리 노청은행에 관련된 김만수 한국공사의 부채에 관하여 각하의 견해와 다른 생각을 가지고 있습니다. 이 부채는 서울에 있는 한국외무대신에 의해 인정되었고 우리가 알고 있기 이전에 이미 서울에 체류하던 러시아와 프랑스 공사들에 의해 확인되었기 때문입니다.

본관의 책임문제가 더 이상 노청은행에 의하여 제기되지 않기를 바라며, 서울에 있는 한국대신에 의해 이루어진 공식약속이 존중될 수 있기를 각하께 간청합니다. 본관은 일본정부가 이 서신을 받는 즉시 문제의 부채가 소멸될 수 있도록 훈령을 내리실 것을 의심치 않습니다. (끝 인사말)

수 제7312호

明治 40년 5월 14일 접수

통발 제2357호

전 불국주차 한국공사 金晩秀 씨가 전 조선영사 루리나 씨의 이서(裏書)를 받은 한국 탁지부대신 앞 수표로 노청은행 파리대리점에서 차용한 불화 3만 2천 6백 프랑의 잔액을 아직 지불하지 않아 루리나 씨가 이 은행으로부터 지불독촉을 받고 있다는 재불 栗野 대사의 서면을 첨부한 이달 2일부 송 제55호의 요청은 잘 받았음.

본건에 관해서는 이 은행 仁川대리점이 한국정부에 조회원(願)을 제출한 취지에 따라 이미 금년 3월 27일 재京城 노국총영사가 당부에 신청했고 당부는 같은 달 30일 한국정부에 이 돈의 변제에 관한 의향을 확인한바 이 정부에서도 이 잔액에 대한 채무를 승인하고 그 이자율과 기산일을 양해했다고 알려왔고 다시 이달 6일 노국총영사에게 이에 관한 설명을 요청했으며 이 총영사로부터 회답이 오는 대로 적절한 조치를 취할 예정임.

따라서 이상과 같은 본건의 경과를 참고로 栗野 대사에게 통첩함이 좋을 것으로 생각되어 보고함.

明治 40년 5월 10일
통감부 총무장관 鶴原定吉
외무차관 珍田捨己 귀하

송 제42호

明治 40년 5월 17일 발송
재불 栗野 대사 ◁ 林 외무대신

구 재불한국공사의 부채에 대한 전 조선영사 루리나 씨의 요청의 건

전 불국주차 한국공사 金晩秀 씨의 부채에 대한 전 한국영사 루리나 씨의 요청의 건에 관해 3월 16일부 공 제28호로 요청한 것을 양지하고 이를 즉각 관계당국에 이첩한바, 이번에 별지 사본과 같이 鶴原 통감부 총무장관으로부터 회답이 있었으며 자세한 것은 이것으로 양지하기 바라며 이를 전함. 경구. (별지 수 제7312호 사본 첨부할 것)

수 제2001호

1907년 5월 28일 오후 1시 15분 접수
東京 林 외무대신 ◁ 워싱턴 靑木 대사

제41호
귀하의 기밀 제5호와 관련하여 전 한국공사관 재산의 매입가격으로 워싱턴의 Moor & Hills사 대리인 J. A. Taylor가 1만 달러를 제시했음. 이것은 본관이 제시받은 최고의 가격임.

이 재산은 한국의 왕과 그의 후계자에게 소유권 등기가 되어 있는바 제국정부의 대표자로서의 본관의 법적 자격이 이 재산을 왕의 개인적 재산으로 간주하는 이 지역의 법률에 의해 이 재산의 처리권한을 충분히 보유하지 못하고 있음.

한국황제가 이 재산을 처리하는 데에는 두 가지 방법이 열려 있음. 그것은 황제가 이 재산을 직접 처리하거나 또는 한국황제가 미합중국 영사관리 앞에서 이 재산의 권리를 본관이나 본관의 후임자 또는 다른 양수인(讓受人)에게 이양한다고 서명하고 인정하는 것임. 거래의 성사를 위해서는 조속한 회답이 필요함.

전송 第1377호

明治 40년 5월 29일 오후 3시 10분 발
京城 鶴原 총무장관 ◁ 대신

第85호
재미 전 한국공사관 건물 처분에 관해 별지 전문과 같은 青木 대사로부터 전보가 있었는바, 지급으로 논의하여 회전해 주기 바람.

전송 第1378호

明治 40년 5월 29일 오후 3시 10분 발
京城 鶴原 총무장관 ◁ 대신

第86호
(재미 青木 대사 전보 41호 전문)

수 第2259호 (암)

전신 40년 6월 10일 오후 5시 10분 京城 발
전신 40년 6월 10일 오후 7시 본성 착
林 외무대신 ◁ 鶴原 총무장관

第42호
귀전 第85호 재미 전 한국공사관 건물 처분에 관해 青木 대사가 보낸 전보의 취지를 한국 궁내대신에게 조회한바 이 공사관 건물 및 부지는 원래 2만 5천 달러에 매입하여 거기에 5천 달러를 들여 수리한 것으로 이제 와서 1만 달러의 낮은 가격으로 매각하는 것은 바람직하지 않다는 회답을 접했으므로 이를 青木 대사에게 전보해주기 바람.

전송 제1553호

明治 40년 6월 11일 오후 3시 40분 발
재미 青木 대사 ◁ 林 대신

제72호
귀전 제41호에 관해 통감부에서 한국 궁내대신에게 조회한바 이 공사관 건물 및 부지는 원래 2만5천 달러에 매입하여 거기에 5천 달러를 들여 수리한 것으로 이제 와서 1만 달러의 낮은 가격으로 매각하는 것은 바람직하지 않다는 회답이 있었다함.

기밀수 제1738호

明治 40년 7월 8일 접수

기밀공 제16호

재미 전 한국공사관 건물에 관한 건

이곳 주재 전 한국공사관 건물 등의 매수희망자를 탐색하여 그 성명 및 가격 등을 전보하라는 지난 3월 26일부 기밀 제5호 귀신의 지시에 대해 보고함.

전(傳)하건대 이의 매수희망자를 탐색하였는바 아무래도 건물이 헐었고 그 소재지도 16년 전 이를 매입했던 시대에는 비교적 좋은 위치였으나 그 후 워싱턴의 이른바 유행지구가 모두 일변하여 오늘에 이르러서는 이 공사관 건물의 소재지는 완전히 변두리로 바뀌어 중류 이하의 사회가 되어 그 부근에서는 거주하기가 어려운 상태이기 때문에 매입자를 찾기가 어려움. 이곳의 지소, 건물 거래상사인 Moor & Hill 의 대리인 J. A. Taylor라는 자가 제의한 1만 달러는 최고의 호가(呼價) 로서 이를 과거의 매입가격 2만 5천 달러와 비교하면 대단히 싼 가격 같지만 앞서 말한 사정에 따라 이 부근의 지가는 최근에 심하게 하락하여 요즘에는 1만 달러에 매각하는 것이 다행스러운 일이라고 이 분야에 정통한 장사꾼들이 감정하고 있어 아무리 기다려도 더 높은 가격을 받기는 도저히 가망이 없음.

더구나 시일이 경과함에 따라 유지비가 들고 건물은 점차 황폐해져 지가는 점점 하락할 뿐이므로 이에 따라 이 기회에 1만 달러의 값으로 매각하는 것이 가장 좋은 득책이 될 것이라고 사료됨.

다만 또한 이 공사관 건물 및 부지는 봉투 속의 별지 채핀의 보고와 같이 한국정부의 관유재산이 아니고 한국황제(당시의 朝鮮 국왕)의 사유재산으로 있기 때문에 이 나라의 법률상 이를 매매, 양도하기 위해서는 이 재산의 소유자인 한국황제 자신의 거동을 필요로 하는 사정이 있음.

이에 대해서는 지난달 28일부 왕전 제 43호로 우선 품의한바 있거니와 다시 이의 설명을 위해 별지 채핀의 보고서 사본을 첨부하여 상신함. 경구.

明治 40년 6월 5일
재미 특명전권대사 자작 靑木周藏
외무대신 자작 林董 귀하

추서. 본문의 매수희망자는 왕 제43호 끝단에 덧붙여 말씀드린 바와 같은 사정을 감안한 이 제의에 대한 관계당국의 가부결정 회답이 너무 늦어지면 혹시 거래가 이루어지지 못하고 결국 1만 달러 이하의 값에 매각하게 될 가능성도 적지 않다고 걱정하고 있음을 추가하여 첨부함.

※ 채핀 보고서

1907년 5월 27일
재워싱턴 일본대사 프레드릭 이. 채핀 변호사
靑木 자작 각하
(주소: 워싱턴 D. C. H가 1410호 매리랜드 빌딩)

귀하의 지시를 이행하여 본인은 현재 한국 왕과 그 후계자 명의로 되어 있는 한국공사관 재산의 양도문제를 고찰해왔습니다.

양도문제는 통상적으로 큰 어려움을 수반하지 않지만, 그러나 한국의 왕과 같이 이 문제에 대해 직접 거동하지 않을 경우에는 아주 곤란한 상황이 야기됩니다. 그렇기 때문에 본인은 이 문제에 대해 많은 연구를 했고 또한 양도문서에 한국 왕의 서명과 승인을 받지 않고서도 양도를 실현하기 위해 양도증서 작성을 전문으로 하는 저명한 변호사에게 자문을 받았습니다. 그러나 매 단계에서마다 본인은 다음과 같은 곤란에 직면했습니다:

이 재산은 한국 왕에게 그의 이름으로 그리고 상속재산으로 명백하게 등기되어 있습니다. 즉 왕 자신과 그의 후계자에게 입니다. 만일 이 재산이, 수년 전에 팔린 독일대사관의 경우처럼, 대한제국에게 등기되어 있다면 왕의 적절한 관리가 임금 측의 당사자로서 이 문제를 독자적으로 처리할 수 있습니다. 예컨대, 독일공사관 판매의 경우, 독일제국의 수상은 적절한 공문서로 이곳에 상주하는 대사에게 양도등기에 서명하고 승인하는 권한을 부여했으며 그리고 지금 이 재산의 소유권에는 아무런 문제가 없습니다. 한국공사관은 그러나 위와 같이 직접 왕에게 등기가 되어 있으며 그렇기 때문에 우리의 법률하에서는 왕이 직접 미합중국의 영사나 외교관 앞에서 양도 등기서류에 서명하고 승인하여야 하는 것입니다.

이것이, 양도증서 작성 전문변호사로서 가장 권위자로 인정받고 있는, 이 도시에서 최고의 재산소유권 취급 법률회사 사장인 에드몬 스톤 씨의 확고한 생각입니다. 그는 외국정부가 소유하고 있는 재산과 관련하여 우리 법률에 명백한 결점이 있고 이 결점은 법령에 의하지 않고는 극복될 수 없다고 주장합니다. 그리고 그는 외국정부의 왕 또는 여왕의 서명과 승인 획득의 필요 없이도 외국정부의 정당하게 권한이 위임된 관리에게 재산의 적절한 양도를 할 수 있는 권한이 부여되는 법률이 의회에서 가결될 것이라고 시사합니다. 그는 더 나아가 귀하가 대사로서 등기를 하여, 거기에 한국의 국가보증이 부착되어 아마도 이론의 여지가 없게 되었다고 하더라도, 그럼에도 불구하고 이 문서에 대한 보증의 부착에 대해 왕이 직접 서명하고 승인하지 않았기 때문에 이 서류에는 결점이 있게 될 것이라고 주장합니다.

본인은 이러한 서명과 승인과 같은 문제가 일어나는 여러 경우에 있어서의 곤란한 상황을 제거할 수 있는 많은 방편을 고려하고 제안했었습니다. 따라서 본인은 재산양도 등기에는 한국의 왕이 미합중국 영사나 외교관 앞에서 귀하 자신과 귀하의 후임자에게 공식적으로 재산을 양도한다는 서명과 승인이 된 재산양도가 준비되어야 한다는 것을 권고합니다. 이것은, 의회가 외국정부의 주요 관리에게 재산권을 행사할 수 있는 권한을 부여하는 법률을 통과시키지 않는 한, 재산양도의 성취를 위한 유일한 방법으로 보입니다.

귀하가 그러한 법률의 제정을 기다릴 필요가 있다고 생각한다면 계약은 귀하 자신과 한국공사관의 재산매입 제안자 간에 맺어질 수 있겠지만, 이 경우 귀하는 상대방에게 그 재산의 소유권을 넘기고 그리고 의회에서 그러한 법률이 통과되는 대로 완전한 재산 소유권을 보장해야 할 것입니다.

물론 이러한 과정을 거치는 데에는 상당한 시일이 걸릴 것이며 아마도 이 재산의 매입자가 그 매입금을 직접 귀하에게 넘겨주지 않으려 할 것입니다. 이 경우 이 매입자는 그렇게 하려하지 않을 것이며 적법한 양도등기가 이루어질 때 귀하에게 매입금을 지불하도록 거래회사에 공탁할 수도 있을 것입니다.

본인은 왕의 직접적인 서명과 승인을 획득함이 없이는, 또는 의회가 외국정부의 주요 관리에게 재산양도 권한을 부여하는 법을 입법할 때까지 기다리지 않는 한 우리의 법이 이와 같은 곤란한 상황을 제거하지 못하는 데 대해 대단히 유감스럽게 생각하는 바입니다. 경구.

프레드릭. 이. 채핀(Frederik E. Chapin)

수 제10373호

明治 40년 7월 8일 접수

공 제48호

구 한국공사관 보관비에 관한 건

이곳 주재 구 한국공사관의 보관에 관해서는 작년 39년 9월 2일부 공 제16호로 요청한 대로 한 달 10불에 집 지키는 사람 1명을 고용해 건물을 지켜왔는바, 이에 대한 비용으로 금년 3월 14일부 공 제32호로 요청한 바와 같이 이 한국공사관 철퇴비 잉여금 1백 불로 지급해 39년 2월부터 같은 해 11월에 이르기까지 이 잉여금을 모두 지불했으며, 따라서 이 건물이 처분될 때까지는 역시 앞서 말한 급료를 지급하여 집 지키는 사람을 둘 필요가 있기 때문에 작년 11월 이후는 당관의 운영비에서 이 급료를 대체 지급해오고 있는바, 이 사정을 관계당국에 통지하여 필요한 보관비를 당관에 보내도록 조처하여 주시기 바람. 경구.

明治 40년 6월 11일
재미 특명전권대사 자작 青木周藏
외무대신 자작 林董 귀하

기밀송 제20호

明治 40년 7월 17일 발송
鶴原 장관 ◁ 차관

재미 전 한국공사관에 관한 건

재미 전 한국공사관의 건에 관해 귀전 제42호로 보낸 해답은 양지하여 이를 바로 青木 대사에게 전전한바 이것과 엇갈려 이번에 이 대사에게서 채핀의 보고서 첨부하여 별지 사본과 같이 앞의 전보 설명에 대한 전언이 있었기에 참고하도록 보내드림. (별지 기밀 제1736호 및 부속서 모두 첨부할 것)

송 제91호

明治 40년 7월 18일 발송
鶴原 총무장관 ◁ 珍田 외무차관

재미 구 한국공사관 보관비에 관한 건

재미한국공사관 보관비의 건에 관해 작년 4월 17일부 송 제96호로 요청한 적이 있는바, 이번에 재미 靑木 대사가 별지 사본과 같이 알려 왔기에 이를 이첩하니 논의하여 회답해주도록 요청함. (별지 수 제10373호 첨부)

기밀수 제1903호

明治 40년 7월 22일 접수

기밀 제10호

전 재영 한국총영사 모건 보수금에 관한 건

전 재영 한국총영사 모건에 대한 보수금 지급의 건에 관해서는 작년 12월 15일부 기밀 제43호로 자세히 상신했으나 그 후 아무런 회보를 접하지 못했음. 그런데 그 전보로 상신한 바와 같은 지급에 대해 혹시 아직 심의가 이루어질 형편이 아니라 하더라도 너무 시일을 지연시키는 것은 좋지 않다고 사료됨.

더구나 재영한국공사관 철폐에 관한 수지계산 결과 생긴 잉여금도 그대로 당관이 보관하고 있어 이의 처분을 위해서도 차제에 본건을 우선적으로 결정해야 한다고 사료되니 가능한 한 조속히 심의를 하여 주도록 다시 한 번 상신함. 경구.

明治 40년 6월 22일
재영 특명전권대사 남작 小村壽太郎
외무대신 자작 林董 귀하

전송 제2015호

明治 40년 7월 23일 오후 5시 발송
재영 小村 대사 ◁ 林 외상

제89호
귀신 6월 22일부 제10호에 관하여 한국정부는 모건에 대한 보수로서 귀관이 보관하고 있는 잉여금만을 부여하는 것을 승낙한다고 통감부로부터 회답이 있었음. 자세한 것은 우편으로.

기밀송 제13호

明治 40년 7월 25일 발송
주영 小村대사 ◁ 林외상

전 재영 한국총영사 모건 보수금에 관한 건

전 재영 한국총영사 모건에 대한 보수금 지급 건에 관해 6월 22일부 기밀 제10호로 요청한 취지를 양해함.

본건에 관해서는 작년 12월 15일부 기밀 제43호로 요청한 취지를 신속히 통감부에 이첩한바, 이번 통감부에서 온 회답에 따르면 한국정부는 모건의 공로를 인정하여 그 보수로서 이미 귀관이 보관 중인 한국공사관 철퇴에 관한 수지결산 잔금 2구좌 계 영화 88파운드 10실링을 이 사람에게 지급하기로 결정했음.

더욱이 한국정부는 원래 모건에 대해 어떠한 관직에도 임명해야 할 이유가 없었기 때문에 단지 재산과 기록의 보관만을 의뢰했을 뿐이며 그 비용도 이를 모두 지불했으므로 그 이상 어떠한 요구에도 응해야 할 의무가 없으나 다행히 그 공사관 철퇴에 관한 수지 결산 결과 앞서 말한 잔액이 있기 때문에 이를 보수로 그 사람에게 부여하는 것뿐이라는 취지이므로 이를 양지하여 조치하기 바라며 이와 같이 알리는 바임.

공신 사본

明治 40년 7월 29일 접수
천진 加藤 총영사가 외무성에 참고용으로 제출

천진 노국거류지 내에 있는 한국영사관 부지에 관한 건

천진 노국거류지 내에 있는 한국영사관 부지 기타 한국정부 소속 재산관리에 관해 작년 12월 외무대신의 훈령을 받았는바, 이 부지가 과연 한국정부의 소유에 속하는지 아닌지, 그 권리확보의 증거에 대해서는 단지 한국황제가 伊藤 통감에게 언명했다는 것일 뿐 노국관헌에 대해 그 소유권을 주장할 수 있는 공적 서류가 없음에 따라 소관은 우선 그 증거를 잡기 위해 노국영사 대리에게 반공신(半公信)으로 이 지소에 관한 등기부의 공증등본을 얻고 싶다고 요청한바,

이 영사 대리는 작년 12월 18일부 반공신으로 이 등본은 그 지소의 지권소지자의 동의를 얻지 못하면 교부하기 곤란하다고 별지 사본 갑호와 같은 회답이 있었음.

이에 따라 소관은 한편으로 그해 12월 31일부의 공문으로 그 지소의 관리훈령을 받았다는 것과 아울러 앞으로 이 지소에 관한 모든 관계사항은 본관에게 통지해달라고 별지 사본 을호와 같이 통고하고 동시에 별지 사본 병호와 같이 반공신으로 앞의 갑호 사본의 이른바 지권소지자의 인명을 문의한바 불국인 라벳다 씨가 이를 소지하고 있다고 금년 1월 9일부로 별지 사본 정호와 같은 회답이 있었음.

소관은 이에 따라 奧田 영사관보를 이 라벳다에게 보내 자세히 물어 알아본바 이 지소의 영조권(永租權) 증서(지권)는 마르텔의 손에 있고 라벳다는 마르텔과 협정하여 이 지소 위에 건물을 건축하고 있으나 아직 완공되지 않았기 때문에 가옥에 대해 아무런 조계(租界)의 과금(課金)도 낸 적이 없다고 대답해 이를 확인하기 위해 별지 사본 무호와 같이 그달 10일부로 편지를 보낸바, 그 후 얼마 안 되어 노국영사가 경질되는 등의 일이 있어 본건은 그대로 진전이 없었으나 이달 1일 다시 신임 노국영사에게 이 사정을 말하고 이 지소에 관한 모든 공문서류의 사본을 요구한 데 대해 이달 3일부로 별지 사본 계호와 같은 회답이 있었음.

이에 의하면 이 지소는 노국 조계설정위원(租界設定委員)이 마르텔에게 매도한 것으로서 그 지권은 마르뗄의 수중에 있고 그리고 그 지권의 등기는 이 설정위원회의 등기부에 등록되어 있으며 지권의 부본(副本)은 별도로 만들지 않았음. 등기부는 전 전 영사 라프츄 씨 생존 때(이 사람은 작년 봄 천진에서 미친 사람에게 살해되었음) 상트페테르부르크로 보내졌기 때문에 금년 9월에 이르러 이 위원회가 다시 사무를 볼 때까지는 이 지소에 관한 일체의 관계를 알 수 없다는 것임.

이와 같은 사정이 있으므로 이 지소에 관해서는

(1) 지권이 한국정부의 이름으로 취득했는지 또는 마르텔 자신의 명의로 되어 있는지를 확인할 필요가 있으며 금년 9월 이전에 이것을 확인하는 방법은 마르텔을 신문하여 이 지권을 제시하도록 하는 것임. 노국영사 및 이 나라 조계국원(租界局員)의 말에 의하면 지권은 마르텔의 명의로 되어 있으나 지소 현장에는 '大韓國 領事館 地界'라는 표석(標石)을 세워 경계를 표시하고 있음. 넓이는 17무(畝) 1분(分) 8리(厘)라고 하며 朴齊純 씨가 공사로 있을 때 그 대리로서 지조를 납부하던 천진에 사는 한국인 朴 모의 진술에는 특별히 공문을 뒷받침할 만한 근거는 없음.

(2) 이 지소 위에 불국인 라벳다라는 자가 가옥을 건축한 것은 마르텔과의 계약에 의한 것임에는 틀림없으나 이것은 토지매입 후 3년 내에 가옥을 건축하지 않을 경우 토지를 몰수한다는 노국조계 규칙의 적용을 피하기 위한 시의적절한 조치로서 이 지소의 대차(貸借)에 대해서는 단지 구두약속만 했을 뿐 하등 서류의 교환이 없었던 것 같으며 한국정부의 것으로서 권리보존을 하는 데에는 정식계약할 필요가 있음.

이상과 같은 사정에 따라 차제에 어찌되었든 일단 마르텔로 하여금 지권을 제시하도록 하여 만약 지권은 이 사람의 명의로 되어 있으되 실제로 지대(地代)는 한국정부에서 지출한 것일 때에는 그로 하여금 한국정부의 소유권을 인정하는 문서에 기명(記名) 조인하게 할 필요가 있다고 사료되어 그 방법을 강구한 바를 보고드리는 한편 비견을 개진하는 바임. 경구.

明治 40년 7월 6일

재천진 총영사 加藤本四郎
통감부 외무총장 鍋島桂次郎 귀하

수 제13762호

금권첨부 明治 40년 9월 6일 접수

통발 제5222호
재미 전 한국공사관 보관비의 건에 관해 외무대신 앞으로 보낸 青木 대사의 서신을 첨부하여 7월 18일부 송 제91호로 전해주신 취지에 따라 궁내부에 조회하여 회부받은 260圓을 별지 외환권으로 보내니 작년 11월 이후 한국공사관 보관비로 제국대사관에서 입체 지급한 액수를 이 돈에서 공제하고 잔액은 종전과 같이 그 비용에 충당하도록 적절히 青木 대사에게 전달해주시기 바람.

明治 40년 9월 2일
통감부 총무장관 鶴原定吉
외무차관 珍田捨己 귀하

발 제78호

금권첨부 明治 40년 9월 20일 발송
재미 青木 대사 ◁ 대신

재미 전 한국공사관 보관비에 관한 건

구 한국공사관 보관비에 관해 금년 6월 11일부 공 제48호로 요청한 취지를 통감부에 이첩했던바, 이번에 통감부에서 궁내부에 조회하여 회부받은 260圓을 별지 외환권으로 보내왔기에 이를 보냄.

또한 이 금액에서 작년 11월 이후 한국공사관 보관비로 귀 관에서 입체 지급한 액수를 공제하고 그 잔액은 종전과 같이 그 비용으로 충당할 것을 덧붙여 말씀드리니 이를 양지하여 적절히 조치한 바를 회답해주기 바람. 경구. (9월 6일 받은 13762호 부속금권 외환으로 바꿔 첨부할 것)

기밀수 제2672호

明治 40년 10월 14일 접수

기밀 제15호

전 재영 한국총영사 모건 보수금에 관한 건

본건에 관해 전에 상신드린 것을 통감부에 이첩하여 통감부에서 보낸 회답에 의하면 한국정부도 모건의 공로를 인정하여 이에 대한 보수로서 현재 당관이 보관하는 한국공사관 철퇴에 관한 수지결산 잔금 영화 88파운드 10실링을 이 사람에게 지급하라는 지난 7월 25일부 기밀송 제13호의 지시를 받고 지난달 30일부 서한으로 그 사람의 청구에 대해 당관에서 관계당국에 신청했던바 한국정부는 본건을 심사하여 이 요구에는 응할 수 없다고 결정하고, 다만 이 사람의 공로에 보답하기 위해 앞서 말한 잔액, 영화 88파운드 10실링을 증여한다는 뜻을 알리면서 이 돈을 보낸바 이에 대해 이 사람으로부터 이 달 6일부로 이 돈을 받았다고 알려왔음.

이와 함께 각하가 전에 이곳에 재임할 때에 이 사람이 자신의 공로에 대한 보수로서 일본정부가 조선의 채광권을 허용해 줄 것을 내원(內願)한바 이에 대해 각하로부터 그 청구를 호의적으로 고려하겠다는 회답을 받은 일이 있다는 것으로 차제에 이 취지를 본사가 상신해달라는 뜻을 별지 서한 사본과 같이 요청해왔음.

이에 따라 본사는 이 사람의 청구에 관해 지난달 30일부 서한으로 신청했던 것인바 본건에 관한 당국관헌의 최종결정이 유감스럽게도 아무런 조치를 취할 수 없다는 것이라고 회답했기에 오늘 귀하의 답변과 함께 앞의 사항에 대한 지시도 포함하여 요청하는 바임. 경구.

明治 40년 9월 9일
재영국 특명전권대사 남작 小村壽太郎
외무대신 자작 林董 귀하

※ 별지 사본

영국 런던 퀸 빅토리아 가(街) 1번지
(맨션 하우스 다음 집)
1907년 9월 6일

근계

본인은 영사관 폐쇄 당시 본인이 시행한 결산에서 남은 88파운드 10실링의 수표가 동봉된 지난달 30일부의 귀하의 서한을 감사히 잘 받았습니다.

林 자작은 런던대사일 때에 고맙게도 본인이 한국의 공사대리가 사망한 후 수개월 동안 상당한 업무를 수행한 사실을 평가하였고 본인은 각하에게 그러한 봉사에 대한 대가로 일본정부가 한국의 채광권을 본인에게 부여해달라는 요구를 겸손히 청원했습니다. 그는 고맙게도 그

문제에 대해 호의적으로 고려하겠다고 말했고 그리고 본인은 만일 귀하가 고맙게도 東京의 외무성에 대해 귀하가 본인에게 고맙게 준 수표는 수령하지만, 일본정부가 차후 채광권이나 다른 이권을 고려해야 한다는 본인의 요구에 응할 것임을 본인이 믿고 있다는 사실을 통보해 주신다면 감사하겠습니다. 본인은 다음 극동방문 때 이권에 대한 요구를 하겠습니다. 경구.

W. Pritchard-Morgan
일본대사 남작 小村壽太郎 귀하

기밀송 제37호

明治 40년 10월 23일 발송
통감부 鶴原 장관 ◁ 珍田 차관

기밀 제4호

전 재영 한국총영사 모건 보수금에 관한 건

전 재영 한국총영사 모건 보수금 건에 관해 금년 2월 14일부 기밀송 제4호로 조회한 데 대해 4월 12일부 통발 제1722호로 회시가 있어 그 요지를 재영 小村 대사에게 통지한바 이번에 별지 사본과 같은 보고가 있었으므로 이를 양지하도록 그 뜻을 전함. (별지 재영 대사 송 제15호 사본 및 영문 함께 첨부할 것)

수 제2919호

明治 41년 2월 19일 접수

공 제8호

구 한국공사관 보관비에 관한 건

작년 9월 14일부 송 제78호로 구 한국공사관 보관비로 미화 129불 3선 즉 260圓을 보내며 이 금액에서 우선 지난 39년 12월 이후 당관이 입체지불한 액수를 공제하고 그 잔액을 보관비용에 충당하라는 지시가 있었는바, 작년 11월 말까지 120불을 다 써 그해 12월분으로는 9불 3선이 남아 있을 뿐이어서 이에 대해서 관계당국에 이를 통달하여 그 12월 이후 앞으로의 필요한 보관비를 보내주도록 가능한 한 조속히 조치하여 주시기를 요청함. 경구.

明治 41년 1월 15일
재미 임시대리대사 宮岡恒次郎
외무대신 백작 林董 귀하

송 제14호

明治 41년 2월 24일 발송
鶴原 장관 ◁ 珍田 차관

재미 구 한국공사관 보관비에 관한 건

재미 구 한국공사관 보관비의 건에 관해 작년 9월 2일부 통발 제5222호로 알려주신 뜻을 양해하고 그때 보내주신 돈 260원은 말씀대로 재미 青木 대사에게 보낸바 이번에 다시 宮岡 대리대사가 별지 사본과 같이 품청해왔기에 이를 이첩하니 이를 논의하여 회시해주기를 요청함. (별지 수 제2919호 사본 첨부할 것)

수 제4423호

明治 41년 3월 13일 접수

통발 제1362호

재미국 전 한국공사관 건물보관비가 작년 12월 이후 분부터 모자람에 따라 상당한 금액을 보내달라는 재미 宮岡 임시대리대사의 서신을 첨부하여 금년 2월 20일부로 보낸 제14호로 분부하신 취지에 따라 그 나라의 궁내부에 조회하여 이 부에서 회부받은 돈 240圓을 별지 외환권으로 보내니 검수하여 처리하여 주시기 바람.

이 돈은 이 건물보관비를 1개월에 약 20원으로 잡고 작년 12월 이후 1년분으로 예정한 것임을 양지하시기 바람.

明治 41년 3월 9일
통감부 총무장관 대리 石塚英藏
외무차관 남작 珍田捨己 귀하

수 제4668호

明治 41년 3월 18일 접수

통발 제1491호

재미국 전 한국공사관 건물 처분에 관해 작년 5월 귀전 제85호의 지시에 의거 당국의 궁내부 대신과 교섭한 결과 가격이 낮아 매각하고 싶어하지 않는다고 작년 6월 왕전 제42호로 회답했는바, 다시 그해 7월 17일부 기밀송 제20호로 재미 青木 대사의 보고서를 첨부하여 상세히 지시한 바에 의해 당시의 사정을 자세히 알게 됨에 따라 그 후 궁내부 대신과 협의 중에 있음.

현재 상태대로 둔 채 시일이 경과하면 건물도 점차 황폐하게 되므로 차제에 재빨리 매각하기로 결정했는바 따라서 여러 번 수고를 해야 할 것으로 사료되며 이와 함께 이 건물 및 부지의 매각을 재차 재미제국대사에게 훈령해주시기 바람. 이 매각에 필요한 위임장 등은 이에 대한 회보가 있는 대로 바로 보내도록 하겠음.

明治 41년 3월 13일
통감부 총무장관 대리
참여관 石塚英藏
외무차관 남작 珍田捨己 귀하

송 제28호

明治 41년 3월 23일 발송
재미 高平 대사 ◁ 林 대신

재미 구 한국공사관 건물 및 부지 매각에 관한 건

재미 구 한국공사관 건물 및 부지 매각의 건에 관해 작년 5월 28일 발 귀전 제41호와 그해 6월 5일부 기밀 제16호 귀신으로 요청한 취지를 승낙하여 이에 관해 일찍이 훈령한 바도 있으나 이번에 다시 통감부가 한국 궁내부 대신과 협의한 결과, 현재 상태로 둔 채 시일이 경과하면 건물도 점차 황폐하게 되므로 차제에 재빨리 매각하기로 결정했는바, 이에 요하는 위임장 등은 회보를 주시는 대로 보내겠으며 이에 따라 아무쪼록 진력해주실 것을 통감부가 요청하니 이를 양지하여 이의 매각이 이루어지도록 조치하기 바람. 경구.

송 제29호

明治 41년 3월 27일 발송
재미 宮岡 임시대리대사 ◁ 林 대사

재미 전 한국공사관 건물보관비 보내는 건

재미 전 한국공사관 건물보관비의 건에 관해 1월 15일부 공 제8호로 요청한 취지를 승낙하여 이를 통감부에 이첩한바 이번에 240원을 첨부하여 별지 사본과 같이 알려왔기에 미화 118불 80선으로 바꿔 보내니 검수하기 바람. (별지 수 제4423호 사본 및 외환권 첨부할 것)

수 제25484호

明治 41년 12월 12일 접수

통발 제7405호

금년 3월 13일부 통발 제1491호로 의뢰한 재미국 전 한국공사관 건물 매각 건에 관해 그 후 아무런 회답을 접하지 못한바 이 건물은 이미 연수가 지나 점차 황폐해질 우려도 있어 한국정부는 아주 조속히 처분하기를 희망하고 있으니 따라서 이런 뜻도 참작하여 될 수 있는 대로 조치하여 주시도록 거듭하여 의뢰함.

明治 41년 12월 8일
임시통감부 총무장관 사무취급
통감부 참여관 石塚英藏
외무차관 石井菊次郎 귀하

송 제171호

明治 41년 12월 17일 발송
재미 高平 대사 ◁ 小村 대신

재미 구 한국공사관 건물 및 부지 매각에 관한 건

금년 3월 23일부 송 제28호로 요청한 재미 구 한국공사관 건물 및 부지 매각의 건에 관해 통감부는 이 건물이 점차 황폐될 우려가 있어 한국정부가 아주 조속히 처분하기를 희망하고 있다면서 이의 처분을 재차 요청해온바, 이러한 뜻을 참작하여 될 수 있는 대로 매각 조치하여 주시고 통감부에 회답할 형편이 되면 회답해주도록 요청함. 경구.

수 제26415호

明治 41년 12월 28일 접수

공 제124호

구 조선공사관 가옥보관비 청구의 건

구 조선공사관 가옥 매각에 대해 금년 송 제28호로 지시받은 바 있어 당관(當館)에서도 서둘러 팔아치우려고 진력하고 있으나 생각대로 희망자가 없음. 이 가옥의 보관비로 매월 미화 10불씩의 지출을 요한다는 것은 양지하고 있는 대로인바 이 돈도 금년 12월로 종료되므로 금년 1월부터 향후 1년 동안 미화 120불을 다시 보내주도록 관계당국과 교섭하여 가능한 한 조치하여 주시기 바람.

또한 매각을 서둘러 이 기간 중에 매각이 이루어지면 보관비의 잔액은 반환하겠음. 위와 같이 요청함. 경구.

明治 41년 12월 3일
재미 특명전권대사 남작 高平小五郎
외무대신 백작 小村壽太郎 귀하

송 제6호

明治 42년 1월 12일 발송
통감부 총무장관 대리
통감부 참여관 石塚英藏 ◁ 石井 차관

재미 구 한국공사관 보관비에 관한 건

재미 구 한국공사관 건물 및 부지 매각 건에 관해 작년 3월 13일부 통발 제1491호로 연락이 온바 있어 이를 바로 재미 高平 대사에게 이첩했던바 그 후 지난달 8일부 통발 제7405호로 다시 왔기에 바로 이 대사에게 이첩했으나 대사가 이와 엇갈리게 별지 사본과 같은 요청이 있었기에 이를 보내니 이를 살펴 조사하여 이 건물보관비로 미화 120불에 상당하는 돈을 당성으로 보내주도록 요청함.

추신. 미국에의 송금에 요하는 외환수수료는 우리 측이 입체하고 후일 이를 청구할 것.(수 제26415호 사본 첨부할 것)

제142호

워싱턴 발
東京 착 42년 1월 14일 오전 11시 25분
小村 외무대신 ◁ 高平 대사

제5호

송 제171호에 관해 가옥은 점차 파손되고 지면은 협소하며 위치도 좋지 않아 현재로서도 1만불 이하 아니면 매각 가망이 없음. 따라서 이의 가격을 본관의 재량에 일임할 것인지 아니할 것인지와 40년 기밀 16호 별지에서 설명한 대로 필요한 위임장을 미리 보내주도록 한국정부에 조회하여 이에 대한 회답을 주시기 바람.

전신료 3천 불 전송을 요청함.

기밀송 제2호

明治 42년 1월 15일 발송
통감부 총무장관 사무취급
石塚 참여관 ◁ 石井 차관

재미 구 한국공사관 건물 및 부지 매각에 관한 건

재미 구 한국공사관 건물 및 부지 매각에 관해 작년 12월 8일부 통발 제7405호 귀신으로 요청해와 그 당시 바로 재미 高平 대사에게 이첩한바 이번에 이 대사가 이 건물이 점차 황폐해지고 지면이 좁고 위치 또한 좋지 않아 현재로서 1만 불 이하 아니면 매각 가망이 없음. 따라서 이의 가격을 이 대사의 재량에 일임할 것인지 아니할 것인지와 40년 7월 17일부 기밀송 제20호로 귀부에 이첩한 대사 공신 부속서 중에서 설명한 대로의 위임장을 미리 보내달라는 답전이 있었기에 이를 이첩하니 적절히 조치하고 지급으로 회답해줄 것을 요청함.

수 제1711호

明治 42년 2월 1일 접수

통발 제426호

재미국 전 한국공사관 건물보관비를 보내는 것에 관해 재미 高平 특명전권대사의 서신 첨부하여 금년 1월 12일부 송 제6호로 말씀한 취지를 양지하여 미화 120불에 상당하는 240圓을 이번에 한국정부가 보내와 별지 제일은행 외환권으로 보내니 검수하여 적절히 조치하여 주시기를 요청함.

추신. 본문 보관비의 건에 관한 재미 高平 대사의 서신에는 금년 1월 이후 1년분이라고 했으나 전번의 작년 3월 9일부 통발 제1362호로 보낸 보관비는 그해 11월까지의 계산이므로 이번의 것은 작년 12월 이후의 1년분 보관비로 보낸 것으로 양지하시도록 첨가하여 말씀드리는 바임.

明治 42년 1월 27일
임시통감부 총무장관 사무취급
통감부 참여관 石塚英藏
외무차관 石井菊次郎 귀하

송 제19호

明治 42년 2월 18일 발송
재미 高平 대사 ◁ 小村 대신

재미 구 한국공사관 건물보관비 보내는 건

재미 구 한국공사관 건물보관비의 건에 관해 작년 12월 3일부 공 제124호로 요청한 취지를 바로 통감부에 이첩한바 이번에 240圓을 첨부해 별지 사본과 같이 전해왔기에 이를 미화 119불 10선으로 바꾸어 보내니 검수하기 바람. 경구. (별지 수 제1711호 사본 및 외환권 첨부할 것)

기밀수 제587호

明治 42년 2월 27일 접수

기밀통발 제234호

재미 전 한국공사관 토지, 건물 처분의 건에 관해 지난달 15일부 기밀송 제2호로 지시하신 취지에 따라 토지, 건물의 매각가액은 전적으로 재미제국대사의 재량에 일임하고 적절한 위임장을 미리 대사에게 교부하라는 뜻을 한국정부에 조회한바 이번에 이를 받아들여 이 정부가 제국대사에 대한 궁내부 대신의 위임장을 보내왔기에 영역문을 첨부하여 보내니 이를 검수하여 대사에게 적절히 훈령해주시고 이에 대해 회답 주시기를 요청함.

明治 42년 2월 23일
통감부 총무장관 사무취급
통감부 참여관 石塚英藏
외무차관 石井菊次郎 귀하

※ 委任狀

大韓國 宮內府大臣 閔丙奭이 其職權에 依ᄒᆞ야 且 大韓國
皇帝陛下의 勅命을 奉ᄒᆞ야 美國駐箚 大日本帝國
皇帝陛下의 特命全權大使 及 其後繼者를 對ᄒᆞ야 下開 事項을 委任홈이라.
北美合衆國 듸스트릭두 哥倫比亞 華盛頓府 도마스, 사글 及 第十三街에 在ᄒᆞ고 第壹千五百號라 稱ᄒᆞ는 在前韓國公使館으로 使用ᄒᆞ던 家屋 及 基地의 所有權은 大韓國
皇帝陛下에 屬하는ᄃᆡ
陛下께ᄋᆞᆸ서 此를 放賣ᄒᆞᄋᆞᆸ실 聖意가 계시기를
因ᄒᆞ야 前記 閔丙奭이 前記 權限을 依ᄒᆞ야
前記 全權大使 及 其 後繼者를 對ᄒᆞ야 該 家屋 及 基地를 放賣ᄒᆞ고 其 買受者의게 該 家屋 基地를 授與하고 所有ᄒᆞ게 ᄒᆞ며 또 本件에 關ᄒᆞ야 一切文書에 署名ᄒᆞ야 一切行爲를 ᄒᆞ는 權限을 付與홈이라.
前記 閔丙奭이 大韓國
皇帝陛下의 名으로
陛下가 付與ᄒᆞ신 權限에 依ᄒᆞ야 玆에 前記 全權大使 及 其 後繼者가 本委任狀의 權限을 依ᄒᆞ야 前記目的을 遂行하는ᄃᆡ 一切行爲를 豫先 確認홈이라.
其 證據를 삼아 前記 大韓國 宮內府大臣 閔丙奭이 署名ᄒᆞ고 官印을 押捺홈이라.

隆熙 三年 二月 十三日
大韓國宮內府 大臣 閔丙奭
隆熙 三年 二月 十三日
證人
大韓國宮內府 次官 小宮三保松

Translation

This Instrument Witnesseth:

That the Undersigned, Min Pyong-sok, Minister of the Imperial Corean Household, by virtue of the authority conferred by the said office and by the command of His Majesty the Emperor of Corea, hereby grants to the Ambassador of His Majesty the Emperor of Japan in the United States, and to his successors in office, power of attorney for the purposes hereinafter mentioned, that is to say:

Whereas, the fee simple title to the house and parcel of land situate in the City of Washington, District of Columbia, abutting upon Thomas Circle and Thirteenth street, known and design as No. 1500, and formerly used for the purpose's of a Corean Legation, rest in His Majesty the Emperor of Corea; and Whereas His Imperial Majesty desires to sell and dispose of the same;

Now, therefore, these presents witness that the said Min Pyong-sok, empowered as aforesaid, doth hereby give and grant to the said Ambassador and to his successors in office full power of attorney to sell the house and land aforesaid; to give possession thereof and title thereto to whomsoever shall purchase the same; to sign all papers and to perform all acts required in the promises and for carrying out the purposes of this power of attorney.

And the said Min Pyong-sok doth hereby in the name of His Majesty the Emperor of Corea and by His Authority confirm and ratify in advance each and every act which the Ambassador aforesaid, or his successors in office, may do by virtue of these presents and in pursuance of the purposes herein stated.

In testimony where of the said Min Pyong-sok, Minister of the Imperial Corean Household, hereunto affixes his signature and seal of his office.

(Sd) Min Pyong-sok, (Seal)
Minister of the Imperial
Household Department.
February 13, 1909.

Witnessed by

(Sd) Mihomatsu Komiya, (Seal)
Vice-Minister of Imperial
Household Department.
February 13, 1909

I hereby certify that the above is true and correct translation of the original document rendered in Korean hereto annexed.

Signed: K. Nobeshima
Director of the Foreign Department
of H. J. G. his Residency General.

Empire of Korea,
City of Seoul, SS.
American Consulate General.

I, Thomas Sammons, Consul General of the United States of America at Seoul, Korea, duly commissioned and qualified do hereby certify that on this twentieth day of February, 1909, before me personally appeared K. Nabeshima, Esquire, to me personally know, and known to me to be the officer described in, whose name is subscribed to, and who executed the foregoing instrument, and being informed by me of the contents of said instrument he duly acknowledged to me that as the Director of the Foreign Department of H. J. G. His Residency General at Seoul, Korea, he executed the same freely and voluntarily for the uses and purposes therein mentioned. In witness whereof, I have hereunto set my hand and official seal the day and year last above written.

Signed: Thomas Sammons
Consul General
of the United States of America

기밀송 제10호

明治 42년 3월 2일 발송
재미 高平 대사 ◁ 小村 대신

재미 구 한국공사관 건물 및 부지 매각에 관한 위임장 보내는 건

재미 구 한국공사관 건물 및 부지 매각에 관해 1월 14일부 귀전 제 5호로 요청한 취지를 바로 통감부에 이첩한바, 이번에 각하에 대한 한국 궁내부 대신의 위임장 및 영역문을 첨부하여 별지 사본과 같이 石塚 통감부 총무장관 사무취급이 전해왔기에 이를 보내니 사수하여 적절히 조치하여 주시기 바람. 경구. (별지 기밀수 제587호 사본 및 부속서를 그대로 첨부할 것. 단 사본은 보관할 것)

수 제3714호

明治 42년 3월 3일 접수
외무대신 백작 小村壽太郎 귀하
재불 특명전권대사 남작 栗野愼一郎

공 제22호

파리 대박람공예관 설계도면 보내는 건

한국통감부에서 의뢰함에 따라 작년에 이 나라 파리 대박람 때에 건설되어 파리 샹젤리제 가에 현존하는 공예관의 설계도면을 모두 갖추어 보내달라는 작년 8월 3일부 송 제118호 귀신으로 요청한 바를 양해함.

이 공예관은 대와 소의 2개관이 있으나 어느 것도 도면을 인쇄 발매하는 것이 없어 자세히 조사한바, 새로 만드는 것도 막대한 비용을 요해 기사에게 명하여 이 관의 도면을 만들도록 하여 이번에 완성되었기에 일본 우선(郵船)회사 기선 神奈川丸 편으로 발송했으니 사수하여 통감부에 적절히 보내주시기 바람.

이것은 앞서 말씀드린 바와 같이 인쇄한 것이 없어 만일의 경우를 생각하여 부본 3통을 사진을 찍어 만들어 이 가운데 1통을 정본으로 하여 상자에 넣어 발송했으며 나머지 2통은 당관이 보관함.

이를 만드는 데 든 비용은 정, 부본 모두 함께 별지 영수증과 같이(영수증은 공 제23호로 첨부함) 합계 불화 1,750프랑이며 이는 통감부에서 부담하도록 요청하는바 전년 한국공사관 철퇴 때 계산잔액을 田付 일등서기관이 보관하고 있음에 따라 편의상 이 잔액에서 지불하고자 하니 양지하기 바람. 이 보관금의 계산서는 별도 공 제23호로 올려드리니 사수하여 적절히 처리하여 주시기 바람. 경구.

추서. 본문 도면의 겉봉에는 공 제13호 부속이라고 부기하고 있으나 본 전신의 번호와 같이 변경했음을 양지하시기 바라며 선적증서는 공 제20호에 첨부했음을 첨가하여 말씀드림.

수 제3715호

明治 42년 3월 3일 접수
明治 42년 2월 7일
재불 특명전권대사 남작 栗野愼一郎
외무대신 백작 小村壽太郎 귀하

공 제23호

재불 구 한국공사관 철퇴에 관한 정산서 제출의 건 및 통감부 의뢰에 따른 도면제작 비용지출의 건

재불한국공사관 철퇴에 관한 전말에 대서는 明治 39년 2월 19일부 기밀 제10호로 전임 本野 공사가 상세히 보고했으나 아직 그 당시의 계산에 대해서는 후일 다시 상보(上報)한다는 뜻을 같은 해 4월 30일부 공 제48호로 田付 임시대리공사가 말씀드린바 있는데 오늘에 야 재불 구 한국공사관과 관련한 미지불 계산을 정산하고 별지와 같이 이에 대한 정산서와 당관의 보관금 잔액 불화 1,058프랑 70상팀, 방화 406圓 41錢을 西村 회계과장 앞으로 橫濱 正金은행 외환권 1장으로 반납하기 위해 하나로 합쳐서 여기에 봉입(封入)하여 제출하니 사수하여 통감부에 적절히 전해주기 바람.

또한 작년 8월 3일부 송 제118호로 통감부의 의뢰에 따라 요청한 이곳 공예관 도면제작의 건에 대해서는 공 제22호로 말씀드린 대로와 같은바 이에 관한 비용 및 제조비 등 불화 1,761프랑 10상팀은 편의상 본건에 관해 당관 보관금에서 지불한바, 이것도 함께 이첩하여 주시기를 요청함. 경구.

추신. 이곳 육군중위 기레야 씨 부인이 전 이곳 주재 조선공사 閔泳瓚의 현주소를 문의해온바 알 수 있으면 통보해주기 바라며 이것도 함께 의뢰함.

※ 별지

재불 구 한국공사관 철퇴에 관한 계산에 따른 보관금 정산서

수입

- 7,700프랑: 집세 기타 비용으로 조선공사가 인계한 액수 (明治 39년 기밀 제10호 참조)
- 1,745프랑 25상팀: 明治 39년 4월 15일부터 같은 해 6월 30일까지 2개월 반 재불 구 조선공사관 전대(轉貸) 집세(1개월에 800프랑꼴=부속서류 제1호 공사관 전대계약서 참조) 합계 2천 프랑인바, 제2회 전대집세 불입(1개월분 800프랑은 선금 불입이어서 나머지 1개월 반 분) 때에 공사관이 철수하면서 수리비, 청소비 등으로 254프랑 75상팀을 빼 945프랑 25상팀을 불입함에 따라(부속서류 제7호 1개월 반 전대집세 불입명세표 참조)

합계 9,445프랑 25상팀.

지출

- 2,428프랑 60상팀: 明治 39년 1월 1일까지 구 조선공사관 차료(借料) (부속서류 제3호 가임수취서 참조)
- 2,428프랑 60상팀: 明治 39년 4월 1일까지 위 항목과 같음 (부속서류 제4호 가임수취서 참조)
  비고: 재불 구 조선공사관은 明治 39년 6월 30일까지 차입계약이 되어 있었으므로 4월부터 6월까지 3개월분의 가임은 아직은 당관에서 지불할 것이지만 당시 가구 임대주는 당관에게서 전대권리를 얻어 다시 더 유리하게 타인에게 임대했기 때문에 혼자 2개월 반의 가임을 당관에 납부할 뿐만 아니라 집주인에게도 이 사람이 4월부터 6월까지의 가임을 납부하기로 함.

- 400프랑: 明治 39년 11월 1일부터 같은 해 같은 달 31일까지 구 조선공사관 가구 차료 300프랑 및 전년 12월까지의 같은 차료 미불잔금 100프랑(부속서류 제2호 본 항 금액수취 참조)
- 970프랑: 明治 39년 2월 1일부터 3월 17일까지 가구 차료 470프랑 및 구 조선공사관 철수 때에 집주인에 대한 손해배상으로 지불한 협정액(조선공사와 가구 임대주와 미리 약속한 결과) 500프랑을 합산한 것임(부속서류 제5호 갑 및 을호 참조)
- 398프랑 25상팀: 재파리 구 조선 명예영사 루리나에게 지불 (明治 39년 6월 27일 송 제74호 및 부속서류 제6호 갑 및 을 참조)
- 900프랑: 明治 41년 8월 3일부 송 제118호 및 금년 2월 1일 공 제22호 통감부 의뢰에 따른 공예관 도면 그랑 빠레 8매 제도비 (부속서류 제8호 수취서)
- 850프랑: 위 항목과 같은 쁘띠 빠레 7매 제도비 (부속서류 제9호 수취서)
- 11프랑 10상팀: 앞 2개항 제도 수송 포장비 (부속서류 제10호 수취서)

합계 8,386프랑 55상팀

공제잔액 1,058프랑 70상팀

明治 42년 3월 25일 발송
曾禰 부통감 ◁ 小村 대신

재불 구 한국공사관 철퇴에 관한 정산서 및 파리 대박람회 공예관 설계도면 보내는 건

재불 구 한국공사관 철퇴에 관련된 정산 건에 관해 재불 栗野 대사가 정산서 및 보관잔액 406원 41전을 橫濱 正金은행 외환권 1장으로 하여 별지 사본 갑호와 같이 당성 회계과장 앞으로 보내왔기에 이 외환금을 다시 별지 외환권과 같이 귀관 앞으로 명의를 바꾸어 이 외환권과 정산서 및 부속서류 1호부터 10호까지를 그대로 하나로 합쳐 보내니 사수(査收)하시기 바람. 또한 (한국정부의) 木內 농상공부 차관이 당성 石井차관 앞으로 隆熙 2년 7월 28일부로 의뢰한 파리 대박람회 공예관 설계도면 기타 건축에 필요한 사항에 대한 조사 건에 관해서는 그 즉시 재불대사에게 이첩한바, 이번에 별지 사본 을호와 같은 회답이 있었기에 이를 보내니 사수하시기 바라며 이와 함께 별지 을호에 기재된 도면은 접수하는 대로 보내주시기를 요청함(도면이 우리나라에 도착하면 통지받는 대로 공 제20호에 첨부된 선적증명서로 회사에서 받은 후 통감부에 송부 조치할 것임).

추신. 별지 갑호 추서의 건은 자세히 조사한 후 회답 주시도록 추가하여 말씀드림(수 제3715호 사본을 갑호로 하고 수 제3714호 사본을 을호로 하며 수 제3715호 부속서는 그대로 첨부할 것. 또 외환권도 함께 첨부할 것. 외환 명의변경 건은 회계과와 의논 끝냈음).

明治 42년 3월 19일 접수
외무대신 백작 小村壽太郎
재천진 총영사 대리 小幡酉吉

기밀 제8호

천진 노국조계 내에 있는 한국영사관 부지에 관한 건

천진 노국조계 내에 있는 한국영사관 부지 건은 수년 동안 현안이 되고 있는 고민거리임을 잘 아시고 계시는 바와 같습니다. 당시 당관 관장이 鶴原 통감부 총무장관에게 조회한 결과 明治 39년 3월 기밀 제24호로 이 지소는 한국 궁내부의 관할을 떠나 漢城전기회사에 이관되었기 때문에 제국 공사관이나 영사관이 처분할 수 있는 당국이 아니라고 생각한다고 內田 주청공사가 西園寺 임시외무대신에게 구신함으로써 한때 교섭이 중지된 때도 있는바, 다시 그해 11월 기밀 제22호로 林 외무대신으로부터 그 지소에 관해 한국궁정과 그 전기회사와의 사이에 아무런 관계도 성립되지 않았음이 판명되어 伊藤 통감이 직접 한국 황제폐하에게 주상한 결과 이 부지는 명확한 방법에 의해 일본영사관에서 처분해도 지장이 없다는 훈령이 있었고 따라서 본건은 이에 다시금 교섭을 개시하게 되었던 것입니다.

그러나 이 지소가 과연 한국정부의 소유에 속하는지 아닌지를 가늠할 권리확보의 증거에 관해서는 노국관헌에 대해 그 소유권을 주장할 수 있는 하등의 공적 서류가 없어 본관이 계속해서 교섭을 벌이는 한편 빙거(憑據) 수집에 고심하고 있으나 이미 수년 전에 발생한 사건에 속하기 때문에 유력한 증거를 발견하기가 곤란하며 노국공부국(工部局)에서는 이미 이 부지는 불국인 마르텔이라는 사람의 명의로 토지대장에 등록되어 있기 때문에 이 등록을 부정하기에 충분한 반증이 있지 않다면 한국정부의 권리를 인정하기 어렵다고 언명할 뿐만 아니라 최근에 소유자 마르텔이 그 지소를 다시 이곳 大豊양행 주인 론돈에게 전매하여 현재 大豊양행은 이를 임대지로 내어놓는 팻말을 세워 놓고 있어 이를 방치할 경우 제국정부의 주장은 점차 불확정해질 것입니다.

어찌됐든 이를 회복할 수 있는 유력한 증거재료가 없고 또한 이 부지가 이미 제3자에 전전하고 있어 결국은 이를 포기하는 것 외에 방도가 없다고도 생각되는바, 이 부지 처분에 관한 본성의 의견 및 소유권 주장에 필요한 증거서류의 유무에 관해 대지급으로 어떤 훈령을 내려주시기를 요청합니다. 경구.

송 제16호

明治 42년 3월 24일 발송

통감부 石塚 총무장관 사무취급 ◁ 차관

천진 노국조계 내에 있는 한국영사관 부지에 관한 건

지난 明治 39년 말 현안이 된 천진 노국조계 내에 있는 구 한국영사관 부지건에 관해 이번에 다시 그곳 小幡 총영사 대리가 별지 사본과 같이 품의해 왔기에 이를 보내니 상세한 것은 별지를 참조하시고 이 부지 처분에 관한 의견과 소유권 주장에 필요한 증거서류의 유무에 관해 지급으로 회시해줄 것을 요청함. (별지 천진서 온 기밀수 제809호 사본 첨부할 것)

수 제6441호

明治 42년 4월 10일 접수
明治 42년 3월 11일 발송
외무대신 백작 小村壽太郎
재미 특명전권대사 남작 高平小五郎

공 제40호

구 한국공사관 건물보관비의 건

구 한국공사관 건물보관비를 보냈다고 송 제19호로 알려주시고 난외(欄外)에 돈을 첨부했다는 직인도 있었으나 돈은 첨부되지 않아 보관비는 다달이 당관에서 입체지불하고 있으므로 빠른 편으로 보내주도록 적절한 조치를 바라며 이상과 같이 요청함. 경구.

기밀수 제1078호

明治 42년 4월 14일 접수

기밀통발 제545호

천진 노국조계 내에 있는 구 한국영사관 부지의 건에 관해 기밀 제16호로 요청하신 취지를 양지함. 이 부지 명의인 불국인 마르텔에 대해 조사한바, 이 사람은 지난 明治 37년에 한국황제의 칙명에 의해 이 영사관 부지를 매입했으나 그 대금은 론돈 상회에서 지출하였기 때문에 오늘에 이르러 마르텔은 이 부지를 금년 중에 다시 사들인다는 조건으로 론돈에게 인도한다는 계약을 했다는 것임.

또한 마르텔은 이와 같이 조치한 것에 대해, 본인의 답변은 명확하지 않으나, 표면상의 이유는 지난 明治 38년 중에 한국황제로부터 이 부지를 임의로 처분할 수 있는 위임장을 받은 것으로 론돈과 계약할 때에 계약등본과 함께 이 위임장을 천진 노국영사관에 보관시키게 됐다고 말했음.

그리고 이 칙명을 전하거나 혹은 위임장을 교부한 것은 현재 상해에 머물고 있는 당시의 궁내부 관리 玄尙健인바 이 외에 이 건에 대해 관여한 사람이 없으니 따라서 귀성에서 재상해 제국총영사에게 玄尙健에 대해 당시의 사정을 조사하도록 훈령하시기 바람.

또한 천진의 노국영사관에 보관하고 있는 한국황제의 위임장 및 마르텔과 론돈 사이의 계약서 사본(계약서 사본은 마르텔에게도 제출하도록 요구해 놓았음)을 입수하여 보내주시기 바라며 이에 회답 주시기를 요청함.

明治 42년 4월 9일
임시통감부 총무장관 사무취급
통감부 참여관 石塚英藏
외무차관 石井菊次郎 귀하

기밀송 제14호

明治 42년 4월 14일 발송

재천진 小幡 총영사 ◁ 小村 대신

천진 노국조계 내에 있는 구 한국영사관 부지에 관한 건

지난달 10일부 기밀 제8호 귀신으로 요청한 귀지 노국조계 내에 있는 구 한국영사관 부지 건에 관해 바로 통감부에 이첩했던바, 이번에 통감부에서 별지 사본과 같은 회답이 있어 현재 상해에 머물고 있는 玄尙健에 대해 당시의 사정을 조사하도록 재상해 永瀧 총영사에게 훈령해 놓았음.

귀관은 귀지 노국영사관이 보관하고 있는 한국황제의 위임장 및 마르텔과 론돈 간에 체결된 계약서 사본을 지급으로 입수하여 보내주기 바라며 회답 주기를 요청함.

※ 별지

(통감부에서 온 기밀 제1078호 사본 첨부할 것)

기밀송 第17호

明治 42년 4월 14일 발송
재상해 永瀧 총영사 ◁ 小村 대신

천진 노국조계 내에 있는 구 한국영사관 부지에 관한 건

재외한국공관 지권을 되찾는 데에 관해 明治 39년 12월 10일부 기밀 제73호 귀신으로 회보한바 있으나 이와 관련하여 지난번 재천진 小幡 총영사가 별지 갑호 사본과 같은 품신이 있었기에 이를 통부에 이첩한바, 이번에 통감부에서 별지 을호 사본과 같은 회답이 있었음.

따라서 상세한 것은 이것을 참조하여 현재귀지에 머물고 있는 玄尙健에 대해 누가 칙명을 전하고 위임장을 전교(轉交)했는지 당시의 사정을 상세히 조사하여 지급으로 보고하기 바람.

※ 별지 갑호

(천진에서 온 기밀 809호 사본, 을호 통감부에서 온 기밀 1078호 첨부할 것)

明治 42년 5월 12일 접수
明治 42년 5월 6일 발송
외무대신 백작 小村壽太郎
재상해 총영사 永瀧久吉

기밀 제21호

천진 노국조계 내에 있는 구 한국영사관 부지에 관한 건

4월 14일부 기밀송 제17호로 천진 노국조계 내에 있는 구 한국영사관 부지에 관해 이곳에 있는 한국인 玄尙健에 대해 이 사람이 칙명을 전하고 또 위임장을 전교한 당시의 사정을 상세히 조사하라는 지시는 잘 알았음.

이에 따라 玄尙健을 당관에 호출하여 조사한바 이 사람은 明治 46년(36년의 오기 같음—역주) 11월경 유럽에서 귀국하여 다음 해 2월 상해로 건너 왔기 때문에 한국에 머문 일수는 겨우 3개월로서 하등 앞에서 말한 칙명과 위임장에 관계한 일이 없고 또한 그 시일에도 있지 않았기 때문에 전혀 이것에 관계하지 않았다 하면서도 불국인 마르텔 및 론돈 상회와는 아는 사이로 지금으로부터 약 3년쯤 전에 마르텔에게서 앞의 구 한국영사관 부지는 자기 소유로서 수년간 지세(地稅)도 납부했음에도 불구하고 통감부가 이의 처분을 강요해 곤란하다면서 玄尙健에게 어떻게든 손써달라고 편지로 부탁했었음.

이에 대해 상해에 체류중이여서 한국 황제폐하의 칙허 등에 관해 아무것도 할 수 없다고 회답한 일이 있을 뿐이라고 주장하고 있음. 본관은 이 사람에게 마르텔과의 왕복서신을 제출하라고 명했으나 이미 3년이나 경과해 보존하고 있지 않다고 말했음.
이상과 같이 보고함. 경구.

기밀송 제34호

明治 42년 5월 13일 발송
통감부 石塚 총무장관 사무취급 ◁ 石井 차관

천진 노국조계 내에 있는 구 한국영사관 부지에 관한 건

천진 노국조계 내에 있는 구 한국영사관 부지의 건에 관해 지난달 9일부 기밀통발 제545호로 요청한 취지는 잘 알았으며 바로 재상해 永瀧 총영사 및 재천진 小幡 총영사에게 필요한 훈령을 내린바, 이번에 永瀧 총영사가 별지 사본과 같이 보고해왔기에 이를 보내니 자세한 것은 이를 참조하시고 이에 대한 회답을 요청함. (별지 기밀수 제1391호 사본 첨부할 것)

제2968호 (암)

京城 발 42년 8월 23일 오후 2시 45분
본성 착 42년 8월 23일 오후 6시 50분
石井 외무차관 ◁ 石塚 총무장관 대리

제90호
금년 4월 9일부 기밀통발 제545호 천진 노국조계 내 구 한국영사관 부지 처분에 관해 마르텔이 한국황제로부터 얻었다고 칭하는 위임장과 이 부지의 인도에 관한 이 사람과 론돈 사이의 계약서로서 현재 이곳 노국영사관에 보관하고 있는 것을 각각 복사하여 지급으로 제출받아 통감부로 보내주시기 바람.

전송 제1990호

明治 42년 8월 25일 오후 2시 10분 발
재천진 小幡 총영사 ◁ 小村 대신

제15호
기밀송 14호의 건이 어떻게 되었는지 가능한 빨리 서류를 보내주기 바람.

기밀수 제2670호

明治 42년 9월 10일 접수
明治 42년 8월 31일 발송
외무대신 백작 小村壽太郎
재천진 총영사 小幡酉吉

기밀 제33호

천진 노국조계 내 한국재외공관 부지에 관한 건

천진 노국조계 내 한국영사관 부지에 관해서는 여러 번 말씀드린바 있거니와 그 후 한국통감부 石塚 참여관으로부터 요청이 있었는바 이 부지 구입에 관해 한국황제가 불인 마르텔에게 교부한 위임장 및 마르텔과 론돈 양자 간의 토지매매 계약서가 이곳 노국영사관에 보관돼 있으므로 이 두 서류의 사본을 보내라는 훈령은 잘 받아보았음.

본건에 관해 이달 26일 노국영사를 방문하여 마르텔, 론돈 간에 체결된 토지매매 계약등본 및 이 한국영사관 부지 처분에 관한 한국황제의 위임장이 귀 영사관에 보관되어 있다고 마르텔이 주장하고 있다는 서면을 京城의 통감부로부터 받았는바 이 두 서류를 열람하게 해주고 또 그 사본을 각 1통씩 교부해달라고 말하자 이 영사는 이 토지가 매려(買戾)조건부로 매매계약이 성립된 데에 전혀 관여하지 않았으며 작년 마르텔, 론돈 두 사람 자신이 노 영사관에 출두하여 토지매매의 수속을 청구함에 따라 이 영사관이 바로 등기수속을 마쳤고 그때 당사자는 매매계약서를 제출하지 않아 그 등본은 이 영사관에 보관되어 있지 않다는 것임.

다음 한국황제의 위임장은 현재 노 영사관에 보관하고 있으며 관계자의 승낙이 있으면 언제든지 사본을 교부하는 데 지장이 없다고 언명해 론돈 상회의 토지관리인인 불인 쿨티(T. H. Culty & Co)에게 이러한 사정을 말하고 한국황제의 위임장 사본을 얻는 데에 동의해 달라고 교섭했으나 쿨티는 토지 가옥 관리이외에는 론돈으로부터 어떠한 권한도 부여되지 않아 유감스럽게도 우리의 청구에 응하기 어렵다는 회답을 보내왔음.

또한 마르텔이 말하는 대로라면 토지 매려기한도 금년으로 끝나는바 앞으로 본관이 취해야 할 조치방법을 적절하게 지시해주시기 바라며 이와 같이 보고함. 경구.

추서. 노 영사와의 왕복서면을 참고로 첨부함.

※ 참고용 첨부 왕복서면

1.

1909년 8월 26일
재천진 일본총영사

근계

한국황제를 대신하여 마르텔 씨가 매입한 러시아조계 내 부지에 대해 오늘 아침 우리가 가진 대화에 관해, 본관의 문의에 대한 귀관의 진술을 다음과 같이 문서화한바 아무쪼록 이를 확인해주시기를 삼가 요청함:

1. 천진주재 러시아영사는 부지매매에 대한 마르텔과 론돈 상회 간에 맺어진 것으로 추정되는 계약서를 소유하고 있지 않음,
2. 한국황제가 마르텔에게 발급한 위임장은 러시아영사가 보관하고 있음, 그러나 이의 사본은 관련 당사자의 요청이 없는 한 발급될 수 없음. 경구.

서명: Y. Obata
일본 총영사
N. M. Poppe 귀하
재천진 러시아 영사

2.

1909년 8월 27일
재천진 러시아 영사
제216호

근계

서울의 마르텔 씨가 론돈 씨에게 매도한 러시아조계 내의 토지와 관련된 귀관의 이 달 26일부 서한에 대해 본관은 마르텔 씨가 개인적 투

사 수단으로 구입했던 문제의 한국공사관용 부지는, 본 영사관이 아는 바로는, 작년에 마르텔 씨에 의해 론돈 씨에게 매각되었음을 정중히 확인함.

보통과 같이 이 매각은, 영사관이 아는 바로는, 관계당사자 간에 아무런 추가계약 없이 영사관에 정당하게 등록되었음. 마르텔과 론돈 양 씨는 부동산 권리증서를 가지고 본관 앞에 직접 출두하여 그들의 토지 명의이전 요구를 마쳤음.

문의하신 토지에 관한 여하한 기록문서도 그 사본의 송달은 만일 그 재산소유 당사자인 론돈 씨의 이곳 대표자 쿨티 씨에게 이의가 없다면 당 영사관으로서는 아무런 어려움도 발견하지 못할 것임. 경구.

서명: N. Poppe
러시아 영사
Y. Obata 귀하
재천진 일본 총영사

기밀송 제61호

明治 42년 9월 16일 발송
통감부 石塚 참여관 ◁ 石井 차관

천진 노국조계 내에 있는 구 한국영사관 부지에 관한 건

금년 5월 13일부 기밀송 제34호로 일단 요청한 천진 노국조계 내에 있는 구 한국영사관 부지 건에 관해 이번에 그곳 小幡 총영사가 별지 사본과 같은 회보가 있었는바 자세한 것은 이것으로 양지하기 바람. (明治 42년 9월 10일 접수 기밀수 제2670호, 대신 앞 小幡 총영사가 보낸 서한 사본 첨부할 것)

수 제21721호

明治 42년 12월 3일 접수
明治 42년 11월 11일
외무대신 백작 小村壽太郎 귀하
재미 임시대리공사 松井慶四郎

공 제191호

구 한국공사관 가옥보관비의 건

구 한국공사관 가옥보관을 위해 매월 미화 10불씩 연 120불을 요하는 것은 알고 계시는 대로인바, 급하게 매각될 가능은 없어 보이므로 오는 43년분의 보관비 120불을 보내주도록 조선의 당국자와의 교섭을 적절히 해주시기 바람.

아시는 바와 같이 이 도시는 이 가옥소재지와는 다른 방면으로 향해 발달함에 따라 이 소재지는 점점 변두리로 바뀌고 있고 또한 자연적인 파손으로 이 가옥도 헐어 그대로는 살기 어려운 상태로 되고 있고 적절한 매입자를 찾는 일도 기약하기가 어려우나 현재 관계자들이 이 가옥의 매각을 위해 모든 수단을 다하고 있음에 따라 내년 안에 다행히 좋은 매입자가 있어 매각하게 되면 그 후 필요 없게 된 보관비는 물론 한국에 반납 조치할 것임을 알려드림. 경구.

송 제160호

明治 42년 12월 9일 발송
石塚 통감부 총무장관 사무취급 ◁ 石井 차관

재미 구 한국공사관 보관비에 관한 건

明治 43년도 구 한국공사관 가옥보관비의 건에 관해 재미 松井 임시대리공사가 별지 사본과 같은 요청이 있기에 이를 보내니 그 내용을 살펴 이 건물보관비 미화 120불에 상당하는 방화 245圓을 당성으로 보내주기 바라며 외환으로 바꿀 때 잔금이 생기면 반환할 것임을 알려드림. (별지 수 제21721호 사본 첨부할 것)

수 제3869호

明治 43년 2월 22일 접수

통발 제1053호
재미국 전 한국공사관 건물보관비 송부에 관해 松井 임시대리대사의 서한 사본을 첨부한 작년 12월 9일부 송 제160호로 요청하신 취지를 양지하고 건물보관비 미화 120불에 해당하는 방화 245圓을 이번에 한국정부가 보내왔기에 이에 상응한 액수를 제일은행 외환권으로 보내니 사수하여 적절히 조치하여 주시기 바람.

明治 43년 2월 18일
임시 통감부 총무장관 사무취급
통감부 참여관 石塚英藏
외무차관 石井菊次郎 귀하

송 제14호

明治 43년 3월 1일 발송
재미 內田 대사 ◁ 小村 대신

구 한국공사관 건물보관비 전송(轉送)의 건

구 한국공사관 가옥보관비의 건에 관해 작년 11월 11일부 공 제191호로 요청한 취지를 양해하여 이를 바로 통감부에 이첩했던바, 이번에 통감부가 한국정부에서 이를 보내왔다면서 송부했기에 미화 120불의 외환으로 바꾸어 보내니 사수하기 바람. 경구. (금권 첨부할 것. 회계과에 주의: 방화 환산액 기입할 것)

송 제31호

明治 43년 3월 9일 발송
石塚 통감부 총무장관 사무취급 ◁ 石井 차관

재미 구 한국공사관 보관비에 관한 건

明治 43년도 재미 구 한국공사관 건물보관비로 액면 245圓 제일은행 외환권 1매를 지난달 18일부 통발 제1053호로 송부한 것은 정히 영수했으며 이를 바로 재미 內田 대사 앞으로 송금했음을 양지하기 바람. 또한 미화 120불에 상당한 圓貨액 및 외환료는 합계 242圓 42錢인바 이를 뺀 잔금 2圓 58錢 가운데 외환료 3錢을 제한 2圓 55錢을 반송하니 검수하여 적절히 처리하시기 바람. (외환권 첨부할 것)

※ 통감부에서 온 돈 245圓 가운데 미국에 간 돈은 120불 외환대금 242圓 42錢이며 잔금은 2圓 58錢으로 이를 처리하시기 바람.

43년 3월
회계과
정무국 귀중

비 소 제1072호

明治 43년 6월 6일 접수
明治 43년 5월 10일 발송
외무대신 백작 小村壽太郎 귀하
재미 특명전권대사 남작 內田康哉

기밀공 제7호

재미 구 한국공사관 건물 매각에 관한 지권 양도증서 정정 품신의 건

본건에 관해서는 지난 40년 6월 5일부 기밀 제16호로 당시 재임의 青木 대사가 당관이 고용한 채핀의 보고서에 첨부하여 품신한 적이 있는바, 이에 대해 지난 42년 3월 2일부 기밀송 제10호 귀신으로, 같은 해 2월 23일부 石井 차관 앞 石塚 통감부 참여관의 조회 사본을 첨부한 재미제국대사에 대한 조선 궁내대신의 위임장 및 그 영문을 보내왔음.

그런데 앞에 말한 青木대사의 왕신(往信)에 첨부된 채핀보고서에서 설명한 바와 같이 이 건의 건물 및 부지는 한국황제 또는 정부의 관유 또는 공유재산으로 소유되어 있는 것이 아니라, 지권에는 전 한국황제 李 폐하(즉 당시의 조선국왕) 그 사람의 사유재산으로 되어 있기 때문에 워싱턴 부(府) 즉 District of Columbia의 법률에 따르면 이 재산의 매매양도에 대해서는 그 소유자인 李 폐하 자신의 직접행위를 필요로 할 뿐 대리행위를 허용하지 않고 있는 것임.

그럼에도 앞서 보내준 위임장은 사실 정당한 것이어서 이에 의거하여 이 재산을 처분하면 전혀 뒤탈을 일으킬 우려가 없기 때문에 채핀으로 하여금 분명하게 그 사정을 설명하여 지권취급인이 이를 승인하도록 하려 했으나 이는 이곳 District 법률이 요구하는 형식조건을 구비하지 못하였기 때문에 이에 의한 재산의 매매양도를 공인할 수 없다고 주장하며 이 위임장의 효력을 승인하지 않아 따라서 이 재산은 그 소유자인 전 한국황제가 재미제국대사에게 양도하는 것으로서의 양도증서를 작성하여 이에 의해 다시 다른 실제 매수희망자에게 양도하는 것 외에는 방도가 없음.

그리고 이 양도증서는 이 재산 소유자인 李 폐하가 이를 작성하여 미국 영사관의 면전에서 2명의 증인을 입회시킨 가운데 공증을 얻는 것이 필요하기 때문에, 바꾸어 말하면 양도증서 작성자 자신이 영사의 면전에 출두하여 이 증서의 공인을 얻는 것이 필요하기 때문에 본건의 경우에는 재京城 미국총영사를 李 폐하의 면전에 출두시키고 2명의 증인을 입회시킨 가운데 이 증서의 공인을 하도록 함으로써 법률이 요구하는 형식을 충족시키는 편법을 강구하는 것은 가능하다고 사료됨. 따라서 참고로 채핀에게 이 양도증서 작성에 관한 자세한 설명과 주의서 및 양도증서의 양식을 만들어 동봉하여 보내니 이에 따라 필요한 서류를 작성하여 지급으로 보내주시도록 통감부에 이첩하시기 바람.

또한 이 건물 부지는 여러 번 보고한 바와 같이 수년 동안 당관에서 자주 매각을 위해 진력했음에도 불구하고 아무래도 위치가 이른바 '변두리'인데다 건물이 몹시 황폐해졌기 때문에 적당한 매수희망자가 없고 최근에 와서 오랜만에 한 사람이 1만 불에 이를 매수하겠다고 나타났으나 양도증서 작성이 앞에 말한 것과 같이 곤란했기 때문에 완전한 지권의 발급을 받을 수가 없는 한에는 매매계약을 하는 것은 좋지 않은 일이라고 하여 그대로 있었는바, 만약 1개월 내에 이러한 곤란을 점을 없애는 수속을 밟을 수 있다면 다시금 상담할 수도 있으므로 이에 대해 될 수 있는 한 지급으로 통감부에 조회하여 바로 필요한 서류를 만들어 조속히 보내주기를 희망함.

이상과 같이 요청함. 경구.

추서. 전에 보내주신 한국 궁내대신의 위임장은 동봉하여 반송하니 통감부에 보내주시기 바람.

기밀송 제59호

明治 43년 6월 9일 발송

石塚 총무장관 사무취급 ◁ 石井 차관

재미 구 한국공사관 건물 매각에 관한 지권 양도증서 정정에 관한 건

재미 구 한국공사관 건물 매각에 관해 작년 2월 23일부로 재미제국대사에 대한 한국 궁내대신의 위임장을 첨부하여 자세히 통보해준 내용은 그때 이미 재미대사에게 이첩했으나 이번에 內田 대사에게서 이 건물 및 부지가 한국황제 또는 정부의 관유 혹은 공유재산으로 소유하고 있는 것이 아니라 지권상으로는 전 한국 李 황제의 사유재산으로 되어 있기 때문에 이 재산의 매매양도에는 그 소유자인 李 폐하 자신의 직접행위를 필요로 하고 있으며 대리행위를 용인하지 않는다고 별지와 같은 부속서류를 첨부하여 자세히 알려왔음. 이에 대해 작업하여 회답해 주기 바람.

추서. 한국 궁내대신의 위임장을 반송하니 적절히 처리하시기 바람.(부속서류 가운데 첨부할 것은 사본을 만들어 보내고 기타는 그대로 반송할 것)

※ 별 지(원문은 영문임)

프레데릭 이. 채핀
변호사 겸 법률상담역
워싱턴 D. C. 15번가 723 히브스 빌딩
1910년 5월 4일
주미일본대사 우치다 남작 폐하

친애하는 대사님,

본인은 이 도시 13번가(街) 1500번지의 한국공사관으로 알려진 부동산을 매도하고 양도하는 권한을 한국 황제폐하가 귀하에게 부여하는 위임장이 폐하가 미합중국 총영사 앞에서 공식적으로 (위임을) 승인하지 않았기 때문에 결함이 있다고 보고하지 않을 수 없음을 유감으로 생각합니다. 이의 누락 생략은, 컬럼비아 지역(D. C)의 법률에 의거 효력을 가질 수 없습니다.

D. C의 부동산 양도에 적용되는 법률은 다음과 같습니다:

- 컬럼비아 지역에 있어서 상속가능 부동산 재산권은, 그것이 평생의 재산권이든 혹은 1년 이상의 재산권이든, 또 부동산이 유

형이든 무형이든 간에, 언급된 모든 재산에 대한 사용을 신청하거나 혹은 제한함에 있어서는 양도인, 건물 및 대지의 주인 혹은 신청자에 의해 서명 날인된 증서 혹은 유언에 의한 증서가 아니면 창조되거나 효력을 발생할 수 없다.

- 개인에 의한 부동산 또는 동산 어느 쪽의 양도증서도 변호사에 의해 작성되거나 승인될 수 없다.
- 외국에서 작성된 증서는 미합중국 공사관 서기 또는 영사관 영사 또는 부영사(아무개) 면전에서 유효함이 승인되어야 한다.

귀하께서는 전술한 내용에서 그 법조문이 부동산을 양도하는 증서의 서명날인에 관하여 아주 명확히 하고 있다는 것을 아실 것이며, 그리하여 본인은 한국의 관습과 법, 그리고 폐하를 알현할 자격에 따른 곤란함에 대해 호의적인 배려를 간청하는바, 폐하께서 미합중국 영사가 폐하의 면전에 출석하는 것을 허가하고 그때, 궁내부 대신이 그 증서에 폐하의 이름을 서명하는 것에 대해 고개를 끄덕이거나 또는 다른 방법으로 승인하는 것이 필수요건인 것입니다. 이에 더하여, 궁내부 대신이 자신의 도장을 날인하여야 본 문서의 목적에 맞는 폐하의 증인(證印)으로 간주되는 것입니다.

부동산 양도수속과 양도증명 작성 및 준비, 그리고 부동산 권리증서의 적법성 판단을 주 업무로 하는 본 도시의 부동산물권 보험회사(Title Insurance Company) 사장과 많은 상담을 한 결과, 본인은 본건과 관련된 특유의 조건들을 충족시키는 초안문서를 동봉하여 보내드립니다.

증서의 첫 페이지에 있는 공란은 증서를 작성할 때에 총영사가 작성 날짜와 달을 기입하도록 남겨둔 것입니다.

"in testimony where of"(이를 증거하기 위해)로 시작되는 구절이 있는 증서의 3페이지의 공란은 "Minister of the Imperial Korean Household"(대한제국 궁내부 대신)라는 단어 다음에 남겨두었습니다.

이 공란에는 1909년 2월 13일자로 작성된 위임장에 기재된 대신의 이름인 Min Pyong-sok(閔丙奭)이 기재되어야 합니다. 이어지는 줄에 있는 두 번째 공란은 누구이든 간에 대신의 이름으로 채워져야 합니다. 둘레에 빨간 소용돌이 장식과 함께 'Seal'(옥새)이라는 단어의 끝에 있는 마지막 줄에는 대신이 폐하의 이름을 서명해야 하고 거기에 대신 자신의 인장을 날인해야 하는바, 이는 이 조문의 규정에 따라 폐하의 옥새로 인정되는 것입니다.

이때, 총영사가 폐하와 궁내부 대신의 면전에 출석하고, 대신이 대리하여 행하는 폐하의 서명을 2명의 다른 개인이 이 서명에 대한 증인으로서 서명하는 것이 매우 중요합니다. 위임장(지난번에 보내주신 — 역주)의 증인들 중 한 명은 궁내부 차관인 미호마쓰 고미야(Mihomatsu Komiya)였습니다. 만일 그가 아직도 봉직 중이라면, 증인들 중 한 명으로서 쓸모가 있습니다만, 그러나 또 다른 증인이 있어야 합니다. 두 명의 증인이 있어야 한다는 것은 중요하지만, 그들이 미합중국 총영사와 폐하와 그리고 궁내부 대신과 함께 출석한다면 그들이 누구인가는 중요하지 않습니다.

증서의 마지막 페이지에 있는 몇 개의 공란은 총영사가 기입하도록 남겨진 것이며, 그가 공란에 기입하는 데에 상당한 경험을 가지고 있어야 한다는 것 외에는 특별한 지시사항은 없습니다.

본인은 이 사안이 이처럼 지연되는 데에 대해, 법률요건에 따라 새로운 증서를 폐하가 작성해야 하는 데에 대해 유감스럽게 생각합니다만, 그러나 이 법은 증서에 정해진 필요조건들이 준수되는 것을 강제하고 있으며, 그렇지 않을 경우, 재산권의 권원(權原)에는 결함이 생기게 될 것이며 은행은 그 재산에 대해 대출하지 않을 것이며 분별 있는 매수자는 그 부동산을 매입하지 않을 것입니다. 경구.

프레데릭. 이. 채핀

※ 동봉한 초안 문서(원문은 영어임)

전문. 수탁자 세벨론 에이 브라운(Sevellon A. Brown)은 미합중국 컬럼비아 지역의 부동산 대장 제1617권, 495장(張, 1장은 좌우 2페이지임 — 역주)에 기록된 1891년 11월 28일자의 날인증서에 의해, 한국대사관의 업무 및 주거지로 사용될 아래에 언급되는 대지와 전기(前記)한 재산을, 이하 갑이라고 부를, 이씨 조선의 현재 왕, 전술한 증서에 폐하로 명시된 자에게 양도했다.

속 전문. 해당 건물을 포함한 대지가 취득되었고, (사용이) 중지중에 있으며 그리고 이 재산을 매각하고 처분하는 것이 상책이라는 취지에서 —

이에 따라 본 증서는, 1910년 __월 __일에 전 이씨 조선의 왕(상기 증서에서는 양수인)인 폐하와, 이하 갑이라 함, 현 미합중국주재 일본제국의 대사 각하와, 이하 을이라 함, 사이에 체결되었다.

증인, 상기한 갑은, 상기한 을이 건물을 포함한 대지에 대한 대가로 총 5불을 자신에게 지불한 데 대해, 컬럼비아 지역의 워싱턴 시에 위치하는 아래에 기술된, 건물을 포함한 대지를, 이의 개량권(改良權), 지역권(地役權) 및 종물(從物)을 포함하는 절대적 재산권(單純封土權)으로 양도하고 이를 증서로 이전한다: 즉 옴스테드(Olmstead)의 킬버른(Kilbourne) 74구획과 기타 컬럼비아 지역 감정인 사무소의 기록 제J. H. K. 권의 301장에 기록된 도면에 의한 241평방제곱의 구획으로 미합중국 워싱턴 시, 노스웨스트 13번가 1500번지의 전에 한국대사관으로 사용되었던 아이오와 서클 및 13번가에 인접한 가옥.

이 증서에서의 을이 건물을 포함한 대지에 대한 개량권, 지역권 및 종물의 절대적 재산권을 행사하기 위해서는: 이 문서의 목적을 위해, 상기의 대지, 가옥 및 부동산의 일련의 재산을 매각하고 이에 대한 소유권을 양도하며, 그리고 이의 권리증을 이전하기 위해 이 재산을 매입하는 자에게 모든 서류에 서명하고, 이 부동산이 요구하는 모든 행위를 수행하며, 매입자 측의 지불약속증서 없이도 매입자금의 충당을 조사하기 위해 상기의 대사와 그 후임자에게 전권을 부여한다.

이를 증거하기 위해, 본 문서의 모두에 기재된 일자에 본 문서의 갑이 출석하여 자신의 이름을 제시하고, 명령으로서 궁내부 대신 ____으로 하여금 본 문서에 갑의 이름을 기재하고 그리고 당해 대신 ____의 인장을 날인하며, 이 인장은 본 증서를 작성할 목적으로 이 문서에 날인되는 갑의 인장으로 간주된다.

____________(인장날인)

증인 ____________

____________: 확인함.

전기한 ____시의 미합중국 총영사인 본관 ____은 이로써, 대한제국이라고 불리는 이씨 조선의 전 왕이, 양도인으로서, 본관도 개인적으로 잘 알고 있는바 서기 1910년 ____일자로 서명한 전기한 그리고 부속 증서의 작성자임을 증명하고, 전기한 ____시에서 본관 앞에 직접 출두하여 전술한 증서를 자신이 작성하고 서명했음을 인정하였음을 증명합니다.

서기 1910년 ___월 ___일 공식인장을 날인하고 자필 서명함.

明治 43년 7월 8일 접수

기밀통발 제1373호

재미 구 한국공사관 건물 매각에 관한 지권 양도증서 정정 건에 관해 지난달 9일부 기밀송 제59호로 알려주신 것은 잘 양지하여 바로 본 증서를 별지와 같이 만들어 봉입(封入)하여 보내니 재미제국대사에게 전해주시기 바람.

明治 43년 7월 4일
통감부 총무장관 有吉忠一
외무차관 石井菊次郎 귀하

※ 별지

WHEREAS,—one Sevellon A. Brown, Trustee, by a certain Deed dated November 28th 1891 and recorded in Liber No. 1617 folio 495 of the Land Records of the District of Columbia in the United States of America, conveyed unto the hereinafter named party of the first part, designated in said Deed as HIS MAJESTY, THE PRESENT KING OF CHOSUN, YE, the land and premises hereinafter described, to be used as a residence for, and for the business of, the Korean Embassy;

AND WHEREAS,—the purposes for which said land and premises were taken, have ceased, and it is deemed to be advisable to sell and dispose of the same, -

NOW THEREFORE,

THIS DEED, Made this twenty ninth day of June in the year

Nineteen hundred and ten by and between HIS MAJESTY, lately KING OF CHOSUN, YE, (the grantee in the above mentioned Deed) party hereto of the first part, and the present Ambassador of His Majesty the Emperor of Japan, in the United States of America, party hereto of the second part:

WITNESSETH, That the said party of the first part for and in consideration of the premises and the sum of Five Dollars to him paid by the said party of the second part, does hereby grant and convey unto the said party of the second part, in fee simple, the following described land and premises, with the improvements, easements and appurtenances thereunto belonging, situate and being in the city of Washington, in the District of Columbia, namely, Lot Seventy-four(74) in Kilbourne, Olmstead and others' Subdivision of lots in Square Tow hundred and forty-one(241), as per plat recorded in Liber J. H. K. folio 301 of the Records do the Office of the Surveyor of the District of Columbia; improved by house abutting upon Iowa Circle and Thirteenth Street, and known and designated as No. 1500 Thirteenth Street, Northwest, in said city, and formerly used for the purposes of the Korean Embassy; said city of Washington being in the United States of America.

TO HAVE AND TO HOLD the said land and premises, with the improvements, easements and appurtenances, unto and to the use of the said party hereto of the second part in fee simple; with full power in the said Ambassador and his successors in office, to sell the said parcel of land and house and premises, and to give possession thereof, and to convey the title thereto, to whomsoever shall purchase the same, and to sign all papers, and to perform all acts required in the premises, for carrying out the purposes hereof, and without obligation on the part of a purchaser, to see to the application of the purchase money.

IN TESTIMONY HERE OF, on the day and year first hereinabove written, the said party hereto of the first part has caused his name to be signed hereto in his presence and by his command, by the Minister of the Imperial Korean Household, *Min Pyong-sok*(閔丙奭) and has caused the Seal of said Minister *Min pyong-sok*(閔丙奭) which seal is adopted as the seal of said party hereto of the first part, for the purpose of executing this presents, to be hereunto affixed.

韓國太皇帝陛下 李熙
His Majesty Ye Hiung,
Ex-Emperor of Korea.

witnessed By, —

宮內府次官 小宮三保松
M. Komiya.
Vice-Minister of the Imperial
Korean Household Department.
承宰府總管 趙民熙
Cho Min Heui
President of the Household of
His Majesty, the Ex-Emperor.

EMPIRE OF KOREA
city of Seoul
American Consulate General

To wit:

I, OZRO C. GOULD,— Vice and Deputy — Consul General of the United States of America, in charge, at Seoul, Korea, duly commissioned and qualified, do hereby certify that HIS MAJESTY, lately the KING OF CHOSUN, YE,

the grantor in, and who is personally well known to me to be the person who executed, the foregoing and annexed Deed, bearing date 29th day of June, A. D. 1910, personally appeared before me in the aforesaid city of Seoul, Empire of Korea, and acknowledged the said deed to be his act and deed.

Given under my hand and official seal this 29th of June, A. D. 1910.

signed: OZRO C. GOULD,
Vice and Deputy Consul-General of
the United States of America, in
charge, at Seoul, Korea.

기밀송 제22호

明治 43년 7월 11일 발송
재미 内田 대사 ◁ 小村 대신

재미 구 한국공사관 건물 및 부지 매각에 관한 지권 양도증서 송부의 건

재미 구 한국공사관 건물 및 부지 매각에 관해 금년 5월 10일부 기밀공 제7호로 요청한 취지를 바로 통감부에 이첩한바, 요청한 양식에 따라 작성한 이 건물 및 부지 양도증서 1통을 별지와 같이 이번에 통감부에서 보내왔기에 이를 전송하니 적절히 처리하기 바람. 경구.
(비 수 제2016호의 부속서 첨부할 것. 단 본성에 사본을 비치할 것)

수 제2531호

워싱턴 발
東京 착 明治 43년 8월 9일 오전 4시 05분
小村 외무대신 ◁ 内田 대사

제66호
5월 10일부 기밀 제7호 구 한국공사관 건물의 건을 어떻게 처리할 것인지 답전(答電) 바람.

전송 제1818호

明治 43년 8월 9일 발송
재미 內田 대사 ◁ 小村 대신

제110호
귀전 제66호에 관해 7월 11일부 기밀 신으로 자세히 알린바 있으므로 이것으로 양지하시기 바람.

기밀수 제3068호

明治 43년 11월 4일 접수
明治 43년 10월 12일
재미국 특명전권대사 남작 內田康哉
외무대신 백작 小村壽太郎 귀하

기밀 제14호

구 한국공사관 부지, 건물 및 가재 등 매각의 건

금년 7월 11일부 기밀 제22호 귀신으로 이곳의 한국공사관 부지 및 건물 매각에 필요한 구 한국황제 서명의 지권 양도증서를 보내주시어 이를 근거로 이 부지 및 건물은 지난달 초순에 이미 매매의 내약을 했던 Fulton 씨와 정식으로 주고받는 절차를 끝냄과 동시에 이의 매각 대금으로 미화 1만 불을 받았음. 그러나 이의 매매가 지소 건물매매 중개업자의 손을 거쳐 이루어졌기 때문에 이 중개업자에게 매매의 성립과 함께 매매가액의 3분을 수수료로 부여하는 것이 이곳의 관습으로 되어 있어 일찍이 중개를 위탁할 당시 이 수수료를 지불하기로 승낙했기에 부득이 그 수령 액 1만 불의 3분, 즉 3백 불을 중개자에게 지불해 나머지 9천 7백 불이 실제 액수가 되었음을 양지하시고 적절히 한국 측에 알려주시기 바람.

또한 이것 외에 이 공사관 부속의 가구, 가재도구류도 많아 이들 물품을 현품 그대로 우리 대사관에 보존하기에는 적당한 수용장소도 없을 뿐만 아니라 그 다수가 이미 낡아 못 쓸 상태에 있으며 현품 그대로 두면 점점 파손의 정도가 증가해 마침내 그 가격을 떨어뜨리게 될 것으로 판단됨에 따라 이 가옥의 인도 때 이를 경매에 부친바 별지와 같이 196불 22선의 수입이 있었음을 양지하여 한국 측에게 알려주시기 바람.

그리고 이 지소 건물 및 가구 매각대금 9,896불 22선 외에 이 공사관 보관비 잔액 35불을 더해 합계 미화 9,931불 22선에 대한 우리나라 돈 19,982圓 33錢(이의 외환 환율은 100圓에 대해 49불 70선임)을 별지 横濱 正金은행 외환권으로 이 전신에 첨부하여 보내니 이를 사수(査收)하여 적절히 조처하여 주시기 바라며 이와 같이 보고드림. 경구.

기밀송 제95호

明治 43년 11월 11일 발송
山縣 총감 ◁ 石井 차관

재미 구 한국공사관 부지, 건물 및 가재 등 매각에 관한 건

재미 구 한국공사관 부지, 건물 등 매각에 관한 지권 양도증서 — 금년 7월 4일부 기밀통발 제1373호로 보낸 — 를 재미 內田 대사에게 전송(轉送) 한바 있거니와 이 부지, 건물 및 가재 등이 이번에 모두 매매가 끝났다는 취지와 함께 매각대금 가운데 여러 비용을 지불한 잔액 19,982圓 33錢에 대한 별지 금권 1장 및 증빙서류 6통을 첨부하여 별지 사본과 같은 대사의 보고가 있었기에 이를 일괄하여 보내니 이를 사수하시기 바라며 상세한 것은 별지 보고 사본으로 양지하시기 바람. 〔內田 대사 내신(來信) 비수 제3068호 부속금권 첨부할 것. 내신 사본 첨부할 것. 부속서는 그대로 첨부할 것〕

조비 발 제140호

조선총독부 총무부장 有吉忠一
외무차관 石井菊次郎 귀하

재미 구 한국공사관 부지, 건물 매각의 건

재미 구 한국공사관 부지, 건물 및 가재 등을 매각함에 따라 이에 관한 內田 대사 서간 사본을 첨부하여 그 부지, 건물 및 가재 매각대가에서 해당 비용을 공제한 잔액 금 19,982圓 33錢에 관한 금권 1장과 증빙서류를 보내주신 것 잘 받았음. 그런데 본건 처리에 필요하오니 대사와 Fulton 사이에 맺은 그 부지, 건물 매도증서 등본 1통을 만드는 수고를 대사가 배려하여 보내주시도록 의뢰함.

明治 43년 12월 17일

기밀송 第50호

明治 43년 12월 26일 발송
재미 内田 대사 ◁ 小村 대신

구 한국공사관 부지, 건물 매도증서 등본 1통 요청의 건

재미 구 한국공사관 부지, 건물 및 가재 등을 매각했다는 것은 지난 10월 12일부 기밀 제14호로 보고받아 이를 조선총독부에 이첩한바 이번에 이 돈의 처리에 필요하다면서 의뢰해 왔기에 그 공사관 부지, 건물 매도증서 등본 1통을 보내주시도록 요청함. 경구.

비수 第630호

明治 44년 2월 27일 접수
明治 44년 2월 2일
재미 특명전권대사 남작 内田康哉
외무대신 백작 小村壽太郎 귀하

기밀공 제3호

구 한국공사관 부지, 건물 매도증서 사본 등 송부의 건

재미 구 한국공사관 부지, 건물 매도대금의 처리에 필요하다면서 이의 매도증서 등본을 보내달라는 조선총독부의 요청에 따라 작년 12월 26일부 기밀송 제50호로 보내신 지시는 잘 알겠음.

아시는 바와 같이 본건의 토지, 건물은 표면상으로는 먼저 전 한국 황제폐하가 본사(本使)에 매도하고 본사가 다시 풀턴이라는 자에게 매도한 형식을 취하고 있으며, 이와 같이 여러 번의 매도공정증서는 모두 '디스트릭트 오브 컬럼비아'의 토지대장에 등기되어 있고 대개 이러한 종류의 증서에는 매도대금의 기입을 피하는 것이 관례로 본사와 풀턴 간의 공정증서에는 "을은 갑에게 지불한 10불의 금액 및 기타 유가(有價)의 약인(約因)을 감안하여 갑은 을에게 토지 등을 양도한다"는 요지를 기재하고 있을 뿐 대금의 액수를 명시하지 않고 있으므로 앞에서 본 공정증서 1통과 함께 본사 - 풀턴 간의 공정매도증서 작성 전에 이들 당사자 간에 작년 2월 17일자로 서명한 매매계약서 및 그 후에 이 매매계약 유효기간을 연장한 무일부(無日付) 계약서 사본 각 1통씩 모두 4통의 사본을 별지로 정리하여 보내니 이를 사수(査收)하여 조선총독부에 회부하여 주시고 회답주시기 바람. 경구.

기밀송 제10호

明治 44년 3월 2일 발송
有吉 총독부 총무부장관 ◁ 石井 차관

재미 구 한국공사관 부지, 건물 매도증서 등본 송부의 건

재미 구 한국공사관 부지, 건물 매도증서 등본 1통을 송부해 달라고 작년 12월 17일부 조비 발 제140호로 의뢰한 바를 양지하여 이를 재미 內田 대사에게 훈령한바 이번에 첨부한 별지 사본과 같이 이 대사가 회보했기에 이를 일괄하여 보내니 사수하시고 자세한 것은 별지에 의거 양지하시기 바람. (內田 대사의 서신 비수 제630호 사본 및 부속등본은 그대로 첨부할 것)